Heinz Reinders · Hartmut Ditton · Cornelia Gräsel
Burkhard Gniewosz (Hrsg.)

Empirische Bildungsforschung

W0090337

Heinz Reinders
Hartmut Ditton
Cornelia Gräsel
Burkhard Gniewosz (Hrsg.)

Empirische Bildungsforschung

Gegenstandsbereiche

VS VERLAG

Bibliografische Information der Deutschen Nationalbibliothek
Die Deutsche Nationalbibliothek verzeichnet diese Publikation in der
Deutschen Nationalbibliografie; detaillierte bibliografische Daten sind im Internet über
<http://dnb.d-nb.de> abrufbar.

1. Auflage 2011

Alle Rechte vorbehalten
© VS Verlag für Sozialwissenschaften | Springer Fachmedien Wiesbaden GmbH 2011

Lektorat: Stefanie Laux

VS Verlag für Sozialwissenschaften ist eine Marke von Springer Fachmedien.
Springer Fachmedien ist Teil der Fachverlagsgruppe Springer Science+Business Media.
www.vs-verlag.de

Umschlaggestaltung: KünkelLopka Medienentwicklung, Heidelberg
Satz: Heinz Reinders, Würzburg
Druck und buchbinderische Verarbeitung: Ten Brink, Meppel
Gedruckt auf säurefreiem und chlorfrei gebleichtem Papier
Printed in the Netherlands

ISBN 978-3-531-17847-9

Inhaltsverzeichnis

Gegenstandsbereiche

Kapitel VIII - Soziale Ungleichheiten im Bildungswesen

Kapitel IX

Inhaltsverzeichnis

Strukturen und Methoden

Heinz Reinders, Hartmut Ditton,
Cornelia Gräsel & Burkhard Gniewosz

Vorwort

Empirische Bildungsforschung hat eine lange Tradition und bezieht sich dabei auf unterschiedliche Wurzeln, die im Schnittfeld der Disziplinen Pädagogik, Soziologie und Psychologie angesiedelt sind. Eine besondere Bedeutung für die Entwicklung in Deutschland hat allerdings die Experimentelle Pädagogik nach Meumann und Lay zu Beginn des 20. Jahrhunderts. Auf Grund der Anleihen aus der Psychologie und den Naturwissenschaften stand die Experimentelle Pädagogik jedoch in schwieriger Position zur damalig vorherrschenden geisteswissenschaftlich-philosophischen Erziehungswissenschaft. Die Vorstellung klar definierbarer und empirisch erfassbarer Einwirkungen des Erziehenden auf den ‚Zögling' standen im klaren Widerspruch zur Auffassung von Bildung und Erziehung als ganzheitliches Phänomen.

Zwei Assoziationen mit Bildungsforschung lassen sich an den Vorläufern früher empirischer Zugänge verdeutlichen. Dies ist zum einen das Verständnis von Bildungsforschung als experimenteller Zugang. Lernprozesse würden durch Laboruntersuchungen untersucht, in denen störende Einflüsse kontrolliert und Wissenszuwächse präzise vermessen werden. Zum anderen versteckt sich hinter dem Begriff Bildungsforschung vermeintlich die Fähigkeit, Wirkungen von Unterrichtsformen deterministisch feststellen und entsprechend in neue Unterrichtskonzepte praktisch umsetzen zu können. Tatsächlich war die Experimentelle Pädagogik der Auffassung, durch ein gut gewähltes Design (Experiment) zu Kenntnissen über verbesserte Unterrichtsformen gelangen zu können (Lay, 1926, Experimentelle Didaktik). Allerdings war bereits damals die Erkenntnis entstanden, dass eine solche, einfache Übersetzung von empirischem Wissen in Praxiskonzepte nicht ohne Weiteres möglich ist (Meumann, 1914, Abriß der experimentellen Pädagogik). Ein Grund für dieses Skepsis mag gewesen sein, dass Meumann zu den Gründern des ‚Bundes für Schulreform' gehörte und durch den intensiven Austausch mit Lehrkräften und Politikern zu der Erkenntnis gelangte, dass empirisches Wissen einerseits und Bildungspraxis andererseits unterschiedlichen Logiken folgen.

Beide Interpretationen von Bildungsforschung (experimentelles Design und direkter Praxistransfer im Unterricht) müssen für die heutige Empirische Bildungsforschung als überholt gelten. Die heutige Empirische Bildungsforschung ist nicht nur methodisch breiter aufgestellt. Fragebogen, Interviews, offene Beobachtungen stellen neben Experimenten weitere

Forschungsmethoden dar, die entsprechend der Forschungsfrage gewählt werden (vgl. Band 1; Kapitel III). Außerdem ist es bei den aktuellen Forschungen so, dass vom einstmals präferierten Experiment der Schwenk zu Evaluationen vollzogen wird, also statt kontrollierter Laborsettings das natürliche Umfeld von Kindern, Jugendlichen und Erwachsenen zum dominanten Erhebungskontext geworden ist (vgl. Band 1, Kapitel IV).

Die Empirische Bildungsforschung befasst sich darüber hinaus inhaltlich nicht mehr alleine mit Lehren und Lernen, sondern thematisiert von der sprachlichen Frühförderung über politische Bildung bis hin zu informellen Lernprozessen in Gleichaltrigengruppen eine Vielzahl an Kontexten und Inhalten (vgl. Band 1, Kapitel I). Die Entwicklungslinien der Bildungsforschung zeigen zwar inhaltliche Konjunkturen auf, wie etwa aktuell die schulbezogene Bildungsforschung, verdeutlichen aber auch die Breite interessierender Forschungsfragen (vgl. Band 1, Kapitel II).

Insbesondere die gestiegene thematische Vielfalt Empirischer Bildungsforschung führt zu einer gewissen Unübersichtlichkeit. Gehören Fragen zu sozialem Engagement von Schülern noch zur Bildungsforschung oder sind sie eher in der Jugendforschung angesiedelt? Haben der Besuch von Volkshochschulkursen und der Deutschunterricht bei Migrantenkindern etwas Gemeinsames? Es sind dies Fragen nach dem ‚roten Faden' in einem weit gefächerten Themengebiet, welches mit dem vorliegenden zweiten Band strukturiert und in seinen zentralen Erkenntnissen behandelt wird.

Dabei wird nach drei Bereichen bzw. Gebieten unterschieden, die nacheinander behandelt werden: (1) Die Lehr-Lern-Forschung bildet quasi einen Querschnittbereich, in dem allgemeine Fragen zum Lehren und Lernen behandelt werden. (2) Dem schließt sich eine Darstellung unterschiedlicher Felder der Bildungsforschung, orientiert am Lebenslauf, an. (3) Auf Grund der besonderen Bedeutung werden Fragen der sozialen Ungleichheit als eigenständiger Bereich behandelt.

Gang durch das Buch

Die *Lehr-Lern-Forschung* (Kapitel VI) stellt nach wie vor einen dominanten Bereich der Empirischen Bildungsforschung dar. Hier wird u.a. die Frage behandelt, wie *Lernen mit Medien* von statten geht und unter welchen Bedingungen dies optimal geschieht (Kapitel VI-2). Das Aufkommen neuer Medien hat immer auch zu der Frage geführt, wie mit diesen Medien gelernt werden kann. Dies traf für das Fernsehen in den 1970er Jahren genauso zu wie für das Internet zu Beginn des 21. Jahrhunderts. In dem solche Medien höhere Anforderungen an die Lernenden stellen und offenere Unterrichtsformen seit den 1990er Jahren an Prominenz gewinnen, wird auch zunehmend gefragt, welche Voraussetzungen Lernende mitbringen müssen. Wenn Lerninhalte selbst erschlossen werden müssen und sich Strukturen des Lernens vom unilateralen Frontalunterricht zum multilateralen Medien- oder Peer-Lernen verschieben, geraten Kompetenzen *selbstgesteuerten Lernens* stärker in den Blick (Kapitel VI-3). Diverse Studien zeigen, dass Selbststeuerung beim Lernen gemeinsam mit kognitiven Grundfertigkeiten zu den besonders wichtigen Erklärungen für erfolgreiches Lernen zählen.

Daneben wird auch dem Ausmaß an *Lernmotivation* eine hohe Bedeutung beigemessen (Kapitel VI-4). Hier orientiert sich die Empirische Bildungsforschung stark an Theorien der Motivationspsychologie und verweist gleichzeitig auf Schnittstellen zum selbstgesteuerten Lernen, welches ein gewisses Maß an Lernmotivation zur wichtigen Voraussetzung für gelingendes Lernen vorsieht. Die Fähigkeit, sich für Lerninhalte zu begeistern oder zu interessieren sowie auch anstrengende Lernvorgänge aufrecht zu erhalten, können als mittelbar maßgeblich für Lernerfolg angesehen werden. Lernerfolg als Begriff ist allerdings wenig präzise, weil hierunter sowohl Wissen als auch verschiedenste andere Kompetenzen gefasst werden können. Gerade in den letzten Jahren wurde daher vermehrt beachtet, in welchem Verhältnis die Konzepte von Lernen, Wissen und Kompetenzen zueinander stehen. Aktuell befasst sich ein Schwerpunktprogramm der Deutschen Forschungsgemeinschaft mit dem *Kompetenzerwerb*. Es soll klären, in welche Dimensionen Kompetenz gegliedert ist, wie sich domänenspezifische Kompetenzen messen und deren Veränderung erklären lassen (Kapitel VI-5).

Bei den *Feldern der Bildungsforschung* werden weniger spezifische Aspekte des Lernens, sondern vielmehr die Kontexte von Lernen und Bildung betrachtet (Kapitel VII). Diese Kontexte lassen sich am ehesten biographisch sortieren, indem die verschiedenen Bildungsinstitutionen betrachtet werden, die Menschen im Verlauf ihres Lebens entweder obligatorisch (Schule) oder möglicherweise (Kindertagesstätten, Hochschulen, Einrichtungen der Weiterbildung) durchlaufen. Gerade die vorschulische *Frühförderung* ist bildungspolitisch in die Diskussion geraten und erfährt derzeit einen deutlichen Funktionswandel von der Betreuungs- zur Bildungseinrichtung (Kapitel VII-2). Vorbereitung auf schulisches Lernen, Kompensation sozialer Ungleichheiten vor Schuleintritt und die Formulierung von Bildungsplänen im vorschulischen Bereich sind wesentliche Schlagworte.

Die *Qualität von Unterricht und Schule* ist in Teilen als Folge der internationalen Schulleistungsstudien wieder verstärkt in den Blick geraten (Kapitel VII-3 und VII-4). Kennzeichnend ist dabei der veränderte Fokus von einer Input-Steuerung (Qualität von Lernmaterialien, Qualität der Lehramtsausbildung) hin zu einer Output-Steuerung (Kompetenzmessung bei Schülern, Formulierung von Bildungsstandards) sowie der stärkere Fokus auf die einzelne Institution Schule. Eine spezifische Perspektive wählt dabei die Forschung zu *Ganztagsschulen* (Kapitel VII-5). Durch den Ausbau dieser Schulvariante kommt verstärkt die Frage auf, wer Ganztagsschulen mit welchem Ziel und welchen Resultaten nutzt. Dies ist insofern eine relevante Frage, als durch Ganztagsschulen das in Deutschland vorherrschende System der Halbtagsschule in Frage gestellt und stärker am international üblichen Standard der ganztägigen Schule angenähert wird.

Im *Hochschulbereich* hat die Internationalisierung dieses Bildungsbereichs zu einigen Veränderungen geführt, die mit Schlagworten wie ‚Bologna', ‚Exzellenz' und ‚Wettbewerb' umschrieben werden können (Kapitel VII-6). Die Umstellung auf neue Studienstrukturen und die Forcierung eines Quasi-Marktes zwischen verschiedenen Hochschulen hat nicht nur bildungspolitisch Wellen geschlagen, sondern auch die Empirische Bildungsforschung befasst. Nicht das alleinige, aber ein dominantes Themenfeld ist hierbei die Evaluation auf der Systemebene (einzelner Hochschulen), der Strukturebene (durch Akkreditierung einzelner Studiengänge) und der Individualebene (Lehrzufriedenheit bei Studierenden).

Mit außerschulischer und Weiterbildung werden schließlich zwei Lernkontexte behandelt, die in ihren Outputs im Grunde noch nicht bestimmt sind, u.a. weil bspw. bei *außerschulischer Bildung* noch eher unklar ist, was deren Resultate sein könnten (vgl. Kapitel VII-7). Dies hängt mit den sehr unterschiedlichen Lerngelegenheiten zusammen, die von der Jugendclique bis hin zum Jugendzentrum oder der Jugendfeuerwehr reichen können, Kontexte die jeweils andere Bildungsinhalte (soziale Kompetenz, technische Fertigkeiten) und andere Lernformen (informelles, non-formales Lernen) adressieren. Diese Vielfalt an Inhalten, Settings und Lernformen findet sich auch im Bereich der *Weiterbildung* (Kapitel VII-8). Zwar ist die Datenlage im Bereich der Weiterbildung durch diverse Studien wie dem ‚Sozioökonomischen Panel' oder dem ‚Berichtssystem Weiterbildung' auf beschreibender Ebene vergleichsweise besser als bei der außerschulischen Bildung. Allerdings erschwert die Vielzahl an Anbietern (Volkshochschulen, Handelskammern, gemeinnützige Träger, kommerzielle Anbieter), Anlässen (berufliche Fortbildung, private Interessen, Verpflichtung durch Arbeitsagenturen) und Inhalten generalisierende Aussagen über Lernprozesse und -erträge durch Weiterbildung.

Ein wichtiger Schwerpunkt Empirischer Bildungsforschung ist in der Forschung zu *sozialer Ungleichheit im Bildungswesen* zu sehen (Kapitel VIII). Hier stehen vor allem soziale Merkmale von Lernenden im Mittelpunkt, die eine ungleiche Teilhabe an Bildung und Bildungstiteln mit sich bringen. Die Debatte um soziale Selektivität des Bildungssystems reicht weit in die 1960er und 1970er Jahre zurück, hat aber durch die Empirische Bildungsforschung erheblich an Tragkraft gewonnen. Es kann zwischen vertikalen und horizontalen Ungleichheiten unterschieden werden. Vertikale Ungleichheit bezieht sich auf Benachteiligungen, die durch die Position im gesellschaftlichen Gefüge charakterisiert sind. Ein geringer *sozioökonomischer Status* (Kapitel VIII-4), der sich in geringem Einkommen, geringen Bildungsressourcen und einer geringen Berufsposition manifestiert, führt ebenso zu Benachteiligungen wie der *Migrationsstatus*. Kinder und Jugendliche aus Familien mit Migrationshintergrund haben, bei deutlichen Variationen zwischen den Herkunftsländern, seltener Teil an höheren Bildungsgängen und einkommens- sowie statusstarken Berufsausbildungen als Gleichaltrige ohne Migrationshintergrund (Kapitel VIII-3).

Zu den horizontalen Ungleichheiten im Sozialgefüge zählen im Wesentlichen das *Geschlecht* (Kapitel VIII-2) sowie die *Region* (Kapitel VIII-5). Dabei zeigen sich beim Geschlecht Tendenzen, dass Mädchen zunehmend an höheren Bildungsgängen partizipieren und im schulischen Bereich oftmals inzwischen sogar erfolgreicher sind als Jungen, allerdings im beruflichen Bereich nach wie vor benachteiligt sind. Das ‚Katholische Arbeitermädchen vom Lande' als vor der Bildungsexpansion prototypisches Beispiel für Bildungsbenachteiligung von Schülerinnen ist somit für den schulischen Bereich kaum mehr gültig und auch die darin enthaltene regionale Benachteiligung muss differenzierter betrachtet werden. So erweisen sich gerade städtische Gebiete in nicht-bürgerlichen Milieus als ungünstige Voraussetzungen für die Partizipation an höheren Bildungsgängen. Wenngleich die Unterscheidung von vertikaler und horizontaler Ungleichheit eine Unabhängigkeit beider Faktorengruppen suggeriert, so stehen sie dennoch im Wechselverhältnis zueinander. So bündelt sich beispielsweise in bestimmten Regionen (Stadtteilen) auf Grund des verfügbaren Einkommens ökonomisch schwache und bildungsferne Klientel.

Das abschließende Kapitel IX *Praxisbezug der Empirischen Bildungsforschung* thematisiert vor dem Hintergrund der drei Schwerpunktbereiche und deren Befunde die Frage, inwieweit Bildungsforschung einen unmittelbaren Zugriff auf Veränderungen der Praxis besitzt. Diese Diskussion verdeutlicht, dass ein solcher direkter Einfluss nicht möglich ist und greift die eingangs im Zusammenhang mit der Experimentellen Pädagogik genannten Assoziationen mit Bildungsforschung auf. Selbst dann, wenn Bildungsforschung als Anwendungsforschung mit konkretem Praxisnutzen angelegt ist, lassen sich Erkenntnisse nicht ungebrochen in die Praxis umsetzen. Es gilt noch heute die Einsicht von Meumann, dass zwischen einem Forschungs- und Praxiswissen unterschieden werden muss und die Fragen nach dem, was bildungs‘technisch' möglich und dem was an Bildung wünschenswert ist, sehr unterschiedlich beantwortet werden können.

Die Übersicht der Kapitel dieses Bandes zeigt die Vielfalt der Empirischen Bildungsforschung. Das Lehrbuch hat zum Ziel, diese Inhalte für Studierende der Erziehungswissenschaft, der Psychologie, Soziologie und des Lehramts systematisch aufzubereiten. Auch für in der Bildungspraxis Tätige ist es geeignet, einen Zugang zur Empirischen Bildungsforschung zu erhalten. Ein solches Lehrbuch ist dabei nicht ohne die Expertise der versammelten Autorinnen und Autoren möglich. Ihnen gilt von Seiten der Herausgeber daher besonderer Dank für ihre Mitwirkung. Gleichfalls großer Dank gebührt Anna Schauer, die sich um die Korrektur beider Bände hingebungsvoll gekümmert und immer wieder Besserung angemahnt hat.

Würzburg, München und Wuppertal im Oktober 2010

Kapitel VI
Lehr-Lern-Forschung

▷ **Inhaltsverzeichnis des Kapitels**

Cornelia Gräsel & Burkhard Gniewosz

Überblick Lehr-Lernforschung

▷ **Zusammenfassung**

Dieser Beitrag führt in Kapitel VI des Lehrbuches ein, das die Lehr-Lern-Forschung zum Gegenstand hat. Nach einer Klärung der beiden Grundbegriffe Lehren und Lernen wird die Lehr-Lern-Forschung kurz umrissen und die Auswahl der nachfolgenden Kapitel dargestellt.

1 Lernen – der erste Grundbegriff

„Der Nachteil der Intelligenz besteht darin, dass man ununterbrochen gezwungen ist, dazuzulernen" hat George Bernard Shaw einmal gesagt. Das ist auch aus der Perspektive der Lehr-Lernforschung durchaus richtig: Die Wissenschaft beschränkt ‚Lernen' nicht auf Situationen, die an Unterweisung oder Unterricht gebunden sind. Mit Lernen wird vielmehr ein Prozess beschrieben, der aufgrund der kognitiven Grundausstattung von Menschen in allen Situationen auftreten kann, in denen Menschen mit Aufmerksamkeit etwas verfolgen. Klassischerweise – und unter Rückgriff auf psychologische Theorien – wird Lernen als Prozess definiert, „... bei dem es zu überdauernden Änderungen im Verhaltenspotenzial als Folge von Erfahrungen kommt" (Hasselhorn & Gold, 2006, S. 35). Lernen kann also immer auftreten, wenn sich ein Individuum mit seiner Umwelt und ihren Gegebenheiten auseinandersetzt und dadurch das eigene Wissen, das eigene Verhaltensrepertoire, die eigenen Einstellungen, die eigenen Emotionen oder die eigene Motivation verändert werden.

Definition Lernen

In der Geschichte der Lernforschung haben drei große Richtungen, so genannte Paradigmen, Theorien zum Lernen aufgestellt (Reinmann-Rothmeier & Mandl, 2001):

Drei Lerntheorien

1. Der *Behaviorismus* hat ca. in den ersten 60 Jahren des 20. Jahrhunderts untersucht, wie sich das beobachtbare Verhalten von Menschen durch Lernprozesse verändert. Dabei standen die Verbindung von Reizen, die auf einen Organismus einwirken, und dessen Reaktion auf derartige Reize im Vordergrund. ‚Interne Zustände', also Veränderungen im Gedächtnis, im Erleben oder im Fühlen wurden im Behaviorismus dagegen

nicht beachtet. Zentral für die Lerntheorien des Behaviorismus ist das
‚Konditionieren'. Das sind Lernprozesse, die auf der Verbindung von
äußeren Reizen und Reaktion des Organismus beruhen. Insbesondere
das operante Konditionieren, das vor allem von B. F. Skinner (Sim-
mer, 1982) dargelegt und erforscht wurde, wurde im Behaviorismus
viel untersucht. Operantes Konditionieren bezeichnet das Erlernen von
Verhaltensweisen in Abhängigkeit von den Konsequenzen auf bereits
gezeigtes Verhalten. Wenn auf ein gezeigtes Verhalten (z.b. das An-
fertigen von Hausaufgaben) eine positive Konsequenz folgt (z.b. eine
Belohnung), dann steigt die Wahrscheinlichkeit, dass dieses Verhalten
auch in Zukunft wieder auftreten wird. Bei einer negativen Verhaltenskonsequenz (z.b. einer Bestrafung) sinkt dagegen die Wahrscheinlichkeit dieser Verhaltensweise. Die Prinzipien operanten Konditionierens
werden noch heute angewendet, beispielsweise bei der Verhaltensthe-
rapie, aber auch im Umgang mit verhaltensauffälligen Kindern und Jugendlichen. Weniger geeignet ist der Behaviorismus dagegen für die
Erklärung und die Nutzung für Lernprozesse, die mit dem Erwerb von
Wissen und Kompetenzen zusammenhängen.

2. Diese kognitiven Lernprozesse werden besser von jenen Theorien erklärt, die als *kognitivistisch* bezeichnet werden und die in den 1970er
Jahren entstanden (Stern, 2006). Sie nutzen beispielsweise Annahmen
über das menschliche Gedächtnis (Speicherung und Abruf von Wissen)
und die Verarbeitung von Informationen. Dabei wurde in vielen Arbeiten mit einer Analogie der menschlichen Informationsverarbeitung
mit dem Computer gearbeitet. Das Kurzzeitgedächtnis des menschlichen Gedächtnisses wurde analog zum Arbeitsspeicher von Rechnern
gesehen, das Langzeitgedächtnis zur Festplatte. Im Rahmen kognitivistischer Theorien wurden Vorstellungen davon entwickelt, in welcher Form – eher sprachnah oder bildhaft – Wissen im Gedächtnis
gespeichert wird (Repräsentationsformen des Wissens). Ferner wurde
untersucht, wie viele Informationseinheiten im Arbeitsgedächtnis, also
dem aktuellen Bewusstseinsinhalt, gleichzeitig präsent sein können
und welche Konsequenzen für das Lernen neuen Materials daraus resultieren (vgl. Kap. VI-2). Ziel kognitivistischer Lerntheorien war und
ist es, unter Berücksichtigung von Theorien der Informationsverarbeitung und -speicherung, die Veränderung von Wissensstrukturen durch
In-struktion zu beschreiben und, daraus abgeleitet, die Gestaltung von
Lernprozessen zu optimieren.

3. Eine Spielart bzw. Weiterentwicklung kognitivistischer Theorien sind
so genannte *konstruktivistische Lerntheorien* (Gerstenmaier & Mandl,
1995), die seit dem Ende der 1980er Jahre in der Lehr-Lern-Forschung
thematisiert wurden. Hier wird stärker als in den kognitivistischen
Theorien berücksichtigt, dass Wissen von den Lernenden aktiv und
selbstgesteuert konstruiert wird (vgl. Kap. VI-3). Das Gedächtnis wird
nicht mehr als passiver Speicher, der einer Festplatte ähnelt, aufgefasst.

Vielmehr wird betont, dass die Vorerfahrungen der Lernenden und die konkrete Lernsituation massiv darauf Einfluss nehmen, welche Vorstellungen sich Lernende von einem Inhalt machen und welche Art von Wissen auf welche Art und Weise erworben werden. Die Individualität von Lernprozessen, dass verschiedene Menschen in verschiedenen Situationen also Unterschiedliches lernen, wird mit ‚aktiven und konstruktiven Lernprozessen' bezeichnet.

Die aktuelle Lernforschung basiert mehrheitlich auf theoretischen Ansätzen, die kognitivistische und konstruktivistische Ansätze verbinden (Bransford et al, 2000). Neben den kognitiven Prozessen werden dabei auch die emotional-motivationalen Prozesse analysiert, die eine notwendige Bedingung für das Lernen darstellen (vgl. Kap. VI-4).

2   Lehren – der zweite Grundbegriff

Der zweite Grundbegriff des gesamten Kapitels ist ‚Lehren'. Darunter wird das didaktisch geplante Handeln einer Lehrperson verstanden, das auf den Wissens- und Kompetenzerwerb von Lernenden abzielt. Lehren tritt – dieser Definition folgend – natürlich nicht nur in der Schule auf: Auch in der Elementarpädagogik, der Aus- und Weiterbildung sowie in Universitäten wird gelehrt. Statt ‚Lehren' wird auch von Gestaltung von Lernumgebungen gesprochen. Dieser Ausdruck unterstreicht zum einen die aktive Rolle, die die Lernenden selbst spielen. Zum anderen bezieht die Gestaltung von Lernumgebungen mehr ein als die pure Lehrtätigkeit, beispielsweise auf die Auswahl und Verwendung von Medien (vgl. Kap. VI-2).

Definition Lehren

Wie Lernumgebungen gestaltet werden, hängt in hohem Maße davon ab, welche Theorien des Lernens zu Grunde liegen. Dies soll kurz anhand der beiden lerntheoretischen Ansätze des Kognitivismus und des Konstruktivismus erläutert werden:

○ *Kognitivistische Ansätze* des Wissenserwerbs finden ihre Entsprechung in so genannten Ansätzen des ‚instructional design'. Hier stehen nach rationalen Gesichtspunkten die geplante Vorbereitung und Durchführung der Instruktion, also des Unterrichts, durch eine Lehrperson im Vordergrund. Es werden zunächst – so präzise wie möglich – Lernziele formuliert und die individuellen Voraussetzungen der Lernenden erfasst (z.B. ihr Vorwissen, ihre Lernstrategien). Auf dieser Basis werden möglichst genau einzelne Schritte festgelegt, wie die Lernziele erreicht werden können. Das Ziel des Lernprozesses ist es, die Struktur der Lerninhalte möglichst vollständig und unverändert in die Wissensstrukturen der Lernenden zu übertragen. Die Lehrperson nimmt dabei die Position des ‚didactic leader' ein. Sie ist verantwortlich für die Planung, die Durchführung und Evaluation. Die Lernenden nehmen demgegenüber eine eher passive Rolle ein. Ihre Funktion beschränkt sich darauf, die vorgegebenen Informationen zu verarbeiten.

Instructional Design

Selbstreguliertes
Lernen

○ *Konstruktivistische Ansätze* des Lernens werden auf eine andere Art und Weise in Lernumgebungen umgesetzt. Die Lernenden erhalten hier mehr Möglichkeiten zur Selbstregulation. Konstruktivistische Lernumgebungen enthalten häufig komplexe und realitätsnahe Problemstellungen, die von den Lernenden mit – im Vergleich zu Ansätzen des ‚instructional design' – wenig Anleitung bearbeitet werden (Duffy et al., 1993). In vielen konstruktivistischen Lernumgebungen werden neue Medien eingesetzt. Sie eignen sich durch die Möglichkeit Bilder und Filme zu präsentieren, besonders gut dafür, realistische Probleme zu präsentieren. Ferner bieten diese Medien die Möglichkeit, netzbasierte Wissenskommunikation und -kooperation in den Unterricht zu integrieren (vgl. Kap. VI-2).

3 Lehr-Lern-Forschung

Untersuchungs-
gegenstand

Die Lehr-Lern-Forschung ist jener Teil der Bildungsforschung, der sich mit der empirischen Untersuchung von Lernprozessen und der Wirkung von Lernumgebungen befasst. Normative Fragen, also die nach geeigneten Lernzielen bzw. die Thematisierung des Bildungsgehalts bestimmter Inhalte, werden in der Lehr-Lern-Forschung weniger bearbeitet. Dies sind eher Felder der Allgemeinen Didaktik (Terhart, 2002). Die Lehr-Lern-Forschung untersucht institutionalisierte und nicht-institutionalisierte Lernprozesse über den gesamten Lebenslauf. Die schulbezogene Lehr-Lern-Forschung wird häufig auch als ‚Unterrichtsforschung' bezeichnet. Drei Fragestellungen stehen in der Lehr-Lern-Forschung im Vordergrund:

○ Wie lassen sich Lernprozesse beschreiben und analysieren – und zwar sowohl die kognitiven als auch die motivational-emotionalen?

○ Welche Effekte haben Lernumgebungen auf die Lernenden?

○ Unter welchen Bedingungen haben bestimmte Merkmale von Lernumgebungen – beispielsweise die Berücksichtigung von neuen Medien oder von Möglichkeiten des selbstgesteuerten Lernens – Einfluss auf Maße des Lernerfolgs oder auf die Motivation?

Theoretische
Grundlagen

Die theoretischen Grundlagen der Lehr-Lern-Forschung liegen stark in der Psychologie. Insbesondere die für die Forschung relevanten Lerntheorien sind alle psychologisch orientiert. Diese allgemeinen Theorien werden in konkreten empirischen Studien häufig um inhalts- und fachspezifische Aspekte erweitert. Beispielsweise spielen naive Annahmen aus dem Alltagswissen, so genannte Fehlkonzepte, für das Lernen in den Naturwissenschaften eine große Rolle. In vielen Forschungsarbeiten wurden zu konkreten Inhaltsgebieten – beispielsweise ‚Kraft' oder dem ‚Chemischen Gleichgewicht' – Konzepte erarbeitet, welche Alltagsvorstellungen Schüler haben, und wie mit ihnen im Unterricht umgegangen werden kann. Für das Lernen in Fremdsprachen spielen umfassende Alltagstheorien eine geringere Rolle. Hier sind es eher Übertragungen aus der eigenen Sprache, sog. ‚false friends', die das Lernen unter Umständen behindern (z.B. die Übersetzung von ‚become' in ‚bekommen'). Viele Aussagen über die effektive Gestaltung von Lernumgebungen sind vom jeweiligen Inhaltsbereich abhängig, und daher dominieren in der Lehr-Lern-Forschung solche Forschungsarbeiten, in denen Fachdidaktiker und Psychologen zusammenarbeiten.

4   Einordnung der weiteren Kapitel

In den folgenden Kapiteln wird vor allem auf jene Ergebnisse der Lehr-Lern-Forschung fokussiert, die sich mit dem aktiven Lernen befassen: mit dem Lernen mit Medien (vgl. Kap. VI-2) und dem selbstregulierten Lernen (vgl. Kap. VI-3). Beide Beiträge fokussieren auf den Lernprozess. Da in der aktuellen Forschung motivationale und emotionale Prozesse stärker beachtet werden, die wichtige Eingangsvoraussetzungen dafür sind, wie effektiv Lernprozesse ablaufen können, ist diesem Thema ein eigenes Kapitel gewidmet (vgl. Kap. VI-4). Das Kapitel VI wird durch das Thema der Kompetenzentwicklung abgeschlossen (vgl. Kap. VI-5), das in einem aktuellen Lehrbuch zur Empirischen Bildungsforschung nicht fehlen kann, da der Kompetenzbegriff zunehmend an Bedeutung gewinnt. Kompetenzen (z.B. die Konzentrationsfähigkeit) können wie motivationale und emotionale Prozesse als Voraussetzungen für Lernprozesse verstanden werden. Kompetenzen können auch das Ergebnis von Lernprozessen sein (z.B. Lesekompetenz). Im gesamten Kapitel VI liegt der Schwerpunkt nicht auf dem Unterricht an Schulen – dazu wird ein Überblick in Kapitel VII-3 (Unterrichtsforschung) gegeben.

> **Weiterführende Literatur**

Hasselhorn, M. & Gold, A. (2006). Pädagogische Psychologie. Erfolgreiches Lehren und Lernen. Stuttgart: Kohlhammer.

Reinmann-Rothmeier, G. & Mandl, H. (2001). Unterrichten und Lernumgebungen gestalten. In B. Weidenmann & A. Krapp (Hrsg.), Pädagogische Psychologie (S. 603-648). Weinheim: Psychologie Verlags Union.

Stern, E. (2006). Lernen. Was wissen wir über erfolgreiches Lernen in der Schule? Pädagogik, 58, 45-49.

Literaturverzeichnis

Bransford, J. D., Brown, A. L. & Cocking, R. R. (2000). How people learn. Brain, mind, experience, and school. Washington: National Academy Press.

Duffy, T. M., Lowyck, J. & Jonassen, D. H. (Hrsg.). (1993). Designing environments for constructive learning. Berlin: Springer.

Gerstenmaier, J. & Mandl, H. (1995). Wissenserwerb unter konstruktivistischer Perspektive. Zeitschrift für Pädagogik, 41, 867-888.

Hasselhorn, M. & Gold, A. (2006). Pädagogische Psychologie. Erfolgreiches Lehren und Lernen. Stuttgart: Kohlhammer.

Reinmann-Rothmeier, G. & Mandl, H. (2001). Unterrichten und Lernumgebungen gestalten. In B. Weidenmann & A. Krapp (Hrsg.), Pädagogische Psychologie (S. 603-648). Weinheim: Psychologie Verlags Union.

Skinner, B. F. (1982). Was ist Behaviorismus? Reinbek: Rowohlt.

Stern, E. (2006). Lernen. Was wissen wir über erfolgreiches Lernen in der Schule? Pädagogik, 58, 45-49.

Terhart, E. (2002). Fremde Schwestern. Zum Verhältnis von Allgemeiner Didaktik und Lehr-Lern-Forschung. Zeitschrift für Pädagogische Psychologie, 16, 77-86.

Holger Horz

Lernen mit Medien

▷ **Zusammenfassung**

In nahezu allen Lernsettings werden heute Medien eingesetzt. Aus Sicht
der Empirischen Bildungsforschung ist entscheidend, welche Kompetenzen Lernende benötigen, um diese Medien zum erfolgreichen Lernen zu nutzen. Daher werden zunächst verschiedene Lernmedien und
dann die sich aus ihnen ergebenden kognitiven Anforderungen und
Kompetenzen, um erfolgreich mit Medien zu lernen, dargestellt.

1 Klassifikation von Lernmedien

Medienbasierte Lernangebote stellen heute neben dem Unterricht durch
Lehrpersonen die häufigste Form des Lernens in formellen und informellen Bildungssettings dar. Obwohl sich Lernmedien insbesondere durch die
Entwicklung von Computern und Internet in sehr unterschiedlichen Formen entwickelt haben, bestehen die meisten Lernmedien im Wesentlichen
aus visuell und/oder auditiv dargebotenen Texten sowie statischen und/oder
dynamischen Bildern. Dabei werden Lern- und Informationsumgebungen,
die aus unterschiedlichen Repräsentationsformaten (Texte, Bilder, Audio
etc.) zusammengesetzt sind, als multimediale Medien bezeichnet. Neben
der Medialität kennzeichnet auch die Kodierungsform (Kodalität) einer Information (z.B. gesprochener vs. geschriebener Text) und die Sinnesmoda-
lität (Modalität), die zur Verarbeitung einer Information benötigt wird (z.B.
Auge oder Ohr), die verschiedenen Lern- und Informationsmedien.

▷ **Merksatz**

Medien vermitteln Zeichen (z.B. Buchstaben, Bilder) zwischen Sub-
jekten und/oder Objekten mit dem Ziel, Lernenden Informationen an-
zubieten. Werden die Informationen durch die Lernenden verarbeitet,
können die Informationsinhalte in die mentalen Modelle (psychische
Repräsentation eines Objekts) der Lernenden integriert und so langfristig im Gedächtnis gespeichert und abgerufen werden.

Betrachtet man die Technologie, die zum Einsatz eines Mediums notwendig ist, so werden vier Arten von Medien unterschieden. Sogenannte *Primäre Medien* kommen ohne jegliche Vervielfältigungstechnik aus (z.b. Tafelanschriebe, gemalte Bilder). *Sekundäre Medien* bezeichnen Medien, die bei der Produktion technische Hilfsmittel einsetzen (z.b. Buch). Zur Nutzung *Tertiärer Medien* setzen sowohl die Produzenten als auch die Rezipienten einer Information technologische Mittel ein (z.b. Fernsehen, Radio). Medien, die Computer- und Netzwerktechnologien einsetzen, werden als *Quartäre Medien* bezeichnet.

Menschen müssen daher je nach Medialität, Kodalität und Modalität sowie je nach technischen Anforderungen eines Mediums über unterschiedliche Kompetenzen verfügen, um die jeweiligen Medien angemessen und sachrichtig zu rezipieren. Nachfolgend wird insbesondere auf die notwendigen Kompetenzen zur Rezeption (multi-)medialer Lern- und Informationsumgebungen eingegangen.

2   Kompetenzen für das Lernen mit Medien

Um mit Medien effektiv zu lernen, kann man vier dafür erforderliche, voneinander abgrenzbare kognitive Kompetenzbereiche unterscheiden. Zunächst gilt es, die allgemeinen gedächtnispsychologischen Grundlagen (1) des Lernens mit Medien zu beachten. Da Lernmedien meist aus Texten (in geschriebener und/oder gesprochener Form) sowie Bildern (in statischer und/oder animierter Form) bestehen, benötigt man demgemäß eine ausreichende Kompetenz zum Textverstehen (2) sowie die Kompetenz, Bilder angemessen kognitiv zu verarbeiten (3). Wenn in einem Lernmedium Texte und Bilder gemeinsam und aufeinander bezogen als Lernmaterial dargeboten werden, was bei der überwiegenden Zahl der Lernmedien der Fall ist, bedarf es darüber hinaus der Kompetenz Bilder und Texte kognitiv zu integrieren (4). Weiterhin ist für ein erfolgreiches Lernen mit Medien Medienkompetenz (5) zu nennen, welche die Grundlage für einen angemessenen Umgang mit Medien im Allgemeinen darstellt.

2.1   Allgemeine kognitive Grundlagen
         des Lernens mit Medien

Für kognitive Lernprozesse gilt generell, dass die Verarbeitung neuer Informationen und die aktive Verknüpfung mit bestehenden Wissensstrukturen, die im Langzeitgedächtnis gespeichert sind, im Arbeitsgedächtnis stattfinden. Man kann von einem erfolgreichen Lernprozess sprechen, wenn die sachrichtige und dauerhafte Integration neuer Informationen in bestehende Wissensstrukturen gelingt und die modifizierten Wissensstrukturen im Langzeitgedächtnis abgespeichert werden. Insbesondere beim Lernen mit Medien ist zu beachten, dass die Verarbeitungskapazität des Arbeitsgedächtnisses begrenzt ist (Baddeley, 1992). Deshalb sollten medienbasierte

Lernprozess so gestalten sein, dass keine Überlastung des Arbeitsgedächtnisses auftritt ('Cognitive Overload').

Die 'Cognitive Load'-Theorie (CLT, Sweller et al., 1998) geht von Baddeleys Theorie eines begrenzten Arbeitsgedächtnisspeichers aus und verbindet nun diese Annahme mit der Frage, wie sich die limitierte Arbeitsgedächtniskapazität auf das Lernen mit Medien auswirkt. In der CLT wird postuliert, dass beim Lernen im Arbeitsgedächtnis drei Arten kognitiver Belastungen auftreten. Die *Intrinsic Load* wird durch die Verarbeitung der Lerninhalte selbst bedingt, wohingegen der *Extraneous Load* durch Elemente einer Lernumgebung verursacht wird, die zur Darstellung des Lerninhaltes nicht notwendig sind. Weiterhin müssen die lernprozessbezogenen Aktivitäten berücksichtigt werden, die den sogenannten *Germane Load* (z.B. Aufbau und Modifikation kognitiver Schemata, Einsatz von Lernstrategien) verursachen. Einerseits ergibt sich aus der CLT für das Design von Lernmedien, dass eine Überforderung der Lernenden durch Elemente, die Extraneous Load erzeugen, vermieden werden sollte. Andererseits ist für den Intrinsic und Germane Load einer Lernumgebung relevant, über welche inhaltlichen und lernprozessbezogenen Kompetenzen Lernende verfügen. Je höher das relevante thematische Vorwissen und die lernprozessbezogenen Kompetenzen, desto geringer wird in der Regel der Intrinsic und Germane Load einer Lernumgebung für Lernende sein.

Drei Arten kognitiver Belastungen

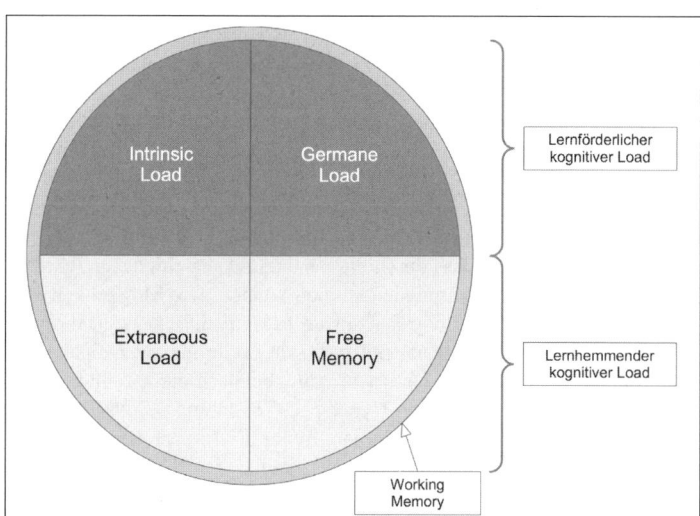

Abbildung 1: Modell der Cognitive Load Theory (Sweller et al., 1998)

2.2   Texte in Lernmedien

Bisher gelten Texte vor allem in gedruckter Form als wichtigste und am weitesten verbreitete Form des medienbasierten Lernens. Texte bestehen aus Symbolen (Phoneme, Silben, Worte, Sätzen), deren Bedeutung kul-

Kompetenz zum Textverstehen

turell verschieden festgelegt ist. Die Kompetenz zum Textverstehen setzt sich aus der Sprachkompetenz, die das Verstehen gesprochener Texte ermöglicht, und aus der Lesekompetenz zusammen, die erforderlich ist, um schriftliche Texte sachrichtig zu verarbeiten. Die Lesekompetenz besteht aus hierarchisch geordneten Teilfertigkeiten, welche hierarchieniedrige basale Wahrnehmungs- und Identifikationsprozesse (z.b. Buchstaben- und Wortidentifikation) sowie hierarchiehohe Prozesse zum Aufbau interner mentaler Repräsentationen, zur Interpretation und Evaluation der Texte umfassen (Richter & Christmann, 2002). Sogenannte Hypertexte sind eine vergleichsweise neue Form von Texten, die sich insbesondere in den letzten 15 Jahren durch das Anwachsen quartärer Medien rasch verbreitete.

▷ **Definition**

Hypertexte bestehen aus einzelnen Textteilen, die durch meist elektronische Verknüpfungen (Hyperlinks) miteinander verbunden sind. Die Verknüpfung einzelner Textteile erfolgt in nicht-linearer Weise, wodurch eine netzwerkartige Struktur zwischen den einzelnen Teilen entsteht. Werden nicht nur Texte sondern verschiedene Medien miteinander verbunden, spricht man von Hypermedien.

Beim Lernen mit Hypertexten ergeben sich zusätzliche Anforderungen an die Lernenden. So ist z.B. das Auffinden einer Information in einem Hypertext meist schwieriger. Zudem fällt es Lernenden insbesondere bei umfangreichen und komplexen Hypertexten meist schwerer, eine einheitliche mentale Repräsentation des Gesamttextes zu bilden. Jedoch befähigen Hypertexte im Vergleich zu konventionellen Texten Lernende zu einer höheren Autonomie im Lernprozess, da es meist ihnen überlassen bleibt, ob sie einem Hyperlink zu einer ergänzenden Information folgen oder nicht. Dies ermöglicht es, Lernwege selbstbestimmter zu wählen. Zudem haben Hypertexte den Vorteil, dass durch die Verlinkung verschiedener Textteile Redundanzen einfacher vermieden werden können. Die Möglichkeit Hypertexte als Lernmedien erfolgreich nutzen zu können, ist stark erfahrungsabhängig. So können Lernende mit geringer Erfahrung im Umgang mit Hypertexten eine erhebliche Desorientierung bei der Bearbeitung komplexer Hypertexte erleben ('Lost-in-Hyperspace'-Phänomen, Conklin, 1987), was kurzfristig den Lernerfolg und langfristig die Akzeptanz von Hypertexten als Lernmedien drastisch verringern kann.

Kriterien zur inhaltlichen Textgestaltung

Damit (Hyper-)Texte erfolgreich als Lernmedien eingesetzt werden, muss nicht nur die Textoberfläche optimiert werden (Ballstaedt, 1997), sondern auch inhaltliche Merkmale. Eine gebräuchliche Sammlung von Kriterien zur inhaltlichen Textgestaltung stellt bis heute das „Hamburger Verständlichkeitskonzept" dar (Langer et al., 1974).

  ○ *Sprachliche Einfachheit.* Ein Text sollte soweit wie möglich kurze, einfache Formulierungen mit geläufigen, konkret-anschaulichen Wörtern verwenden.

- *Gliederung/Ordnung.* Ein Text sollte eine klar erkennbare äußere Gliederung und logische innere Ordnung haben.
- *Kürze/Prägnanz.* Texte sollten sich auf das Notwendige beschränken und auf weitschweifige oder redundante Darstellungen verzichten.
- *Zusätzliche Stimulanz.* Texte sollten die Lernenden durch anschauliche, auf die Rezipienten bezogene, originelle Darstellungen auf einem mittleren Motivationsniveau halten.

2.3   Bilder in Lernmedien

Die meisten Lernmedien verwenden neben Texten Bilder zur Wissensvermittlung, wobei unterschiedliche Bildformate eingesetzt werden. Zunächst lassen sich dynamische (z.B. Filme, Animationen) und statische Bilder (z.B. Fotos) differenzieren. Nach ihren Bildinhalten kann man dekorative Bilder, die allein aus ästhetischen Gründen in einem Lernmedium dargestellt werden, und informative Bilder, die darüber hinaus einen instruktional relevanten Informationsgehalt haben, unterscheiden. Zusätzlich kann der Realitätsgrad eines Bildes als Unterscheidungskriterium dienen. Fotografien und dokumentarische Filme besitzen eine besonders hohe Realitätsnähe. Zeichnungen, Skizzen und ähnliche Bildformate weisen in der Regel eine mittlere Realitätsnähe auf, da sie zwar in einigen Elementen das abgebildete Objekt realitätskonform darstellen, jedoch auch Vereinfachungen oder Verfremdungen (z.B. durch Einfärben relevanter Objektmerkmale) beinhalten können, die z.B. zur Hervorhebung wichtiger, zu lernender Objektmerkmale dienen. Noch immer ist die Annahme weit verbreitet, dass der Lernerfolg mit dem Realismusgrad eines Bildes wächst. Diese Annahme wurde bereits durch Dwyer (1978) widerlegt, indem er nachwies, dass Lernende mit geringerem Vorwissen mehr durch abstrahierte Zeichnungen lernten als durch realitätsgetreue Bilder.

Realitätsgrad eines Bildes

Diagramme und Graphen, die man zusammenfassend als logische Bilder bezeichnet, repräsentieren in abstrakter Form strukturelle Übereinstimmung mit dem zu veranschaulichenden Objekt. So werden z.B. in einem Liniendiagramm analoge Relationen (z.B. der Wanderungssaldo in Deutschland) so veranschaulicht, dass ein einfacher Vergleich zwischen Objekten hinsichtlich eines ihrer Merkmale möglich ist. Entsprechend der CLT sollten Bilder in Lernmedien vor allem eine lernförderliche, instruktionale Funktion haben, damit sie nicht nur den Extraneous Load erhöhen. Im Falle dekorativer Bilder ist davon auszugehen, dass sie den Lernprozess eher behindern, da ihre kognitive Verarbeitung Ressourcen des Arbeitsgedächtnisses beansprucht, ohne dass daraus ein gesteigerter Lernerfolg resultiert (Harp & Mayer, 1998).

Logische Bilder

Informative Bilder haben dagegen insgesamt einen empirisch nachgewiesen Nutzen für den Lernprozess. So helfen Bilder, Inhalte zu veranschaulichen, wodurch deren Verständnis vereinfacht und somit die Behaltensleistung als auch die Verarbeitungstiefe der zu lernenden Inhalte gesteigert werden kann. Zudem erlauben es Bilder, komplexe Strukturen

Informative Bilder

so darzustellen, dass sie leichter von den Lernenden ‚auf einen Blick' verstanden werden, als dies bei einer Beschreibung durch Texte möglich ist. Dies kann jedoch bei statischen, aber insbesondere bei animierten Bildern zu einer *illusion of knowledge* führen. D. h., die Lernenden haben den Eindruck, dass sie die Bildinhalte bereits vollständig verstanden haben, ohne dass dies tatsächlich der Fall ist, weil ihnen die Inhalte leicht verständlich erschienen. Salomon (1984) fasste diesen Effekt für Bewegtbilder mit dem Titel seiner sehr bekannt gewordenen Untersuchung zusammen: „Television is easy, print is tough".

Präattentive und attentive Prozesse

Die sachrichtige kognitive Verarbeitung statischer und animierter Bilder ist keineswegs voraussetzungslos, sondern muss ebenfalls erlernt werden. Um ein Bild zu verstehen, müssen zunächst *präattentive Prozesse* erfolgen. Als präattentive Prozesse bezeichnet man automatisierte visuelle Routinen, die den zahlreichen sogenannten Gesetzen der guten Gestalt folgen und kaum willkürlich gesteuert werden. In den anschließenden vorwissensabhängigen *attentiven Prozessen*, die eine vertiefte, verständnisorientierte Verarbeitung der Bildinhalte ermöglichen, werden dann die Elemente eines Bildes detailliert und intentional analysiert. Attentive Prozesse sind in hohem Maße abhängig vom Vorwissen der Lernenden.

Bei der kognitiven Verarbeitung von Bewegtbildern ist zu beachten, dass zusätzlich die Betrachtungsweise von Filmen und Animationen erst erlernt werden muss. So können komplexe filmische Erzähltechniken (z.B. nicht-chronologische Darstellung der Ereignisse) insbesondere Kinder und im Umgang mit Filmen unerfahrene Zuschauer überfordern. Auch die scheinbar plausible Annahme, dass animierte Bilder im Vergleich zu statischen Bildern aufgrund ihrer höheren Realitätsnähe und Entsprechung zur Alltagswahrnehmung der abgebildeten Objekte einen grundsätzlichen Lernvorteil besitzen, ist empirisch nicht zu halten. Zwar belegt eine Metaanalyse (Höffler & Leutner, 2007), dass Animationen und Filme als Lernmedien lernwirksamer sind als statische Bilder, wenn die Lernenden ein dynamisches (‚animiertes') mentales Modell erstellen sollen und Animationen diesen Prozess unterstützen. Zudem wirken sich Filme meist günstiger auf die Lernmotivation aus als andere Medien. Jedoch können animierte Bilder aufgrund ihrer Flüchtigkeit zu schlechteren Lernleistungen führen.

2.4   Integrative Verarbeitung von Texten und Bildern in Lernmedien

Lernerfolg multimedialer Lernumgebungen

Betrachtet man heutige konventionelle oder digitale Lernmedien, so zeigt sich, dass diese meist aufeinander bezogene Texte und Bilder nutzen. Ein wichtiger Grund für dieses Vorgehen ist, dass das Lernen mit sogenannten multimedialen Lernumgebungen im Vergleich zu rein textuellen Lernumgebungen in der Regel einen höheren Lernerfolg erbringt (‚Multimedia-Prinzip'; Mayer, 2005). Meist wird dieser Befund mit der Theorie der dualen Kodierung (Paivio, 1986) erklärt. In der Theorie der dualen Kodierung wird angenommen, dass Informationen im menschlichen Arbeitsgedächtnis in zwei interagierenden Subsystemen prozessiert werden. Während in einem verbalen System textuelle Informationen verarbeitet werden, erfolgt die kognitive Prozessierung der Bilder einer Lernumgebung in einem eigenen piktorialen System. Wenn anhand aufeinander bezogener textueller und bildhafter Inhalte gelernt wird, kommt es im Ergebnis zu einer doppelten Kodierung der Inhalte, sowohl im verbalen als auch im piktorialen Subsystem. Da die Subsysteme miteinander interagieren, bilden sich zwischen den beiden Markierungen eines Inhalts Relationen, welche im Ergebnis zu einer Steigerung der Behaltensleistung führen.

> Theorie der dualen Kodierung

Allerdings gilt das Multimedia-Prinzip nicht uneingeschränkt, da sowohl das thematische Vorwissen als auch die visuell-räumlichen Fähigkeiten der Lernenden maßgeblich den Lernerfolg mit multimedialen Lernumgebungen beeinflussen (Plass et al., 2003). Daher werden die meisten komplexen multimedialen Lernumgebungen durch ergänzende instruktionale Hilfen unterstützt (Glossare, FAQ, Beispiele). Jedoch müssen zur Verarbeitung instruktionaler Hilfen ebenfalls kognitive Ressourcen in nicht unerheblichem Maße eingesetzt werden. Dabei stellt sich durch Hilfen in einer Lernumgebung nur dann ein Lernvorteil ein, wenn die instruktionalen Hilfen mehr zum Lernerfolg beitragen als sie zu einer Verringerung des Lernerfolgs aufgrund der durch sie verursachten zusätzlichen kognitiven Belastung führen (Horz et al., 2009).

Paivios Theorie wurde von dem weithin anerkannten Modell des Arbeitsgedächtnisses von Baddeley (1992) aufgegriffen. In diesem Modell wird angenommen, dass das in seiner Kapazität begrenzte Arbeitsgedächtnis aus einer zentralen Exekutive und zwei Subsystemen, einer *phonologischen Schleife* und einem *visuell-räumlichen ,Notizblock'*, besteht. In der phonologischen Schleife werden alle verbalen Informationen, auch die gelesenen, zwischengespeichert. Dieses System ist mit einem Wiederholungsmechanismus ausgestattet, in dem eine kleine Menge verbaler Informationen durch repetitive Prozesse vor dem Zerfall geschützt werden kann. Der visuell-räumliche Notizblock verfügt nicht über eine solche Möglichkeit zur Wiederauffrischung von visuellen Informationen im Arbeitsgedächtnis. Hier werden visuelle und räumliche Informationen in ,skizzenhafter' und nicht in fotografischer Form sehr kurzfristig zwischengespeichert und von neuer visueller Information überschrieben sobald diese ins Arbeitsgedächtnis gelangt.

> Modell des Arbeitsgedächtnisses

Ausgehend von der Theorie der dualen Kodierung und der CLT (s. o.) entwickelten sich in den letzten Jahren zwei miteinander verwandte Theorien, die den Lernprozess mit multimedialen Medien erklären, beispielsweise die sogenannte ,Cognitive Theory of Multimedia-Learning' (CTML) von Mayer (2005). In der CTML wird ebenfalls von einer zunächst getrennten Verarbeitung der auditiv-verbalen und der visuell-piktorialen Informationen ausgegangen, die erst im Arbeitsgedächtnis zusammen mit Informationen aus dem Langzeitgedächtnis integriert wird. Die CTML wird durch zahlreiche empirische Forschungsbefunde gestützt. Allerdings geht Mayers Modell davon aus, dass die vorhandene multimediale Information

> Kognitive Theorie des multimedialen Lernens

auch immer tatsächlich genutzt wird und dass Bilder den Wissenserwerb grundsätzlich fördern. Beides muss jedoch nicht immer notwendigerweise eintreten.

Eine Weiterentwicklung des Modells der CTML stellt das integrative Modell des Text- und Bildverstehens dar (Schnotz & Bannert, 2003). Im Modell des integrativen Text- und Bildverstehens wird auf der Wahrnehmungsebene zwischen verschiedenen Sinneskanälen (z.b. einem auditiven und einem visuellen Kanal) unterschieden.

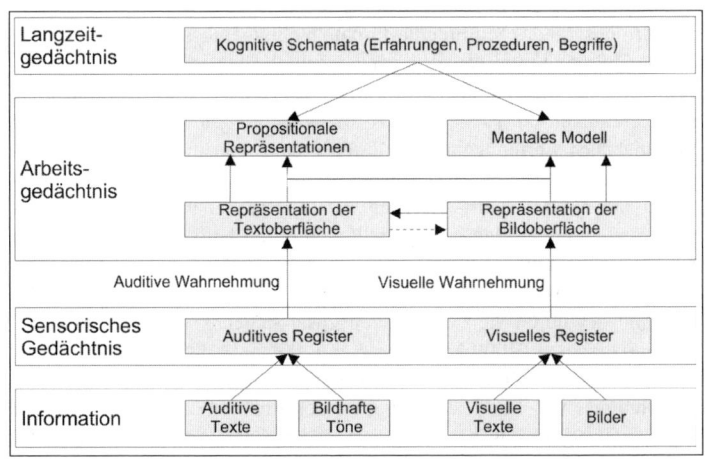

Abbildung 2: Modell des Text- und Bildverstehens (Schnotz & Bannert, 2003)

Bei der Rezeption text- und bildbasierter Informationen in einer Lernumgebung werden durch auditive bzw. visuelle Wahrnehmungsprozesse eine Text- bzw. eine Bildoberflächenrepräsentation der rezipierten Lerninhalte im Arbeitsgedächtnis generiert. Zunächst werden nur die graphischen Elemente eines Textes bzw. Bildes im Arbeitsgedächtnis abgebildet, ohne dass die Lernenden den Inhalt des Textes oder Bildes verstehen. Im Anschluss erfolgen auf der Basis der verfügbaren Oberflächenrepräsentationen inhaltsbezogene Verstehensprozesse. Aus der textuellen Oberflächenrepräsentation wird durch bedeutungsgenerierende kognitive Prozesse eine mentale Repräsentation gebildet, die aus Propositionen (abstrakten Bedeutungseinheiten) besteht. Aus der bildhaften Oberflächenrepräsentation hingegen wird in ein mentales Modell (psychische Repräsentation eines anschaulichen Objektes oder einer konkreten Situation) konstruiert, das die rezipierten Inhalte repräsentiert. Das mentale Modell und die propositionale Repräsentation interagieren kontinuierlich miteinander und können eine sachrichtige mentale Repräsentation der rezipierten Informationen bilden.

Um nun multimediale Lernumgebungen in ihrer Gestaltung zu optimieren, wurden zahlreiche empirische Untersuchungen durchgeführt aus denen sogenannte Prinzipien des Instruktionsdesigns multimedialer Lernumgebungen abgeleitet wurden (Mayer, 2005). Die nachfolgenden Prinzipien stehen nur stellvertretend für die wichtigsten Empfehlungen und stellen keine abschließende Liste zur instruktionalen Gestaltung von multimedialen Lernumgebungen dar, da sie auf der Basis neuer Forschungsarbeiten um weitere Prinzipien ergänzt werden:

○ *Kohärenzprinzip.* In multimedialen Lernumgebungen sollte zur Steigerung der Effizienz eines Lernprozesses auf für den Lerninhalt irrelevante Informationen verzichtet werden.

Instruktionsdesign multimedialer Lernumgebungen

○ *Kontiguitäts-Prinzip.* Inhaltlich aufeinander bezogene Bilder und Texte sollten möglichst gemeinsam in möglichst geringer räumlicher und zeitlicher Distanz präsentiert werden.

○ *Multimedia-Prinzip.* Texte sollten durch auf sie bezogene instruktionale Bilder präsentiert werden.

○ *Personalisierungsprinzip.* Lernende sollten eine direkte, persönliche Ansprache in einer Lernumgebung erhalten.

○ *Redundanz-Prinzip.* Redundanzen (insbesondere zwischen gesprochenen und geschriebenen Texten) in einer Lernumgebung sollten minimiert werden.

2.5   Medienkompetenz

Neben den zuvor dargestellten kognitiven Kompetenzen, die für den Rezeptionsprozess der Inhalte von Lernmedien nötig sind, bedarf es auch einer allgemeinen Kompetenz im Umgang mit Lernmedien, um diese in angemessener Form nutzen zu können. Zwei weit verbreitete Modelle der Medienkompetenz verdeutlichen dies. Nach Baacke (1997) setzt sich das Konstrukt der Medienkompetenz aus vier Dimensionen zusammen: Medienkritik, Medienkunde, Mediennutzung und Mediengestaltung.

Dimensionen von Medienkompetenz nach Baacke

○ Die Fähigkeit zur *Medienkritik* soll eine Person in die Lage versetzen, eine angemessene (gesellschaftliche) Bewertung von Medien und mit Medien verbundenen Prozessen auf analytische Weise sowie ethisch fundiert durchzuführen. Dabei sollte das eigene Wissen über Medien reflexiv auf die persönliche Mediennutzung angewendet werden.

○ Als *Medienkunde* wird das Wissen über Medien (informative Medienkunde) sowie die Kompetenz, Geräte zum Einsatz von Medien zu nutzen (instrumentell-qualifikatorische Medienkunde, z.B. Computer bedienen zu können) bezeichnet.

○ Als *Mediennutzung* bezeichnet man zum einen die Fähigkeit zum interaktiv-produktiven Umgang (z.B. sog. Web 2.0-Applikationen wie Facebook oder Nutzung von E-Mails) und zur Rezeption von Medien.

○ Schließlich wird die Erstellung medienbasierter Inhalte durch die Fähigkeiten der *Mediengestaltung* einer Person bestimmt, die aber über einfache digitale Interaktionsformen wie E-Mails hinausgehen und echte Design- und Programmierentscheidungen verlangen (z.B. Anlegen einer webfähigen Datenbank).

Durch Baackes Ansatz wurde der Medienkompetenzbegriff um eine sozial-normative Ebene erweitert. In diesem Sinne differenzierte Groeben (2004) den Medienkompetenzbegriff weiter aus. Es kann davon ausgegangen werden, dass es das grundlegende Ziel moderner Informationsgesellschaften ist, das in ihr gesellschaftlich handlungsfähige Subjekte miteinander agieren. Dies ist konstituierend für eine sogenannte Informationsgesellschaft. Man muss aber mittels normativer Diskurse hinterfragen, durch welche Kompetenzen dieses Ziel für ein Subjekt erreichbar wird. Es gilt also den Begriff der Medienkompetenz in Teilkomponenten zu zerlegen, die wiederum die analytisch ermittelten wesentlichen Fähigkeiten und Kompetenzen in angemessener Weise repräsentieren. Groebens Modell der Medienkompetenz ist vergleichsweise weit elaboriert und unterscheidet sieben Teilkompetenzen:

○ *Medienwissen und Bewusstsein.* Hierunter werden das Wissen und das Bewusstsein über die Glaubwürdigkeit von Medien, sowie deren wirtschaftliche, rechtliche etc. Rahmenbedingungen verstanden. Weiterhin sollten Mediennutzer über ein ausreichendes Wissen bezüglich der Wirkung von Medien verfügen, um auch Medienbotschaften im Hinblick auf ‚versteckte' Ziele bewerten und analysieren zu können.

○ *Medienspezifische Rezeptionsmuster.* Aus emotional-motivationaler Sicht sollten Mediennutzer in der Lage sein einerseits Medieninhalte aufzufinden, die dem eigenen aktuellen und angestrebten emotionalen Status entsprechen, und andererseits Medieninhalte angemessen emotional zu verarbeiten. Aus kognitiver Sicht gilt es, Informationen sachlich angemessen zu rezipieren.

○ *Medienbezogene Genussfähigkeit.* Die Fähigkeit den Konsum eines Mediums auch angemessen zu genießen, ist in früheren Konzeptionen der Medienkompetenz nicht oder nur sehr unzureichend berücksichtigt worden, obwohl gerade der Medienkonsum zu Unterhaltungszwecken eine besonders häufiger Anlass für die Nutzung von Medien im Alltagsleben darstellt.

○ *Medienbezogene Kritikfähigkeit.* In nahezu allen Konzeptionen der Medienkompetenz ist diese Teilkomponente von zentraler Bedeutung und beschreibt eine analytisch-distanzierte Haltung zu Medieninhalten und der Form ihrer Darbietung. Dabei kann sich die medienbezogene Kritikfähigkeit sowohl auf die inhaltliche (z.B. Glaubwürdigkeit, Ausgewogenheit) wie auch die formale Seite von Medienangeboten (z.B. Darstellungsqualität, Design) beziehen.

○ *Selektion/Kombination der Mediennutzung.* In einer Informationsgesellschaft mit stetig wachsendem Medienangebot ist die Fähigkeit zur Auswahl von Informationen von zunehmender Bedeutung. So müssen sich Lernende fragen, inwiefern aufgefundene Informationen (z.B. in Wikipedia) tatsächlich in angemessener Weise informieren oder ob ein selbst zusammengestellter Medienmix (Bücher, Webseiten, Skripts) ausreicht, um eine bevorstehende Prüfung erfolgreich zu absolvieren.

- *Partizipationsmuster der Mediennutzung.* Gerade interaktive Medien verstärken die Entwicklung, dass die Medienrezeption auch immer mit produktiven Prozessen (z.b. Web 2.0-Angebote) einhergeht. Hiermit ist vor allem die Erweiterung der Handlungsmöglichkeiten von Mediennutzern, auf rezipierte Inhalte aktiv reagieren zu können, gemeint.
- *Anschlusskommunikationen.* Um eine angemessene Medienkompetenz (z.B. Kritikfähigkeit, Genussfähigkeit) entwickeln zu können, ist es wichtig, sich mit relevanten Interaktionspartnern (Eltern, Peers, Lehrende etc.) über Medien und ihren Konsum auszutauschen.

3   Ausblick

Derzeit sind die hier dargestellten Kompetenzen, die für das Lernen mit Medien relevant sind, im Fokus aktueller Forschungsprojekte aus dem Bereich der Empirischen Bildungsforschung. Die Kompetenz zum Textverstehen wurde bisher am intensivsten erforscht. Dies ist insofern auch verständlich, weil die Lesekompetenz eine kulturelle Leitfunktion in der Rezeption von Medien inne hat. Im Vergleich zur Textforschung weiß man über die kognitive Verarbeitung von Bildern weitaus weniger, auch wenn in den letzten Jahren ein starkes Anwachsen empirisch gesicherter Erkenntnisse durch die Forschung zu multimedialen Lernumgebungen zu verzeichnen ist. Dennoch ist z.B. wenig darüber bekannt, wie das Bildverstehen sich entwickelt und durch instruktionale Maßnahmen gesteigert werden kann. Erst am Anfang steht die Forschung zur mentalen Integration multipler Medien (z.b. BITE-Studie der Universität Landau). Hier gilt es noch grundlegende Fragen der Entwicklung der Kompetenz zur Text-Bild-Integration zu bearbeiten. Auch im Bereich der Medienkompetenz existieren zwar durchaus elaborierte Modelle. Deren empirische Überprüfung steht aber noch in weiten Teilen aus. Letztlich ist festzustellen, dass es bisher keine Kenntnisse über das Zusammenwirken der kognitiven Verarbeitungsfähigkeiten, die für den Medienkonsum wichtig sind, und der allgemeinen Medienkompetenz selbst gibt. Hier ist zukünftig zu fragen, inwiefern sich diese Fähigkeiten (un-)abhängig voneinander entwickeln und wie sich diese verschiedenen Fähigkeiten gegenseitig bedingen.

Forschungsdefizite

▷   **Weiterführende Literatur**

Batinic, B. & Appel, M. (Hrsg.). (2008). Medienpsychologie. Heidelberg: Springer.

Issing, L.J. & Klimsa, P. (Hrsg.). (2009). Online-Lernen. München: Oldenbourg.

Mangold, R., Vorderer, P. & Bente, G. (Hrsg.). (2004). Lehrbuch der Medienpsychologie. Göttingen: Hogrefe.

Literaturverzeichnis

Baacke, D. (1997). Medienpädagogik. Tübingen: Niemeyer.

Baddeley, A. (1992). Working memory. Science, 255, 556-559.

Ballstaedt, S. P. (1997). Wissensvermittlung. Die Gestaltung von Lernmaterial. Weinheim: Beltz PVU.

Conklin, J. (1987). Hypertext: A survey and introduction, IEEE Computer, 20, 17-41.

Dwyer, F. M. (1978). Strategies for improving visual learning. Pennsylvania: Learning Services.

Groeben, N. (1982). Leserpsychologie: Textverständnis - Textverständlichkeit. Münster: Aschendorff.

Groeben, N. (2004). Medienkompetenz. In R. Mangold, P. Vorderer & G. Bente (Hrsg.), Lehrbuch der Medienpsychologie (S. 27-49). Göttingen: Hogrefe.

Harp, S. F. & Mayer, R. E. (1998). How seductive details do their damage: A theory of cognitive interest in science learning. Journal of Educational Psychology, 90, 414-434.

Höffler, T. N. & Leutner, D. (2007). Instructional animation versus static pictures: A meta-analysis. Learning and Instruction, 17, 722-738.

Horz, H., Winter C. & Fries, S. (2009). Differential benefits of instructional prompts. Computers in Human Behavior, 25, 818-828.

Krämer, N. C., Schwan, S. & Unz, D. (Hrsg.). (2008). Medienpsychologie. Stuttgart: Kohlhammer.

Langer, I., Schulz v. Thun, W. & Tausch, R. (1974). Verständlichkeit in Schule, Verwaltung, Politik und Wissenschaft. München: Reinhardt.

Mayer, R.E. (Hrsg.). (2005). The Cambridge Handbook of Multimedia Learning. Cambridge: Cambridge University Press.

Paivio, A. (1986). Mental representation: A dual coding approach. Oxford: Oxford University Press.

Plass, J. L., Chun, D. M., Mayer, R. E. & Leutner, D. (2003). Cognitive load in reading a foreign language text with multimedia aids and the influence of verbal and spatial abilities. Computers in Human Behavior, 19, 221-243.

Richter, T. & Christmann, U. (2002). Lesekompetenz: Prozessebenen und interindividuelle Unterschiede. In N. Groeben & B. Hurrelmann (Hrsg.), Lesekompetenz: Bedingungen, Dimensionen, Funktionen (S. 25-58). Weinheim: Juventa.

Salomon, G. (1984). Television is ‚easy‘ and print is ‚tough‘. Journal of Educational Psychology, 76, 647-658.

Schnotz, W. & Bannert, M. (2003). Construction and interference in learning from multiple representations. Learning and Instruction, 13, 141-156.

Sweller, J., van Merriënboer, J. J. G. & Paas, F. G. W. C. (1998). Cognitive architecture and instructional design. Educational Psychology Review, 10, 251-296.

Barbara Otto, Franziska Perels & Bernhard Schmitz

Selbstreguliertes Lernen

▷ **Zusammenfassung**

In diesem Kapitel wird auf die Bedeutung der Selbstregulation im Rahmen des schulischen und außerschulischen Lernens eingegangen. Ausgehend von einer Definition werden zunächst die historischen Wurzeln sowie theoretische Modelle und empirische Befunde zum selbstregulierten Lernen skizziert. Anschließend werden Möglichkeiten der Förderung mit ihren Implikationen für die Praxis beschrieben.

1 Allgemeines und Definition

Im Zeitalter neuer Technologien und Kommunikationsmittel kann Wissen, das heute noch aktuell ist, morgen schon veraltet sein (Halbwertzeit des Wissens). Gerade weil die Herausforderungen zum Lernen sich auch nach der Schulzeit fortsetzen, ist es notwendig, dass Personen über die Bereitschaft und Fähigkeit verfügen, sich über den gesamten Lebenslauf neues Wissen und neue Fähigkeiten anzueignen (Brunstein & Spörer, 2001) sowie ihr Spezialwissen zu aktualisieren. Daher wird die Entwicklung der Fähigkeit zum selbstregulierten Lernen neben der Vermittlung des klassischen Fachwissens als zentrale Aufgabe des Bildungssystems gesehen (Baumert et al., 2007).

Wodurch zeichnet sich selbstreguliertes Lernen aus? In der Wissenschaft gibt es verschiedene Definitionen dieses Begriffes. Dies liegt sicher auch daran, dass in der Literatur der Begriff des selbstregulierten Lernens (*self-regulated learning*) häufig synonym verwendet wird mit Begriffen wie selbstgesteuertes Lernens (*self-directed learning*), selbstbestimmtes Lernen (*self-determined learning*), selbstorganisiertes Lernen, selbstkontrolliertes Lernen, selbsttätiges Lernen oder autonomes Lernen. Den zahlreichen Definitionen selbstregulierten Lernens (z.B. Friedrich & Mandl, 1997; Schiefele & Pekrun, 1996) ist allerdings gemeinsam, dass der Lernende im Mittelpunkt steht, d. h. dass angenommen wird, dass er sein eigenes Lernen initiiert, organisiert und überwacht. So definiert Pintrich (2000, S. 453) selbstreguliertes Lernen folgendermaßen:

> **Definition**
>
> Selbstreguliertes Lernen ist ein aktiver, konstruktiver Prozess, bei dem
> der Lernende sich Ziele für sein Lernen selbst setzt und zudem sei-
> ne Kognitionen, seine Motivation und sein Verhalten in Abhängigkeit
> von diesen Zielen und den gegebenen äußeren Umständen beobachtet,
> reguliert und kontrolliert.

Variablen selbstregulierten Lernens

Anhand dieser Definition wird deutlich, dass das selbstregulierte Lernen kein einfaches Konstrukt ist, sondern vielmehr aus einer Vielzahl von Variablen besteht, die zu einem effektiven Lernen beitragen. Diese Variablen können insgesamt drei Klassen zugeordnet werden (Boekaerts, 1999):

- *Kognitive Variablen.* Hierzu zählen konzeptionelles und strategisches Wissen sowie die Fähigkeit, entsprechende kognitive Lernstrategien anzuwenden.

- *Motivationale Variablen.* Hierunter versteht man Aktivitäten, die der Initiierung (z.B. Selbstmotivierung) und dem Aufrechterhalten (volitionale Steuerung) des Lernens dienen, sowie handlungsförderliche Attributionen und die Selbstwirksamkeitsüberzeugung.

- *Metakognitive Variablen.* In diese Kategorie fallen Planung, Selbstbeobachtung und Reflexion des eigenen Lernprozesses.

2   Historische Wurzeln des selbstregulierten Lernens seit dem 20. Jahrhundert

Selbstregulation und Lerntheorien

Selbstreguliertes Lernen ist weder historisch noch didaktisch etwas Neues (Gnahs & Seidel, 1999). Den Grundgedanken selbstregulierten Lernens, nämlich die eigenverantwortliche und reflektierte Weiterentwicklung der eigenen Person, lässt sich bis in die antike Philosophie zurück verfolgen. Im Folgenden konzentrieren wir uns aber darauf, die Entwicklung seit dem 20. Jahrhundert darzustellen.

Welches Konzept des selbstregulierten Lernens vertreten wird, ist immer abhängig von den vorherrschenden Lerntheorien. So wurden Anfang des 20. Jahrhunderts, als der Behaviorismus die lerntheoretische Forschung prägte, Lernende als passive Wissensempfänger betrachtet, die bei der Erklärung der Lernvorgänge keine bedeutsame Rolle spielen. Vielmehr wurde angenommen, dass Lernen ein Prozess ist, der Erfahrungen verarbeitet und mehr oder weniger dauerhafte Veränderungen im Wissen und Verhalten hervorbringt. Nach diesem Ansatz kann nur durch die Einwirkung äußerer Ereignisse eine Verhaltensänderung bei einer Person herbeigeführt werden. Das Lernen wurde demnach als ein fremdgesteuerter Prozess konzipiert.

Seit der ‚kognitiven Wende' (1960er/70er Jahre; vgl. Kap. VI-1 und Kap. VII-3) wurde das Augenmerk beim Lernen wieder auf die Lernenden gelegt. In den kognitiven Theorien wird davon ausgegangen, dass Lernen als aktiver geistiger Prozess des Erwerbs, Behaltens, Abrufens und Anwendens von Wissen betrachtet werden kann. Damit kommt dem Lernenden die Rolle des aktiven Wissenskonstrukteurs zu. Das Konzept des selbstregulierten Lernens ist in diesem Zusammenhang in den späten 1960er Jahren als Reaktion auf bildungspolitische Diskussionen entstanden. Seit dieser Zeit fand das selbstgesteuerte Lernen immer stärker Eingang in Schulen und Universitäten und wurde schließlich seit den 80er Jahren auch in der Aus- und Weiterbildung der Wirtschaft und Industrie eingesetzt.

3   Theorien selbstregulierten Lernens

In den letzten Jahrzehnten wurden zahlreiche Modelle zur Selbstregulation entwickelt, die sich nach Winne und Perry (2000) grob in zwei Gruppen einteilen lassen.

Komponenten- und Prozessmodelle

> **Definition**

In den Komponentenmodellen werden Kompetenzen eines Lernenden beschrieben, die sich positiv auf das selbstregulierte Lernen auswirken. Diese Kompetenzen werden als relativ überdauernde Attribute einer Person angesehen.

Zu den Komponentenmodellen selbstregulierten Lernens können beispielsweise die Modelle von Boekaerts (1999) sowie Leopold und Leutner (2004) gezählt werden. Komponentenmodelle spezifizieren allerdings nicht, in welcher Phase des Lernprozesses die verschiedenen Komponenten von besonderer Bedeutung sind.

> **Definiton**

Im Gegensatz zu den Komponentenmodellen wird mit Prozessmodellen angestrebt, den idealen Prozess des selbstregulierten Lernens zu beschreiben (Wirth & Leutner, 2008). Es wird angenommen, dass dieser Lernprozess in verschiedene Phasen untergliedert werden kann.

Zu den Prozessmodellen selbstregulierten Lernens können beispielsweise die theoretischen Überlegungen von Schmitz (2001) gezählt werden. Im Folgenden werden jeweils exemplarisch ein Komponenten- und ein Prozessmodell dargestellt.

3.1   Drei-Schichten-Modell von Boekaerts (1999)

Das Drei-Schichten-Modell von Boekaerts (1999) ist das wohl bekannteste Komponentenmodell der Selbstregulation, da es auch bei PISA als Grundlage der Untersuchungen des selbstregulierten Lernens einbezogen wurde.

Drei verschiedene Regulationssysteme

Boekarts (1999) unterscheidet insgesamt drei verschiedene Regulationssysteme, die mit den Stichworten ‚selbst‘, ‚reguliert‘ und ‚lernen‘ benannt
werden können (Wirth, 2004). Diese Regulationssysteme werden im Modell durch drei konzentrische Ellipsen als drei Schichten dargestellt.

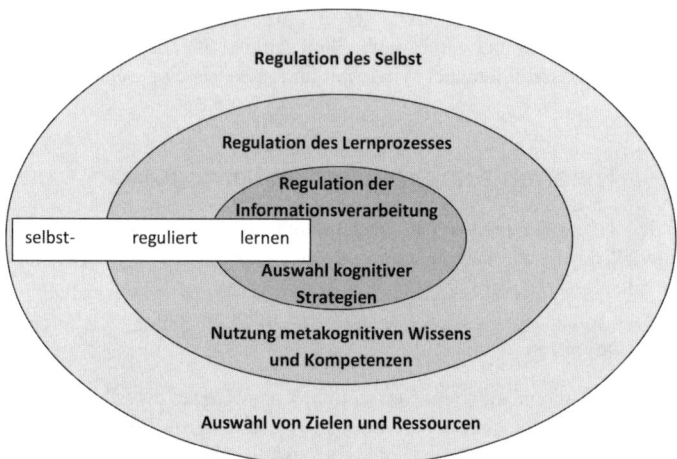

Abbildung 1: Drei-Schichten-Modell (Boekaerts, 1999)

Die erste Schicht des *‚Lernens‘* beschreibt auf der Ebene der Lernstile
die Regulation des Informationsverarbeitungsprozesses, wobei kognitive
Lernstrategien ausgewählt, kombiniert und koordiniert werden müssen
(Wirth, 2004). Die zweite Schicht (*‚Regulation‘*) thematisiert metakog-
nitives Wissen und metakognitive Strategien, die bei der Steuerung des
Lernens helfen sollen. Hierbei geht es darum, den Einsatz der kognitiven
Strategien zu planen, zu überwachen, zu bewerten und ggf. zu korrigieren.
Regulationsgegenstand wird somit der gesamte Lernprozess. Die Regulati-
on des Lernprozesses kann nach Boekarts prinzipiell internal (eigenstän-
dig), external (durch Unterstützung von außen) oder gemischt erfolgen.
In der äußeren Schicht findet schließlich die Regulation des *‚Selbst‘* statt.
Boekaerts versteht darunter zum einen die Festlegung von Zielen und der
zur Zielerreichung notwendigen Ressourcen, zum anderen die Kontrolle
motivational-volitionaler Prozesse. Regulation auf dieser Ebene ist nach
Boekaerts vor allem deshalb wichtig, weil Menschen in der Regel nicht
nur ein Ziel verfolgen, sondern verschiedene, z.T. interdependente Ziele,
so dass eine Zielauswahl erfolgen muss. Damit ist diese Regulationsebene
die allgemeinste, da sie sich auf die Person des Lerners bezieht und nicht
auf den Lernprozess. Ihre Funktionalität beeinflusst jedoch die Qualität der
prozess- und lernbezogenen Regulationsprozesse. Die äußerste Schicht
des ‚Selbst‘ bezieht sich also auf die Beziehung einer Person zu einem
gesetzten Ziel und ihren Willen, dieses Ziel zu erreichen. Hierbei muss

der Lernende sowohl innerhalb eines Lernprozesses die auszuführenden Handlungen und Ressourcen auf die eigenen Wünsche, Bedürfnisse und Erwartungen definieren als auch die eigenen Ziele im Falle von entgegenstehenden Alternativen aufrechterhalten. Dementsprechend werden hier die für den gesamten Lernprozess wesentlichen motivationalen Komponenten berücksichtigt. Mit jeder Schicht wird somit eine weitere („höhere") Ebene der Regulation erschlossen.

3.2   Das Prozessmodell von Schmitz (2001)

Das Prozessmodell von Schmitz (2001) basiert auf dem Modell von Zimmerman (2000) und postuliert ebenfalls drei Phasen innerhalb eines Selbstregulationsprozesses.

Drei Phasen innerhalb des Regulationsprozesses

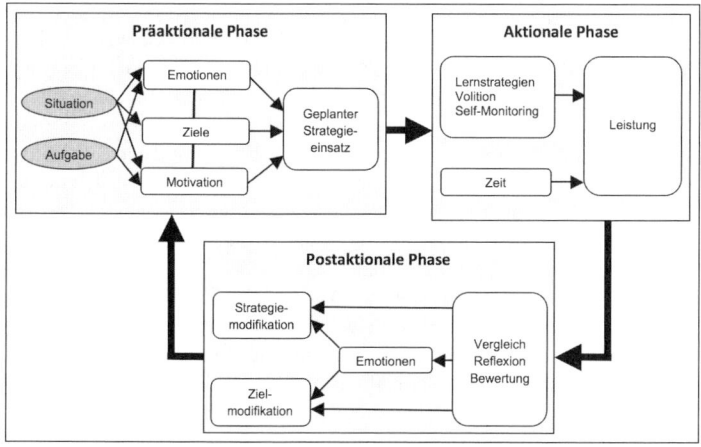

Abbildung 2: Prozessmodell des selbstregulierten Lernens (Schmitz, 2001)

Die *präaktionale Phase* dient der Handlungsplanung bzw. der Lernvorbereitung. Dabei sieht sich der Lernende zunächst mit einer Aufgabe in einer spezifischen Situation konfrontiert. Diese Aufgabe sowie die situativen Gegebenheiten lösen bei dem Lernenden bestimmte emotionale und motivationale Zustände aus. Die Betrachtung der Aufgabe könnte beispielsweise Vorfreude (positive Emotionen) oder Ängstlichkeit (negative Emotionen) erzeugen. Der Lernende kann zudem entweder an den Lerninhalten interessiert sein und die Aufgabe lösen wollen, weil es ihm Spaß machen wird (hohe intrinsische Motivation) oder keine Lust darauf haben (niedrige intrinsische Motivation) (vgl. Kap. VI-4). Darüber hinaus wird er sich mehr oder weniger zutrauen, die Aufgabe erfolgreich bewältigen zu können (Selbstwirksamkeit). Die Qualität der Emotionen und der Motivation hängt zentral von dem Lernziel ab, das sich der Lernende für die Lösung dieser Aufgabe setzt. Diese Ziele sollen anspruchsvoll, herausfordernd und möglichst spezifisch formuliert sein (Locke & Latham, 1990). Sie beein-

Handlungsplanung bzw. Vorbereiten des Lernens

flussen nicht nur die Emotionen und die Motivation, sondern auch den geplanten Strategieeinsatz.

In der *aktionalen Phase* findet der eigentliche Lernprozess statt. Idealerweise bedeutet dies die Umsetzung der Planung, die in der präaktionalen Phase erfolgte. Für das Ergebnis/ die Leistung sind die aufgewendete Lernzeit sowie die Anwendung von Lern- und volitionalen Strategien von großer Bedeutung. Während der Aufgabenbearbeitung beobachtet der Lernende sich und sein Verhalten (Self-Monitoring). Durch die Selbstbeobachtung kann der Lernende auftretenden Schwierigkeiten bei der Aufgabenbearbeitung begegnen, indem er z.b. volitionale Strategien zur Aufrechterhaltung der Konzentration, der Motivation oder Ausschaltung störender Gedanken anwendet. Die aktionale Phase schließt ab, sobald ein Lernergebnis vorliegt.

Wenn ein Lernergebnis vorliegt, geht es in der abschließenden *postaktionalen Phase* hauptsächlich um die Reflexion des vorangegangenen Lernens. Zunächst wird hierfür das erreichte Lernergebnis mit dem ursprünglich angestrebten Lernziel verglichen (Soll-Ist-Vergleich). In Abhängigkeit davon, wie erfolgreich das Lernen war, werden lernrelevante Emotionen (z. B. Un-/Zufriedenheit) entstehen. Für den wahrgenommenen Erfolg oder Misserfolg muss der Lernende zudem Gründe suchen (Kausalattribution). Wurde das Ziel nicht erreicht, wird das zu Schlussfolgerungen führen: Der Lernende kann für die folgende Lernsequenz entweder seine Strategien anpassen (z. B. günstigere Lernstrategien auswählen) oder sein Ziel adaptieren (z. B. sich nur zwei anstatt drei Kapitel zum Durcharbeiten vornehmen). Auf diese Weise nimmt die Bewertung während der postaktionalen Phase Einfluss auf die Planung in der präaktionalen Phase der nächsten Lerneinheit. Damit wird auch deutlich, dass die Rückkopplungsschleife in diesem Modell zentral für die immerwährende Optimierung des Lernverhaltens ist; sie charakterisiert den konsekutiven Lernprozess.

4   Befunde zum selbstregulierten Lernen

Selbstreguliertes Lernen wird von vielen Wissenschaftlern und Praktikern als ‚Allheilmittel' gegen die Verschulung und für eine neue Lernkultur angesehen (Friedrich & Mandl, 1997). Die Frage ist demnach berechtigt, ob selbstreguliertes Lernen tatsächlich zu effektiverem Lernen und besseren Lernergebnissen führt. Dazu werden im Folgenden einige Ergebnisse empirischer Studien zusammengefasst.

4.1   Selbstreguliertes Lernens und akademische Leistung

Zur Beantwortung der Frage, wie selbstreguliertes Lernen mit der Lernleistung zusammenhängt, werden häufig querschnittliche Daten erhoben und korrelative Analysen durchgeführt. Eine Vielzahl empirischer Studien belegt, dass ein hohes Maß an Selbstregulation mit besseren Lernergebnissen, einer höheren Motivation sowie einer höheren Anstrengung einhergeht. So Positive Effekte durch hohe Selbstregulation haben bereits Pintrich und De Groot (1990) einen positiven Zusammenhang zwischen dem selbstregulierten Lernen mit den motivationalen Überzeugungen sowie darüber hinaus mit der schulischen Leistung festgestellt. Aus anderen Studien (Schiefele et al., 2003) ist jedoch bekannt, dass der Zusammenhang zwischen Angaben zum Lernverhalten und Lernerfolg eher gering ist. Die Gründe für einen geringen bzw. nicht signifikanten Zusammenhang zwischen dem selbstregulierten Lernen und der schulischen Leistung können vielfältig sein. So deuten einige empirische Studien beispielsweise darauf hin, dass die Art der Erhebung ausschlaggebend für die Höhe des Zusammenhangs sein kann: Der selbstberichtete Lernstrategieeinsatz weist geringere Korrelationen zu der Leistung auf als der tatsächlich beobachtbare (Artelt, 1999). Aus diesem Grund empfiehlt es sich, stets mehrere Instrumente zur Erfassung des selbstregulierten Lernens einzusetzen (Spörer & Brunstein, 2006)

4.2 Vorhersagekraft des selbstregulierten Lernens für die akademische Leistung

Bezüglich korrelativer Studien muss einschränkend gesagt werden, dass sie keine Kausalitätsaussagen zulassen. Es ist demnach nicht möglich, aufgrund signifikanter Korrelationen darauf zu schließen, dass selbstreguliertes Lernen tatsächlich zu besserer Leistung führt. Hierfür ist es notwendig, Regressionsanalysen durchzuführen, bei denen der Vorhersagewert des selbstregulierten Lernverhaltens als Prädiktor für die schulische Leistung bestimmt wird. Es liegen neuere längsschnittliche Studien vor, die einen solchen Ansatz verfolgten (Duckworth & Seligman, 2005; Spörer, 2004).

▷ **Beispielstudie zu selbstreguliertem Lernen und Schulerfolg**

Nota et al. (2004) untersuchten, ob sich das selbstregulierte Lernen von italienischen Schülern in der Abschlussklasse auf ihre darauffolgende akademische Leistung und Ausdauer auswirkte. Um dies zu überprüfen, haben sie ein Selbstregulations-Interview verwendet, das auf kognitive, motivationale und Verhaltensstrategien fokussiert, die während dem Lernen sowohl im schulischen als auch im außerschulischen Kontext eingesetzt werden. Es zeigte sich, dass insbesondere die Anwendung kognitiver Lernstrategien einen signifikanten Prädiktor für verschiedene Noten im Abschlussjahr (z.B. Italienisch, Mathematik) als auch für mehrere Leistungsmaße in späteren Universitätskursen darstellte. Die motivationalen Strategien waren hingegen entscheidend für die durchschnittliche Abschlussnote sowie für die Absicht, anschließend ein Studium aufzunehmen.

Insgesamt lässt sich aufgrund der Ergebnisse von Studien zum selbstregulierten Lernen folgende Schlussfolgerung ziehen:

▷ **Merksatz**

Eine hohe Selbstregulation im Lernverhalten hängt nicht nur korrelativ mit besseren Leistungen in der Schule und der Universität zusammen, sondern stellt auch einen bedeutsamen Prädiktor für diese beiden Kriterien dar.

4.3 Effekte von Interventionen zur Förderung des selbstregulierten Lernens

Förderung selbstregulierten Lernens

Über die Analyse des Zusammenhangs zwischen selbstreguliertem Lernen und Leistung durch Korrelations- und Regressionsstudien hinaus bieten Trainingsansätze Hinweise darauf, dass über die Förderung selbstregulierten Lernens die akademische Leistung verbessert werden kann.

▷ **Beispielstudie zum Training von Selbstregulation**

Perels (2003) untersuchte in ihrer Studie, inwieweit sich die mathematische Problemlösekompetenz von Schülern der 8. Klasse des Gymnasiums durch eine sechswöchige Intervention (eine eineinhalbstündige Trainingseinheit pro Woche) fördern lässt. Als Ergebnis zeigte sich, dass die Schüler am Ende der Interventionszeit dann bessere Ergebnisse in einem Problemlösetest erreichten, wenn sie neben den fachspezifischen Strategien auch Selbstregulationsinhalte vermittelt bekamen. Dieses Ergebnis der Förderung von Selbstregulation in Bezug auf die akademische Leistung konnte auch auf Schüler des Primarbereichs übertragen werden (siehe z.B. Otto et al., 2008).

Außerschulischer Kontext

Auch im außerschulischen Kontext gibt es Hinweise darauf, dass über die Vermittlung selbstregulativer Strategien die akademische Leistung gesteigert werden konnte. So verfolgt z.B. das VEL-Projekt (Vienna E-Lecturing) das Ziel, über die Integration von Selbstregulationsstrategien in den universitären Kontext unter anderem die fachliche Leistung der Studierenden im Fach ‚Evaluation und Forschungsmethoden' zu verbessern. Über einen Blended-Learning Ansatz, bei dem Präsenzeinheiten und E-Learning-Einheiten im Studiengang Psychologie verbunden werden, soll die fachliche Kompetenz gesteigert werden. Die Ergebnisse der längsschnittlichen Evaluation bestätigen die leistungsförderliche Wirkung der Integration von Selbstregulationsinhalten in die reguläre universitäre Lehre (Schober et al., 2008).

▷ **Merksatz**

Grundsätzlich können alle Trainingsmaßnahmen zur Förderung des selbstregulierten Lernens hinsichtlich der Direktheit der Maßnahme, der Inhalte der Maßnahme und der Altersstufe systematisiert werden.

Direkte und indirekte Maßnahmen

Fördermaßnahmen können danach unterschieden werden, ob sie direkt oder indirekt erfolgen (siehe z.b. Schmidt & Otto, 2010). Bei direkten Interventionen sind die Lernenden wie Schüler und Studierende die Zielgruppe des Trainingsprogramms. Die Lernenden selbst werden in der Regel durch ausgebildete Trainer darin geschult, selbstregulatorische Strategien beim Lernen anzuwenden.

Lernende oder Lehrende als Zielgruppe

Indirekte Interventionen zielen hingegen auf die Schulung der zentralen Gestalter der Lernumwelt (Lehrkräfte, Eltern) ab, um darüber eine Optimierung der Selbstregulation von Schülern zu erreichen. In solchen indirekten Trainings werden demnach Methoden vermittelt, wie Lehrkräfte oder Eltern das selbstregulierte Lernverhalten von Schülern unterstützen können. Es wird angenommen, dass sie dies auf drei Wegen tun können (Otto, 2007): (1) sie können eine selbstregulationsförderliche Lernumgebung herstellen, indem sie beispielsweise Unterrichtmethoden verwenden, die eine hohe Selbstbestimmtheit zulassen; (2) sie können die entsprechenden Lernstrategien explizit vermitteln (direkte Strategieinstruktion), und (3) sie können im Sinne von Banduras sozial-kognitiver Theorie durch eigenes positives Modellverhalten den Nutzen selbstregulatorischer Strategien verdeutlichen. Insgesamt zeigte sich jedoch in empirischen Studien, dass direkte Interventionen den indirekten überlegen sind (Otto et al., 2009).

Inhalte der Maßnahme

Die Trainings zur Förderung selbstregulierten Lernens lassen sich danach unterscheiden, ob eine ganzheitliche Förderung im Vordergrund steht oder ob ausgewählte kognitive, motivationale oder metakognitive Aspekte einzelner Phasen (z.B. Zielsetzung, Attribution) trainiert werden. Unabhängig von der Ganzheitlichkeit hat sich immer wieder gezeigt: Die Vermittlung selbstregulatorischer Strategien ist dann besonders wirksam, wenn nicht nur Selbstregulation an sich vermittelt wird, sondern wenn diese an fachspezifische Inhalte angeknüpft werden.

Ganzheitliche oder spezfische Förderung

So konnte beispielsweise Gürtler (2003) belegen, dass die gemeinsame Vermittlung von Selbstregulations- und mathematischen Problemlösestrategien effektiver war als die alleinige Vermittlung von Selbstregulationsstrategien.

Altersstufe

Mit zunehmendem Alter wird auch das Material komplexer, das sich Lernende selbstständig aneignen sollen. Daher liegen auch verschiedene Interventionsprogramme zur Förderung von Selbstregulation vor, die sich an Personen fast aller Altersstufen (Vorschule, unterschiedliche Jahrgangsstufen in der Schulzeit, Studium und Berufsleben) richten. Allerdings weisen die Ergebnisse im Primar- und Elementarbereich auf Folgendes hin (z.B. Otto, 2007): Selbstreguliertes Lernen sollte möglichst früh gefördert

Frühe Förderung selbstregulierten Lernens

werden, um günstige Lerngewohnheiten zu etablieren und dysfunktionale
Lerngewohnheiten zu vermeiden.

5   Implikationen für die Praxis

Zentrale Bedeutung
der Lehrkräfte

Wenn es die Zielsetzung ist, bereits während der Schulzeit selbstreguliertes Lernen als Schlüsselkompetenz des lebenslangen Lernens zu fördern,
stellt sich die Frage, wie sich selbstreguliertes Lernen im regulären Unterrichtsalltag fördern lässt. Bei der Umsetzung dieser Intention kommt der
Lehrkraft eine zentrale Bedeutung zu. In mehreren empirischen Studien
wurde jedoch belegt, dass Lehrkräfte in der Praxis nur einen geringen Anteil des Unterrichts darauf verwenden, Lernstrategien zu vermitteln (Hamman et al., 2000; Kistner et al., 2010). Ein Grund dafür könnte sein, dass
die meisten Lehrkräfte selbst nur eine sehr vage Vorstellung davon haben,
was selbstreguliertes Lernen überhaupt ist (Waeytens et al., 2002).

Durch Lehrertrainings könnten entsprechend konkretere Vorstellungen
sowie didaktische Ansätze vermittelt und in den Unterrichtsalltag übertragen werden. In diesem Kontext bietet sich ein kombiniertes Vorgehen an:
Zum einen sollten die Lehrkräfte im Sinne einer Lehrerfortbildung neues
Wissen und Handeln zur Förderung von fachspezifischen und fächerübergreifenden Kompetenzen erlernen. Zum anderen können ausgearbeitete
Unterrichtsmaterialien, die in der Lehrerfortbildung zur Verfügung gestellt
werden, die Lehrkräfte dabei unterstützen, Trainingsinhalte in den regulären Unterricht zu implementieren (vgl. Kap. VII-3). Neben der Standardisierung der Intervention haben ausgearbeitete Unterrichtsmaterialien den
Vorteil, dass sie von vielen Lehrkräften als Erleichterung angesehen werden, wodurch die Implementierungswahrscheinlichkeit erhöht wird.

Für die Zukunft ist darüber hinaus wünschenswert, dass die Förderung
selbstregulierten Lernens nicht nur in die Lehrerfortbildung sondern auch
in die Lehrerausbildung Eingang findet. Dafür müssen effektive Trainings-
module und Trainingsmaterialien für den Einsatz in der universitären Lehrerausbildung weiterentwickelt werden.

▷ **Weiterführende Literatur**

Brunstein, J. C. & Spörer, N. (2001). Selbstgesteuertes Lernen. In D.
    H. Rost (Hrsg.), Handwörterbuch Pädagogische Psychologie (S.
    622-629). Weinheim: PVU.
Dignath, C., Büttner, G. & Langfeldt, H.-P. (2008). How can primary
    school students acquire self-regulated learning most efficiently?
    Educational Research Review, 3, 101-129.
Landmann, M., Perels, F., Otto, B. & Schmitz, B. (2009). Selbstregu-
    lation. In E. Wild & J. Möller (Hrsg.), Pädagogische Psychologie
    (S.49-72). Heidelberg: Springer.

Literaturverzeichnis

Artelt, C. (1999). Lernstrategien und Lernerfolg - Eine handlungsnahe Studie. Zeitschrift für Entwicklungspsychologie und Pädagogische Psychologie, 31, 86-96.

Baumert, J., Klieme, E., Neubrand, M., Prenzel, M., Schiefele, U., Schneider, W., Tillmann, K.-J. & Weiß, M. (2007). Fähigkeit zum selbstregulierten Lernen als fächerübergreifende Kompetenz. Verfügbar unter: http://www.mpib-berlin.mpg.de/pisa/CCCdt.pdf; Stand: 05.11.2009.

Boekaerts, M. (1999). Self-regulated learning: Where we are today. International Journal of Educational Research, 31, 445 – 457.

Brunstein, J. C. & Spörer, N. (2001). Selbstgesteuertes Lernen. In D. H. Rost (Hrsg.), Handwörterbuch Pädagogische Psychologie (S. 622-629). Weinheim: Psychologie Verlag Union.

Duckworth, A. L. & Seligman, M. E. P. (2005). Self-discipline outdoes IQ in predicting academic performance of adolescence. Psychological Science, 16, 939-944.

Friedrich, H. F. & Mandl, H. (1997). Analyse und Förderung selbstgesteuerten Lernens. In F. E. Weinert & H. Mandl (Hrsg.), Psychologie der Erwachsenenbildung. Enzyklopädie der Psychologie. Pädagogische Psychologie IV (S. 237-293). Göttingen: Hogrefe.

Gnahs, D. & Seidel, S. (1999). Die Praxis des selbstgesteuerten Lernens – ein Überblick. In S. Dietrich et al. (Hrsg.), Selbstgesteuertes Lernen – auf dem Weg zu einer neuen Lernkultur (S. 70-88). Frankfurt am Main: DIE.

Gürtler ,T. (2003). Trainingsprogramm zur Förderung selbstregulativer Kompetenz in Kombination mit Problemlösestrategien PROSEKKO. Frankfurt am Main: Lang.

Hamman, D., Berthelot, J., Saia, J. & Crowley, E. (2000). Teachers' coaching of learning and its relation to students' strategic learning. Journal of Educational Psychology, 92, 342-348.

Kistner, S., Rakoczy, K., Otto, B., Dignath von Ewijk, C., Büttner, G. & Klieme, E. (2010). Promotion of self-regulated learning in classrooms: Investigating frequency, quality, and consequences for student performance. Metacognition and Learning, 5, 151-171.

Leopold, C. & Leutner, D. (2004). Selbstreguliertes Lernen und seine Förderung durch Prozessorientiertes Training. In J. Doll & M. Prenzel (Hrsg.), Bildungsqualität von Schule: Lehrerprofessionalisierung, Unterrichtsentwicklung und Schülerförderung als Strategien der Qualitätsverbesserung (S. 364-376). Münster: Waxmann.

Locke, E. A. & Latham, G. P. (1990). A theory of goal setting and task performance. Englewood Cliffs: Prentice Hall.

Nota, L., Soresi, S. & Zimmerman, B. J. (2004). Self-regulation and academic achievement and resilience: A longitudinal study. International Journal of Educational Research, 41, 198-215.

Otto, B. (2007). SELVES – Schüler-, Eltern- und Lehrertrainings zur Vermittlung effektiver Selbstregulation. Berlin: Logos.

Otto, B., Kistner, S., Perels, F., Schmitz, B. & Büttner, G. (2009). Effekte direkter und indirekter Interventionen auf die Lernmotivation von Schülern. Psychologie in Erziehung und Unterricht, 56, 287-302.

Otto, B., Perels, F. & Schmitz, B. (2008). Förderung mathematischen Problemlösens anhand eines Selbstregulationstrainings. Evaluation von Projekttagen in der 3. und 4. Grundschulklasse. Zeitschrift für Pädagogische Psychologie, 22, 221-232.

Perels, F. (2003). Ist Selbstregulation zur Förderung von Problemlösen hilfreich? Entwicklung, Durchführung sowie längsschnittliche und prozessuale Evaluation zweier Trainingsprogramme. Frankfurt am Main: Lang.

Pintrich, P. R. (2000). The role of goal orientation in self-regulated learning. In M. Boekaerts, P. R. Pintrich & M. Zeidner (Hrsg.), Handbook of Self-Regulated Learning (S. 451-502). San Diego: Academic Press.

Pintrich, P. R. & De Groot, E. (1990). Motivational and self-regulated learning components of classroom academic performance. Journal of Educational Psychology, 82, 33-50.

Schiefele, U., Streblow, L. Ermgassen, U. & Moschner, B. (2003). Lernmotivation und Lernstrategien als Bedingungen der Studienleistung: Ergebnisse einer Längsschnittstudie. Zeitschrift für Pädagogische Psychologie, 17, 185-198.

Schiefele, U. & Pekrun, R. (1996). Psychologische Modelle des fremdgesteuerten und selbstgesteuerten Lernens. In F. E. Weinert (Hrsg.), Enzyklopädie der Psychologie. Band 2: Psychologie des Lernens und der Instruktion (S. 250-278). Göttingen: Hogrefe.

Schmidt, M. & Otto, B. (2010). Direkte und indirekte Interventionen. In T. Hascher & B. Schmitz (Hrsg.), Handbuch für Pädagogische Interventionsforschung (S. 235-242). Weinheim: Juventa.

Schmitz, B. (2001). Self-Monitoring zur Unterstützung des Transfers einer Schulung in Selbstregulation für Studierende. Eine prozessanalytische Untersuchung. Zeitschrift für Pädagogische Psychologie. 15, 181-197.

Schober, B., Wagner, P., Reimann, R. & Spiel, C. (2008). Vienna E-Lecturing (VEL): Learning how to learn self-regulated in an internet-based blended learning setting. International Journal on E-Learning, 7, 703-723.

Spörer, N. (2004). Strategie und Lernerfolg: Validierung eines Interviews zum selbstgesteuerten Lernen. Dissertation: Universität Potsdam.

Spörer, N. & Brunstein, J. C. (2006). Erfassung selbstregulierten Lernens mit Selbstberichtsverfahren: Ein Überblick zum Stand der Forschung. Zeitschrift für Pädagogische Psychologie, 20, 147-160.

Waeytens, K., Lens, W. & Vandenberghe, R. (2002). Learning to learn: Teachers' conceptions of their supporting role. Learning and Instruction, 12, 305-322.

Winne, P. H. & Perry, N. E. (2000). Measuring self-regulated learning. In M. Boekaerts, P. R. Pintrich, & M. Zeidner (Hrsg.), Handbook of Self-Regulation (S. 531-566). San Diego: Academic Press.

Wirth, J. (2004). Selbstregulation von Lernprozessen. Münster: Waxmann.

Wirth, J. & Leutner, D. (2008). Self-regulated learning as a competence. Implications of theoretical models for assessment methods. Zeitschrift für Psychologie, 216, 102-110.

Zimmerman, B. J. (2000). Attaining self-regulation: a social cognitive perspective. In M. Boekaerts, P. R. Pintrich & M. Zeidner (Hrsg.), Handbook of Self-Regulation (S.13-39). San Diego: Academic Press.

Birgit Spinath

Lernmotivation

▷ **Zusammenfassung**

In diesem Kapitel wird zunächst dargelegt, warum der Lernmotivation im Bildungskontext eine so große Bedeutung zukommt. Anschließend erfolgt eine Begriffsbestimmung und verschiedene Arten der Lernmotivation werden vorgestellt. Das Kapitel endet mit einem Blick auf zentrale Forschungsergebnisse.

1 Bedeutung der Lernmotivation im Bildungskontext

Fragt man Lernende und Lehrende danach, was für Lernen wichtig ist, so wird Motivation an einer der ersten Stellen genannt. Eine hohe Lernmotivation, so die allgemeine Annahme, sollte mit besseren Lernergebnissen einhergehen und den Lernprozess für Lernende und Lehrende angenehm gestalten. Insofern zielen Bemühungen zur Steigerung der Lernmotivation nicht allein auf verbesserte Leistungen, sondern auch auf die Steigerung des Wohlbefindens und der Selbstbestimmtheit von Lernenden.

Eine dauerhaft hohe Lernmotivation ist nicht nur Voraussetzung für Lernen, sondern gleichzeitig ein wichtiges Ziel von Bildung. Die Qualität von Bildungsprozessen bemisst sich demnach nicht nur nach den vermittelten Wissensinhalten, sondern auch an der resultierenden Motivation für eine weitere Beschäftigung mit diesen Inhalten. Folgerichtig wird auch in internationalen Schulleistungsuntersuchungen die Literalität (,Literacy') in einer Domäne nicht allein über Wissensinhalte definiert, sondern beinhaltet auch die Wertschätzung des Gegenstandes und das Selbstvertrauen in die eigenen Fähigkeiten, also motivationale Aspekte. Motivation spielt in Bildungspraxis und -forschung auch deshalb eine so große Rolle, weil sie als durch pädagogisch-psychologische Maßnahmen relativ leicht veränderbar gilt. Jeder weiß aus persönlicher Erfahrung, dass das Verhalten der Lehrenden, die Aufbereitung der Inhalte und die Gestaltung der Lernumgebung erhebliche Auswirkungen auf die Lernmotivation haben können. Daher ist es naheliegend, in der Forschung besonderes Augenmerk darauf zu legen, wie Merkmale des Lehr-Lernarrangements auf die Motivation von Lernen-

Hohe Lernmotivation als Bildungsziel

den wirken und durch welche Veränderungen der Lernumwelt systematische Verbesserungen der Lernmotivation entstehen.

> ▷ **Merksatz**
>
> Der Lernmotivation kommt in Bildungspraxis und -forschung eine wichtige Rolle zu. Lernmotivation ist sowohl eine wichtige Voraussetzung für Lernen und Leistung als auch für Wohlbefinden und Selbstbestimmtheit. Darüber hinaus ist eine hohe Lernmotivation auch ein Bildungsziel in sich, da lebenslanges Lernen eine lebenslange Lernmotivation erfordert. Da Lernmotivation durch Merkmale der Lernumwelt beeinflussbar ist, bildet sie einen zentralen Ansatzpunkt für pädagogisch-psychologische Interventionen.

2   Was ist Lernmotivation?

Lernmotivation als Sammelbegriff

Der Begriff Lernmotivation ist ein Sammelbegriff für verschiedene Motivationsarten, die im Lernkontext eine Rolle spielen. Darunter fallen theoretische Konstrukte wie intrinsische und extrinsische Motivation, Interesse, Erwartungen und Werte, Ziele, das Leistungsmotiv und weiteres mehr. Diese theoretischen Konstrukte geben Antwort auf die Frage „Warum lernt eine Person?" oder „Was treibt die Person an zu lernen?". Antworten könnten etwa lauten „Weil sie gute Noten bekommen möchte" oder „Weil sie sich für das Gelernte interessiert" oder „Weil sie sich durch die Aufgabe herausgefordert fühlt".

Häufig interessiert die Frage, warum Personen nicht oder schlecht lernen oder warum sie sich mit anderen Dingen beschäftigen als mit Lernen. Antworten auf diese Fragen könnten lauten „Weil die Person Arbeit vermeiden möchte" oder „Weil die Person lieber mit Freunden ausgeht als zu Hause zu lernen" oder vielleicht auch „Weil die Person müde ist". Beim Lernen spielen also verschiedene Motivationen eine Rolle, die nicht unter dem Begriff der Lernmotivation zu subsumieren sind, wie etwa das Motiv zu sozialem Austausch oder auch körperliche Bedürfnisse wie Müdigkeit oder Hunger. Diese Motivationen konkurrieren mit der Lernmotivation und können diese überlagern. Die Forschung beschäftigt sich damit, wie die Lernmotivation so gestärkt werden kann, dass sie sich beim Lernen gegen konkurrierende Motivationen durchsetzt.

> ▷ **Merksatz**
>
> Lernmotivation ist ein Sammelbegriff für theoretische Konstrukte, die Antwort geben auf die Frage „Warum lernt eine Person?" oder „Was treibt die Person an zu lernen?". Einige der wichtigsten Konstrukte der Lernmotivation sind intrinsische und extrinsische Motivation, Interesse, Erwartungen und Werte, Ziele und das Leistungsmotiv.

3   Theorien und Konstrukte der Lernmotivation

Als nächstes werden einige der wichtigsten Theorien und Konstrukte der Lernmotivation überblicksartig dargestellt. Behandelt werden solche Konstrukte, die die Theoriebildung und Forschung in ganz besonderem Maße inspiriert haben. Zum Abschluss werden Konstrukte, Theorien und Hauptvertreter im Überblick gezeigt.

3.1   Intrinsische und extrinsische Motivation

Um zu beschreiben, warum eine Person Lernaktivitäten unternimmt, wird häufig zwischen intrinsischer und extrinsischer Motivation unterschieden. Unter *intrinsischer Motivation* wird dabei verstanden, dass die Gründe für die Beschäftigung mit der Aufgabe in der Aufgabe selbst liegen und nicht in etwaigen Konsequenzen (Deci & Ryan, 1985; Ryan & Deci, 2000). Jemand ist intrinsisch motiviert, wenn die Ausübung der Tätigkeit selbst als belohnend empfunden wird. Intrinsische Motivation gilt deshalb als besonders wünschenswerte Art der Lernmotivation, weil sich die Lernenden als selbstbestimmt erleben können und Freude beim Lernen empfinden. Laut der Selbstbestimmungstheorie von Deci und Ryan (1985) ist das Auftreten von intrinsischer Motivation an die Befriedigung der Grundbedürfnisse nach Kompetenzerleben und Selbstbestimmung geknüpft.

Ausübung der Tätigkeit selbst ist belohnend

Demgegenüber wird von *extrinsischer Motivation* gesprochen, wenn die Gründe für die Beschäftigung mit einer Aufgabe eher in den Konsequenzen liegen (Deci & Ryan, 1985; Ryan & Deci, 2000). Zum Beispiel könnte sich ein Schüler nur deshalb mit seinen Mathematikaufgaben befassen, weil er gute Noten haben oder sich vor anderen nicht blamieren möchte. Extrinsische Motivation wird im Allgemeinen als wenig wünschenswerte Motivation angesehen, weil die Beschäftigung mit der Aufgabe nur Mittel zum Zweck ist und bei Wegfall der antizipierten Konsequenzen auch keine Beschäftigung mit der Sache mehr erfolgen wird.

Aufgabe als Mittel zum Zweck

In der Realität sind intrinsische und extrinsische Motivation natürlich nicht in ihrer Reinform anzutreffen. Stattdessen sind von Ryan und Deci (2000) verschiedene Zwischenformen beschrieben worden, die auf einem Kontinuum zwischen intrinsischer und extrinsischer Motivation liegen.

3.2   Interesse

Unter Interesse versteht man positive kognitive und affektive Bewertungen einer Person für einen Gegenstand (Krapp, 1999; Schiefele, 1996). Die positive affektive Bewertung drückt sich darin aus, dass man sich gern mit einem Gegenstand beschäftigt und diese Beschäftigung als belohnend empfindet. Daher ist die intrinsische Motivation ein wesentlicher Bestandteil von Interessen. Über die affektive Komponente hinaus gehört zum Interesse auch die verstandesmäßige positive Bewertung des Gegenstands. Dieser kann z. B. als persönlich wichtig angesehen werden oder als nützlich für die eigenen Ziele.

Interesse als positive kognitive und affektive Bewertungen

Interesse als Person-
Objekt-Beziehung

Interesse ist stets eine Person-Objekt-Beziehung und kann daher nie los-
gelöst von dem spezifischen Gegenstand betrachtet werden (Krapp, 2005).
Damit unterscheidet sich das Interesse z.b. vom Leistungsmotiv, das der
Theorie nach in jeder leistungsthematischen Situation unabhängig vom
speziellen Gegenstand wirksam werden soll.

Individuelles und
situatives Interesse

Um zwischen kurzzeitigem und dauerhaftem Interesse zu unterscheiden, spricht man von individuellem und situativem Interesse (Hidi & Renninger, 2006). *Individuelles Interesse* ist dabei ein relativ überdauerndes
Merkmal der Person, das sich in der Auseinandersetzung mit einem Gegenstand entwickelt und festigt. *Situatives Interesse* wird hingegen durch
äußere Umstände kurzfristig angeregt und flaut nach Wegfall der äußeren
Reize wieder ab. Beispielsweise kann ein unterhaltender Redner für eine
gewisse Zeit die Aufmerksamkeit, vielleicht sogar Begeisterung wecken.
Wenn aber die Person bei der weiteren Beschäftigung dem Gegenstand
nicht noch andere positiv bewertete Aspekte abgewinnen kann, bleibt das
situative Interesse ein Strohfeuer.

3.3   Erwartungen und Werte

Erfolgserwartung
als Bedingung für
Lernmotivation

Eine wichtige Theoriefamilie in der Lernmotivationsforschung sind Erwartungs-Wert-Theorien (Atkinson, 1957; Eccles et al., 1983). Diese sehen in
Erwartungen über zukünftigen Erfolg oder Misserfolg sowie Wertzuschreibungen für Tätigkeiten die zentralen Bedingungen der Lernmotivation. Die
am stärksten elaborierte und am besten untersuchte Erwartungs-Wert-Theorie für pädagogisch-psychologische Kontexte ist die Theorie von Eccles
und anderen (Eccles et al., 1983; Eccles & Wigfield, 2002). Um die Erwartungen für zukünftige Erfolge einschätzen zu können, wird typischerweise
das *Fähigkeitsselbstkonzept* herangezogen (Eccles & Wigfield, 2002). Als
Fähigkeitsselbstkonzept wird das Wissen über die eigenen Fähigkeiten bezeichnet. Im Schulkontext werden zum Beispiel die fachspezifischen Fähigkeitsselbstkonzepte über Items wie „In Mathematik fällt es mir leicht,
neue Sachen zu lernen" erfasst und zur Vorhersage von zukünftigen Fachleistungen herangezogen. Je höher die Fähigkeitsselbstwahrnehmungen,
desto höher die Lernmotivation und desto wahrscheinlicher sollten in Zukunft gute Leistungen erzielt werden.

Der *subjektive Wert* einer Aufgabe wird in dem Modell von Eccles und
anderen (1983) in drei Aspekte unterteilt: Intrinsische Werte („Die Aufgabe
macht mir Spaß"), persönliche Wichtigkeit („Ich möchte hierbei gern gut
sein, weil es ein wichtiger Bereich für mich persönlich ist") und wahrgenommene Nützlichkeit („Ich möchte in der Schule gute Noten haben, damit
ich ein Numerus Clausus Fach studieren kann"). In manchen Darstellungen
des Modells gibt es neben diesen dreien noch die Wertekomponente der
Kosten, die mit einer Aufgabe verbunden sind. Typischerweise sind diese Wertkomponenten positiv miteinander assoziiert und werden zu einem
Wert zusammengefasst.

3.4   Zielorientierungen

Zieltheorien gehen davon aus, dass sich menschliches Erleben und Verhalten aus angestrebten Zielen erklären und vorhersagen lässt. Verschiedene Autoren (Dweck, 1986; Nicholls, 1984) sind dabei zu der Auffassung gelangt, dass sich im Lernkontext zwei große Kategorien von Zielen unterscheiden lassen: Erstens das Ziel, die *eigenen Fähigkeiten zu erweitern*, und zweitens das Ziel, *hohe Fähigkeit demonstrieren* bzw. niedrige Fähigkeit verbergen zu wollen. Für diese beiden Ziele haben sich im Deutschen die Begriffe Lern- und Leistungsziele durchgesetzt.

Später wurde innerhalb der Leistungsziele eine weitere Unterscheidung eingeführt (Elliot & Harackiewicz, 1996). *Annäherungs-Leistungsziele* beschreiben die Tendenz, hohe Fähigkeiten zeigen zu wollen, während *Vermeidungs-Leistungsziele* darauf ausgerichtet sind, mangelnde Fähigkeiten nach Möglichkeit zu verbergen. Während anfangs noch davon ausgegangen wurde, dass Personen entweder lern- oder leistungszielorientiert seien (Dweck & Leggett, 1988), so zeigte sich empirisch, dass sich die beiden Zielorientierungen keineswegs ausschließen. Zum Beispiel gehen Lernziele und Annäherungs-Leistungsziele häufig miteinander einher. Das gleiche gilt auch für Annäherungs- und Vermeidungs-Leistungsziele (Spinath et al., 2002), da das Demonstrieren-Wollen hoher Fähigkeiten und das Verbergen-Wollen niedriger Fähigkeit häufig gemeinsam auftreten, jedoch unterschiedlich stark ausgeprägt sein können.

Ziele erklären menschliches Erleben und Verhalten

3.5   Leistungsmotiv

Das Leistungsmotiv ist eines der ältesten motivationspsychologischen Konstrukte. In der Persönlichkeitstheorie von Murray (1938) ist das Leistungsmotiv eines von mehreren grundlegenden menschlichen Bedürfnissen, das sich im Streben nach Erfolg im Leben ausdrückt. Motive sind definiert als relativ überdauernde Merkmale der Person, die Präferenzen für bestimmte Klassen von Reizen oder wiederkehrende Anliegen charakterisieren. Beim Leistungsmotiv ist das wiederkehrende Anliegen das Bewältigen von herausfordernden Aufgaben oder, anders ausgedrückt, die Auseinandersetzung mit einem Gütemaßstab (McClelland et al., 1953). Im Kern des Leistungsmotivs stehen die Affekte Stolz und Scham (Atkinson, 1957). Die antagonistischen Tendenzen Hoffnung auf Erfolg und Furcht vor Misserfolg stehen sich innerhalb des Leistungsmotivs gegenüber.

Auseinandersetzung mit einem Gütemaßstab

Heckhausen (1972) beschreibt in seinem *Selbstbewertungsmodell* drei Prozesskomponenten, die zusammen das Leistungsmotiv ausmachen: *Zielsetzung, Ursachenzuschreibungen* und *Selbstbewertung*. Je nachdem, ob bei Personen die Hoffnung auf Erfolg oder die Furcht vor Misserfolg überwiegen, sind diese drei Prozesskomponenten unterschiedlich ausgeprägt. Personen mit hoher Hoffnung auf Erfolg bevorzugen mittelschwere Aufgaben und setzen sich realistischere Ziele, während misserfolgsängstliche Personen zu leichte oder zu schwere Aufgaben bevorzugen und sich unrealistische Ziele setzen. Erzielte Erfolge werden von Hoffnungsmoti-

Selbstbewertungsmodell nach Heckhausen

vierten verstärkt auf eigene Fähigkeit oder Anstrengung zurückgeführt, Misserfolg hingegen auf veränderbare Faktoren. Misserfolgsmotivierte schreiben im Gegensatz dazu eigene Erfolge Faktoren außerhalb der Person zu (z.b. Glück), jedoch sehen sie Misserfolge als selbst verursacht und zeitlich stabil an. Diese Attributionsmuster führen bei Erfolgsmotivierten zu Stolzerleben bei Erfolg und ggf. Enttäuschung und Ärger bei Misserfolg, nicht jedoch Hilfslosigkeit. Misserfolgsmotivierte hingegen stehen dem eigenen Erfolg häufig gleichgültig gegenüber, erleben aber umso mehr Scham und Resignation bei Misserfolg. Nach Heckhausen (1972) bilden diese drei Komponenten ein sich selbst stabilisierendes System. Um das Leistungsmotiv einer Person zu verändern, muss daher an allen drei Prozessen gleichzeitig angesetzt werden.

▷ **Überblick zentraler Konstrukte und Theorien**

Konstrukt	Theorie	Vertreter/innen und grundlegende Publikationen
Intrinsische/Extrinsische Motivation	Selbstbestimmungstheorie	Deci & Ryan (1985) Ryan & Deci (2000)
Interesse	Interessentheorie	U. Schiefele (1996) Krapp (1999)
Erwartungen und Werte	Erwartungs-Wert-Theorie	Atkinson (1957) Eccles & Wigfield (2002)
Zielorientierungen	Zielorientierungstheorie	Nicholls (1984) Elliot (1999)
Leistungsmotiv	Leistungsmotivtheorie	McClelland et al. (1953) Heckhausen (1972)

4 Empirische Befunde

4.1 Intrinsische und extrinsische Motivation

Zwischen intrinsischer Motivation und Leistung finden sich schwache bis mittlere Korrelationen, die typischerweise r = .30 nicht überschreiten (Gottfried, 1985; Lloyd & Barenblatt, 1984). Dies entspricht der mittleren Korrelation von Schulleistung mit Interesse, was aufgrund der engen Verwandtschaft der Konstrukte nicht anders zu erwarten ist (Schiefele, Krapp & Schreyer, 1993).

Korrumpierungs-Effekt

Viel Aufmerksamkeit wurde der Frage gewidmet, inwiefern es die intrinsische Motivation beeinträchtigt, wenn extrinsische Anreize vorhanden sind. Unter Korrumpierungs-Effekt versteht man, dass die ursprüngliche intrinsische Motivation durch extrinsische Motivation überlagert oder ersetzt wird (Deci, 1971; Deci, Koestner & Ryan, 1999). Dies ist u. a. deshalb kritisch, weil mit der intrinsischen Motivation auch die Wahrnehmung der Selbstbestimmtheit und die Freude an der Tätigkeit verloren gehen. Fällt der extrinsische Anreiz dann weg, so gibt es auch keine Motivationsquelle mehr für eine vormals in sich motivierende Tätigkeit. Empirisch lässt sich der Korrumpierungs-Effekt jedoch nicht immer, sondern nur unter

bestimmten Bedingungen nachweisen. Einige Autoren haben daraus gefol-
gert, der berühmte Korrumpierungs-Effekt trete nur unter eher künstlichen,
in der Realität leicht zu vermeidenden Bedingungen auf (Eisenberger &
Cameron, 1996).

4.2   Interesse

Höheres Interesse sollte sich im Vergleich zu niedrigerem Interesse vermittelt über qualitativ und quantitativ intensivere Beschäftigung mit Inhalten in besseren Leistungen niederschlagen (Krapp, 1999; Schiefele, 1996;
Hidi & Renninger, 2006). Laut einer Metaanalyse von Schiefele, Krapp
und Schreyer (1993) besteht zwischen Interesse und schulischer Leistung
eine schwache bis moderate Korrelation (r = .30). Die gesichteten Studi-
en wiesen jedoch eine große Schwankungsbreite auf (r zwischen .09 und
.67). In dieser Metaanalyse konnte nicht aufgeklärt werden, warum der Zusammenhang zwischen Interesse und Leistungen so stark schwankt. Es ist
jedoch wahrscheinlich, dass die Rahmenbedingungen, unter denen gelernt
wird, den Einfluss des Interesses mal stärken und mal schmälern. In vielen
Lernkontexten dürfte die Wirkung externer Anreize (z. B. Noten) so stark
sein, dass sie die Wirkung des Interesses überlagern. Je nachdem also, ob
es sich um starke externe Anreize oder aber eine sehr freie Lernsituation
handelt, dürfte das Interesse ein schwächerer oder stärkerer Prädiktor für
die Lernleistung sein. Diese Vermutung ist jedoch bis heute nicht ausreichend durch Studien belegt.

Auch bei gleichzeitiger Berücksichtigung anderer wichtiger Einflussfak-
toren bleibt für Interesse ein schwacher, jedoch bedeutsamer genuiner Ein-
fluss auf schulische Leistungen. So wurde beispielsweise an einem PISA-
Datensatz gezeigt, dass Interesse am Lesen über Intelligenz und weitere
Faktoren hinaus erklärend zur Leseleistung beitrug (ß = .11) (Deutsches
Pisa-Konsortium, 2001).

Einfluss von Interesse auf schulische Leistung

4.3   Erwartungen und Werte

Wie von der Erwartungs-Wert-Theorie nach Eccles und anderen (1983)
angenommen, sind Erwartungen über zukünftige Erfolge sehr gute Prädiktoren für zukünftige Leistungen. Typischerweise korrelieren fachspezifische Fähigkeitsselbstkonzepte in mittlerer Höhe mit entsprechenden
Fachleistungen (r zwischen .40 und .60) (Guay, Marsh & Boivin, 2003).
Dabei sind fachspezifische Fähigkeitsselbstkonzepte mit schulischen Leistungen ähnlich stark, zum Teil sogar stärker assoziiert als Schulleistung mit
Intelligenz (Steinmayr & Spinath, 2009). Auch nach Kontrolle vorauslau-
fender Schulleistungen sagen Fähigkeitsselbstkonzepte die Schulleistung
noch vorher (ebda.). Dieser Befund zeigt, dass Fähigkeitsselbstkonzepte
mehr sind als die reine Introjektion vorgegangener Leistungsrückmel-
dungen. Dies wird auch durch Studien bestätigt, die zeigen, dass spätere
Fähigkeitsselbstwahrnehmungen nicht nur die Folge von vorauslaufenden
Leistungen sind, sondern auch umgekehrt, zukünftige Leistungen durch

Fähigkeitsselbst-konzept und Schulleistung

vorauslaufende Fähigkeitsselbstkonzepte beeinflusst werden (Guay, Marsh & Boivin, 2003).

Gemäß der Theorie von Eccles et al. (1983) sollen Wertzuschreibungen ebenfalls nachfolgende Leistungen vorhersagen, jedoch weniger gut als dies Erwartungen tun. Stattdessen sollten Wertzuschreibungen vor allem für Wahlentscheidungen prädiktiv sein, z.b. für Leistungskurs- oder Studienwahlen. Tatsächlich zeigt sich, dass fachspezifische Wertzuschreibungen nur schwache bis mittlere Zusammenhänge mit Fachleistungen aufweisen (r zwischen .20 und .30) (Spinath et al., 2006). Jedoch bleibt dieser Zusammenhang auch nach Kontrolle vorausgegangener Leistung oder Intelligenz bestehen (ebda.). Wahlentscheidungen werden hingegen durch Wertzuschreibungen sehr zuverlässig vorhergesagt (z. B. Dickhäuser, 2001; Steinmayr & Spinath, akzeptiert).

4.4   Zielorientierungen

Leistungszielen und
Leistungsergebnisse
In Studien konnte gezeigt werden, dass eine Lernzielorientierung meist mit besseren Lernergebnissen einhergeht als eine Leistungszielorientierung (Spinath et al., 2002; Utman, 1997). Personen mit Lernzielen berichten im Vergleich zu leistungszielorientierten Personen über mehr intrinsische Motivation (Elliot & Church 1997) und Interesse beim Lernen (Harackiewicz et al., 1997), investieren größere Ausdauer (Miller, et al., 1993) und geben seltener in Anbetracht von Schwierigkeiten auf (Butler & Neuman, 1995).

Der Zusammenhang zwischen Leistungszielen und Leistungsergebnissen ist komplizierter. In manchen Kontexten ist ein Leistungsziel, also der Wunsch vorhandene Fähigkeiten zu beweisen und gleichzeitig nicht vorhandene Fähigkeiten zu verbergen, angemessen und führt zu guten Leistungsergebnissen. Dies gilt z.B. für Wettbewerbssituationen, in denen genau diese Strategien der positiven Selbstdarstellung gefordert sind. Insbesondere für Annäherungs-Leistungsziele, also das Streben, eigene Fähigkeiten zu demonstrieren, konnte mehrfach ein positiver Zusammenhang mit guten Leistungen nachgewiesen werden (Elliot & Church, 1997; Harackiewicz et al., 1997). Vergegenwärtigt man sich jedoch, welche Voraussetzungen langfristig gute Leistungen sichern, etwa die intensive Beschäftigung mit dem Gegenstand auch über das Nötige hinaus, so ist es fraglich, ob die hierfür benötigte Motivation in hinreichender Weise aus Leistungszielen geschöpft werden kann. Insbesondere dann, wenn Vermeidungs-Leistungsziele verfolgt werden, also der Wunsch im Vordergrund steht, vermeintlich geringe Fähigkeiten zu verbergen, gehen damit langfristig schlechte Leistungen einher (Elliot & Church, 1997; Harackiewicz et al., 1997). Darüber hinaus zeigt sich, dass das Verfolgen von Leistungszielen insbesondere dann zu schlechten Leistungen führt, wenn gleichzeitig ein negatives Fähigkeitskonzept vorliegt (Dweck & Leggett, 1988; Spinath & Stiensmeier-Pelster, 2003). Dann nämlich ist eine Person darauf hin orientiert, im sozialen Vergleich positiv abzuschneiden, glaubt aber gleichzeitig, dies nicht leisten zu können.

4.5   Leistungsmotiv

Gemäß der Leistungsmotivtheorie sollte sich das Verhalten in relativ stark durch externe Anreize gesteuerten Kontexten wie der Schule über explizite Motivmaße besser vorhersagen lassen als durch implizite Motive. Dies lässt sich auch empirisch so zeigen (Spangler, 1992). Explizite Motive sind dem Bewusstsein zugänglich und werden per Fragebogen erfasst, während implizite Motive, die dem Bewusstsein häufig nicht zugänglich sind, aus projektiven Verfahren erschlossen werden. Korrelationen zwischen expliziten Leistungsmotiven und Schulleistung liegen durchschnittlich im schwachen bis mittleren Bereich (r = .20 bis .30) (Lounsbury et al., 2003; Robbins et al., 2004).

Explizite und implizite Leistungsmotive

▷ **Merksatz**

Der Forschungsstand zur Lernmotivation kann so zusammengefasst werden, dass die am meisten beforschten Konstrukte typischerweise einen mittelstarken Zusammenhang mit dem meistuntersuchten Leistungsmaß, der Schulleistung, aufweisen. Fähigkeitsselbstkonzepte, die z.B. in Erwartungs-Wert-Theorien eine wichtige motivationale Variable darstellen, weisen sogar einen mittleren bis starken Zusammenhang mit Leistungen auf.

▷ **Weiterführende Literatur**

Rheinberg, F. & Krug, S. (1999). Motivationsförderung im Schulalltag. Göttingen: Hogrefe.

Stipek, D. (2002). Motivation to learn: Integrating theory and practice. Boston: Allyn and Bacon.

Vollmeyer, R. & Brunstein, J. (Hrsg). (2005). Motivationspsychologie und ihre Anwendung. Stuttgart: Kohlhammer.

Literaturverzeichnis

Atkinson, J. W. (1957). Motivational determinants of risk taking behavior. Psychological Review, 64, 359-372.

Butler, R. & Neuman, O. (1995). Effects of task and ego achievement goals on help seeking behaviors and attitudes. Journal of Educational Psychology, 87, 261-271.

Deci, E. L. (1971). Effects of externally mediated rewards on intrinsic motivation. Journal of Personality and Social Psychology, 18, 105-155.

Deci, E. L. & Ryan, R. M. (1985). Intrinsic motivation and self-determination in human behavior. New York: Plenum.

Deci, E. L., Koestner, R. & Ryan, R. M. (1999). A meta-analytic review of experiments examining the effects of extrinsic rewards on intrinsic motivation. Psychological Bulletin, 125, 627-668.

Deutsches PISA-Konsortium (Hrsg.). (2001). PISA-2000 Basiskompetenzen von Schülerinnen und Schülern im internationalen Vergleich. Opladen: Leske + Budrich.

Dickhäuser, O. (2001). Computernutzung und Geschlecht: Ein Erwartung-Wert-Modell. Münster: Waxmann.

Dweck, C. S. (1986). Motivational processes affecting learning. American Psychologist, 41, 1040-1048.

Dweck, C. S. & Leggett, E. L. (1988). A social-cognitive approach to motivation and personality. Psychological Review, 95, 256-273.

Eccles, J. S. & Wigfield, A. (2002). Motivational beliefs, values, and goals. Annual Review of Psychology, 53, 109-132.

Eccles, J., Adler, T. F., Futterman, R., Goff, S. B., Kaczala, C. M. & Meece, J. L. (1983). Expectancies, values, and academic behaviors. In J. T. Spence (Hrsg.), Achievement and achievement motives (S. 75-146). San Francisco: Freeman.

Eisenberger, R. & Cameron, J. (1996). Detrimental effects of reward: Reality or myth? American Psychologist, 51, 1153-1166.

Elliot, A. J. (1999). Approach and avoidance motivation and achievement goals. Educational Psychologist, 34, 169-189.

Elliot, A. J. & Church, M. A. (1997). A hierarchical model of approach and avoidance achievement motivation. Journal of Personality and Social Psychology, 72, 218-232.

Elliot, A. J. & Harackiewicz, J. M. (1996). Approach and avoidance achievement goals and intrinsic motivation: A mediational analysis. Journal of Personality and Social Psychology, 70, 461-475.

Gottfried, A. E. (1985). Academic intrinsic motivation in elementary and junior high school students. Journal of Educational Psychology, 77, 631-645.

Guay, F., Marsh, H. W. & Boivin, M. (2003). Academic self-concept and academic achievement: Developmental perspectives on their causal ordering. Journal of Educational Psychology, 95, 124-136.

Harackiewicz, J. M., Barron, K. E., Carter, S. M., Lehto, A. T. & Elliot, A. J. (1997). Predictors and consequences of achievement goals in the College classroom: Maintaining interest and making the grade. Journal of Personality and Social Psychology, 73, 1284-1295.

Heckhausen, H. (1972). Die Interaktion der Sozialisationsvariablen in der Genese des Leistungsmotivs. In C. F. Graumann (Hrsg.), Handbuch der Psychologie (Bd. 7/2, S. 955-1019). Göttingen: Hogrefe.

Hidi, S. & Renninger, K. A. (2006). The four-phase model of interest development. Educational Psychologist, 41, 111-127.

Krapp, A. (1999). Interest, motivation and learning: An educational-psychological perspective. European Journal of Psychology of Education, 14, 23-40.

Krapp, A. (2005). Basic needs and the development of interest and intrinsic motivational orientations. Learning and Instruction, 15, 381-395.

Lloyd, J. & Barenblatt, L. (1984). Intrinsic intellectuality: Its relations to social class, intelligence, and achievement. Journal of Personality and Social Psychology, 46, 646-654.

Lounsbury, J. W., Sundstrom, E., Loveland, J. M. & Gibson, L. W. (2003). Intelligence, ‚Big Five'-personality traits, and work drive as predictors of course grade. Personality and Individual Differences, 35, 1231-1239.

Miller, R. B., Behrens, J. T., Greene, B. A. & Newman, D. (1993). Goals and perceived ability: Impact on student valuing, self-regulation, and persistence. Contemporary Educational Psychology, 18, 2-14.

McClelland, D., Atkinson, J., Clark, R. & Lowell, E. (1953). The achievement motive. New York: Appleton-Century-Crofts.

Murray, H. (1938). Explorations in personality. New York: Oxford University Press.

Nicholls, J. G. (1984). Achievement motivation: Conceptions of ability, subjective experience, task choice, and performance. Psychological Review, 91, 328-346.

Robbins, S. B., Lauver, K., Le, H., Davis, D., Langley, R. & Carlstrom, A. (2004). Do psychosocial and study skill factors predict College outcomes? A meta-analysis. Psychological Bulletin, 130, 261-288.

Ryan, R. M. & Deci, E. L. (2000). Self-determination theory and the facilitation of intrinsic motivation, social development, and well-being. American Psychologist, 55, 68-78.

Schiefele, H. (1974). Lernmotivation und Motivlernen: Grundzüge einer erziehungswissenschaftlichen Motivationslehre. München: Ehrenwirth.

Schiefele, U. (1996). Motivation und Lernen mit Texten. Göttingen: Hogrefe.

Schiefele, U., Krapp, A. & Schreyer, I. (1993). Metaanalyse des Zusammenhangs von Interesse und schulischer Leistung. Zeitschrift für Entwicklungspsychologie und Pädagogische Psychologie, 25, 120-148.

Spangler, W.D. (1992). Validity of questionnaire and TAT measures of need for achievement: Two meta-analyses. Psychological Bulletin, 112, 140-154.

Spinath, B., Spinath, F. M., Harlaar, N. & Plomin, R. (2006). Predicting elementary school children's achievement from intelligence, self-perceived ability, and intrinsic values. Intelligence, 34, 363-374.

Spinath, B. & Stiensmeier-Pelster, J. (2003). Goal orientation and achievement: The role of ability self-concept and failure perception. Learing and Instruction, 14, 403-422.

Spinath, B., Stiensmeier-Pelster, J., Schöne, C. & Dickhäuser, O. (2002). Die Skalen zur Erfassung von Lern- und Leistungsmotivation (SELLMO). Göttingen: Hogrefe.

Steinmayr, R. & Spinath, B. (2009). The importance of motivation as a predictor of school achievement. Learning and Individual Differences, 19, 80-90.

Steinmayr, R. & Spinath, B. (akzeptiert). Konstruktion und Validierung einer Skala zur Erfassung subjektiver schulischer Werte (SESSW). Diagnostica.

Utman, C.H. (1997). Performance effects of motivational state: A meta-analysis. Personality and Social Psychology Review, 1, 170-182.

Burkhard Gniewosz

Kompetenzentwicklung

▷ **Zusammenfassung**

Kompetenz ist ein facettenreicher Begriff und die Empirische Bildungsforschung befasst sich intensiv damit, den Begriff sowohl theoretisch als auch empirisch zu fassen. Das folgende Kapitel wird nach einer Begriffsbestimmung an ausgewählten Beispielen Entwicklungslinien und -prinzipen in der kognitiven, sozio-emotionalen sowie motorischen Kompetenzdomäne nachzeichnen.

1 Allgemeines und Definition

▷ **Definition**

Kompetenzen sind nach Weinert (2001, S. 27f.) „die bei Individuen verfügbaren oder durch sie erlernbaren kognitiven Fähigkeiten und Fertigkeiten, um bestimmte Probleme zu lösen, sowie die damit verbundenen motivationalen, volitionalen und sozialen Bereitschaften und Fähigkeiten, um die Problemlösungen in variablen Situationen erfolgreich und verantwortungsvoll nutzen zu können".

Diese Definition von Weinert (2001) zählt zu den Klassikern der Kompetenzforschung und umfasst die zentralen Merkmale, die zum Verständnis von ‚Kompetenz' als Forschungsgegenstand wesentlich sind:

○ *Kompetenzen sind vielfältig.* Es wird nicht angenommen, dass es eine, allen möglichen Leistungen zu Grunde liegende Grundkompetenz gibt. Kompetenzen sind kontextspezifisch, d.h. für verschiedene Domänen (Rechtschreibung, Mathematik etc.) werden unterschiedliche Kompetenzen postuliert.

○ *Kompetenzen sind erlern- und veränderbar.* Kompetenzerwerb kann somit als kumulativer Lernprozess verstanden werden. Wie sich Kompetenzen entwickeln und wie diese Entwicklung beeinflusst werden kann, ist wiederum domänenanhängig.

○ *Kompetenzen umfassen kognitive Fähigkeiten und Fertigkeiten.* Unter Kognitionen versteht man alle Prozesse und Ergebnisse des Erkennens und der Informationsverarbeitung, wie Wahrnehmung, Repräsentationen, Denken, Gedächtnis, Wissen oder Welt- und Selbsterkenntnis (Oerter & Montada, 2008). Fähigkeiten sind die inneren Ursachen für Verhalten. Fertigkeiten sind erlernte oder erworbene Anteile des Verhaltens (Schreiben, Radfahren etc.).

○ *Kompetenzen dienen der Problemlösung.* Kompetenzen befähigen eine Person dazu „situativ geprägte Anforderungen zu bewältigen" (Klieme & Hartig, 2007, S.16).

○ *Kompetenzen sind situativ.* Um Kompetenzen „in variablen Situationen erfolgreich und verantwortungsvoll" zu nutzen, bedarf es der Anpassung an situationale Gegebenheiten, wie z.B. dem sozialen Kontext.

Bezug zu realen Situationen

Im Forschungsprozess stellt sich häufig das Problem, den Kontext oder die Anforderung und, was eng damit zusammenhängt, die Kompetenz selbst angemessen zu erfassen. Um zu einer aussagefähigen Definition zu kommen, sollte der Kontext nicht zu allgemein sein aber auch nicht zu spezifisch. Klieme et al. (2007, S. 8) schlagen zur Reduktion der Beliebigkeit von Kontextdefinition vor, dass eine Kompetenzdefinition „auf eine Menge hinreichend ähnlicher realer Situationen, in denen bestimmte, ähnliche Anforderungen bewältigt werden müssen" bezogen sein sollte. Reale Situationen beziehen sich hier auf die Anwendung von Problemlösungen außerhalb des Bildungsprozesses.

2 Kompetenzmodelle

In der Forschung können Kompetenzniveaumodelle und Kompetenzstrukturmodelle unterschieden werden (vgl. Kap. V-4).

Schwierigkeitsgrad von Kompetenzstufen

○ In *Kompetenzniveaumodellen* ist es das Ziel mit quantitativen Testwerten (vgl. Kap. III-3) die individuelle Ausprägung einer Person auf einer Kompetenzdimension zu bestimmen. Der Testwert soll abbilden, welche fachspezifischen Leistungsanforderungen eine Person mit ihren jeweiligen Kompetenzen in einem Bereich bewältigen kann. Fasst man die individuelle Kompetenz als eine kontinuierliche Variable auf, werden darauf Abschnitte definiert, die als Kompetenzniveaus bezeichnet werden. Diese Stufen folgen einer kriteriumsorientierten Einteilung d.h. je nachdem, welche Kompetenzstufe erreicht wird, können Anforderungen mehr oder weniger gut bewältig werden.

Dimensionalität von Kompetenzen

○ *Kompetenzstrukturmodelle* beschreiben die Dimensionalität von Kompetenzen. Innerhalb eines Inhaltsbereiches werden Teilkompetenzen, definiert und deren Zusammenhänge unter einander beschrieben. Beispielsweise werden in der PISA-Studie bzgl. der Mathematikkompetenz u.a. die Inhaltsbereiche ‚Größen' oder ‚Raum und Form' und und

die Kompetenzcluster ‚Reproduktion', ‚Verbindungen' und ‚Reflexion'
definiert (Blum et al., 2003).

Warum sind Kompetenzüberlegungen wichtig für die Empirische Bildungsforschung? Zum einen ist der Kompetenzerwerb Ziel des Bildungssystems. Kompetenzen können als ‚Output' von Bildungsprozessen verstanden werden. Zum anderen sind sie aber auch ‚Input'. Kompetenzen
können als Voraussetzung für curriculare Inhalte verstanden werden. Eine
Problematik mit der sich die Empirische Bildungsforschung beschäftigt,
ist die Passung zwischen schulischen Anforderungen und Kompetenzniveaus der Schüler. Passen diese nicht zusammen, kann es zu Problemen der
Unter- oder Überforderung kommen. Des Weiteren können Kompetenzen
auch den Bildungsprozess als solchen beeinflussen (vgl. Kap. VI-4).

> Kompetenzen als Input und Output von Bildungsprozessen

Für eine optimale Gestaltung von Bildungsprozessen ist es notwendig,
diese auf das Kompetenzniveau der Adressaten abzustimmen. Daher werden im Folgenden Forschungsergebnisse zur Kompetenzentwicklung in
den Bereichen der kognitiven, sozio-emotionalen und motorischen Kompetenzen beispielhaft und auszugsweise dargestellt.

3   Kognitive Kompetenz

Kognitive Kompetenzen beziehen sich auf die Leistungsfähigkeit des infor-
mationsverarbeitenden Systems (Gedächtnis, Aufmerksamkeitssteuerung,
Problemlösen). Aktuelle entwicklungspsychologische Ansätze zur kognitiven Entwicklung postulieren eine kontinuierliche und bereichsspezifische
Entwicklung, die sich mit erheblicher inter- und intraindividueller Variabilität vollzieht (Halford et al., 2006; Kuhn & Franklin, 2006). Kognitive
Teilbereiche können sich bei einer Person unterschiedlich schnell und auf
verschiedene Art und Weise entwickeln (intraindividuell). Ebenso können
die Entwicklungsprozesse zwischen Individuen variieren (interindividu-
ell). Trotz dieser Variabilität lassen sich Altersbereiche identifizieren, in
denen bei den meisten Menschen bestimmte Kompetenzbereiche ausgebildet sind. Diese Altersangaben sind aber als Mittelwerte zu verstehen, die
mitunter eine hohe Standardabweichung aufweisen.

> Leistungsfähigkeit des informations-verarbeitenden Systems

Aktuelle Befunde aus der Säuglingsforschung deuten darauf hin, dass
Säuglinge schon über gewisse kognitive Grundfähigkeiten oder auch ein
Kernwissen verfügen (Spelke & Kinzler, 2007). Neugeborene können
z.B. bereits Veränderungen in der Anzahl von Objekten erkennen. Sie haben auch ein Grundverständnis von Objektbewegung, der mechanischen
Wechselwirkung von Objekten, dem dreidimensionalen Raum, von zielgerichteten Handlungen und ein basales Verständnis numerischer Relationen (McCrink & Wynn, 2004). Darauf aufbauend entwickeln sich bis zum
neunten Lebensmonat basale numerische Fähigkeiten, wie z.B. grundlegende Vorstellungen von Addition und Subtraktion. Ein Verständnis von
Zahlen, Zahlworten und das Zählen entwickelt sich zwischen dem zweiten

> Kernwissen von Neugeborenen

und vierten Lebensjahr. Aufgaben wie das Zählen von Objekten und die Antwort auf die Frage „Wie viele sind das?" können ca. 40 Monate alte Kleinkinder lösen (Halford et al., 2006). Es sind also bereits im Kindergartenalter die kognitiven Grundvoraussetzungen für eine Beschäftigung mit mathematischen Problemen gegeben.

Kategorisierungs-
fähigkeiten

Viele Anforderungen im kognitiven Bereich haben mit Kategorisierungen zu tun, also damit, Objekte Klassen zuzuordnen und mit diesen Zuordnungen zu operieren (Halford et al., 2006). Schon wenige Monate alte Säuglinge besitzen einfache Kategorisierungsfähigkeiten. Ab fünf bis sieben Monaten beginnen sie, auf einem sehr globalen Niveau zu kategorisieren. Diese Kategorien sind anfangs allein über die direkt wahrnehmbaren Eigenschaften, wie Farbe oder Form, definiert. Mit steigendem Alter differenzieren sich diese globalen Kategorien immer weiter aus und werden abstrakter. Ab elf Monaten entwickeln sich Basiskategorien, d.h. Objekte werden immer weiter nach dem Ähnlichkeitsprinzip gruppiert, allerdings nach sehr grundlegenden Eigenschaften, wie Bewegung (eigenbewegt – fremdbewegt) oder Funktionalität/Verwendungszweck (Mandler, 1997). Es finden sich bereits im Alter von zwei bis drei Jahren hierarchische multiple Kategorien. Ab drei bis vier Jahren kategorisieren Kinder bereits in Abhängigkeit der Aufgabenstellung (Kuhn & Franklin, 2006).

Betrachtet man die Kompetenzen kleiner Kinder fällt auf, dass zwar hierarchische Kategorisierungen zu finden sind, deren vollständiges Verständnis und eine explizite Repräsentation der Hierarchien, die Bezüge innerhalb und zwischen Kategorieebenen zulassen, finden sich erst ab dem sechsten bis achten Lebensjahr (Markman & Callanan, 1984). Das ist in etwa das Alter, in dem in den meisten Ländern die Kinder eingeschult werden. Viele Problemstellungen im Schulunterricht finden sich in der Form von Kategorisierungsaufgaben. Das ist ein Beispiel dafür, wie kognitive Entwicklungen eine Voraussetzung für Bildungsprozesse darstellen.

Problemlösen und
schlussfolgerndes
Denken

Problemlösen und schlussfolgerndes Denken sind weitere Forschungsbereiche in den Kognitionswissenschaften. Ebenso ist der Schulunterricht durch solche Aufgaben gekennzeichnet, z.B. Sachaufgaben. Bereits Zweijährige können Problemlösungen nach dem Ausschlussprinzip finden (Markman & Wachtel, 1988). Aufgaben, die transitive Schlüsse nach der Form ‚Wenn A < B und B < C dann folgt A < C' beinhalten, können Kinder ab dem dritten bis vierten Lebensjahr lösen (Halford et al., 2006). Deduktive logische Schlussfolgerungen (z.B. „Alle Schweine haben Ringelschwänzchen. Babe ist ein Schwein. Daher hat Babe ein Ringelschwänzchen.") können ab dem Alter von sechs Jahren gelöst werden, solange es sich um Konsistenzaussagen handelt. Kinder haben aber noch große Probleme mit Aussagen, die die logischen Verknüpfungen ‚Wenn' bzw. ‚Oder' beinhalten. Bei diesen Aufgaben sind selbst bei Erwachsenen die Fehlerraten noch relativ hoch (Halford et al., 2006).

Mit Beginn der Adoleszenz wird es zunehmend schwieriger, allgemeine Entwicklungsverläufe mit konkreten Altersangaben darzustellen, da die interindividuelle Variabilität zunimmt. Generell verbessern sich die kognitiven Fähigkeiten im Verlauf der Schulzeit weiter, so dass immer komplexe-re Anforderungen in kürzerer Zeit bewältigt werden können. Ebenso steigt die Flexibilität der verwendeten Problemlösungsstrategien. Betrachtet man die Kompetenzentwicklung im höheren und späten Erwachsenenalter fällt auf, dass es bei einigen Komponenten zu Verschlechterungen kommt. Für die Informationsverarbeitung werden sensorische Informationen benötigt. Ältere Menschen sehen oder hören schlechter als junge. Es steht also schon zu Beginn des Verarbeitungsprozesses weniger Information zur Verfügung. Darüber hinaus nimmt das Arbeitsgedächtnis ab. Ältere Menschen können weniger Informationen parallel verarbeiten. Hinzu kommt, dass auch zen-tral exekutive Funktionen, wie die Aufmerksamkeitssteuerung und -span-ne sich verschlechtern (Baltes & Lindenberger, 1997). Allerdings wurde in einer Studie von Kliegl et al. (1989) eine Verbesserung der kognitiven Leistungen durch ein Trainingsprogramm bei Erwachsenen zwischen 65 und 78 Jahren nachgewiesen.

Interindividuelle Variabilität mit dem Alter steigend

Generell weisen die genannten Kompetenzentwicklungen eine große interindividuelle Variabilität auf, die mit dem Alter ansteigt. Ein Grund hierfür liegt in der Plastizität der Entwicklung. Dies widerspricht der An-nahme, dass sich der Mensch allein durch sein vorgegebenes genetisches Programm entwickelt. Vielmehr ist an allen Punkten der Entwicklung der Anregungsgehalt der Umwelt entscheidend. Schon bei Kleinkindern zeigt sich eine optimale kognitive Entwicklung, wenn durch die Umwelt adäqua-te Reize geliefert werden, die kognitiv herausfordernd sind (z.b. Morison & Ellwood, 2000). Diese Plastizität der Entwicklung bleibt bis ins hohe Lebensalter erhalten.

Plastizität der Entwicklung

4   Soziale und emotionale Kompetenzen

In der Forschung zur sozialen Kompetenz wird in Anlehnung an Kanning (2002) zwischen sozial kompetentem Verhalten einerseits und sozialer Kompetenz andererseits unterschieden.

▷ **Definition**

Sozial kompetentes Verhalten ist das „Verhalten einer Person, das in einer spezifischen Situation dazu beiträgt, die eigenen Ziele zu ver-wirklichen, wobei gleichzeitig die soziale Akzeptanz des Verhaltens gewahrt wird" (ebda., S. 155). Unter sozialer Kompetenz wird die „Gesamtheit des Wissens, der Fähigkeiten und Fertigkeiten einer Per-son, welche die Qualität eigenen Sozialverhaltens – im Sinne der Defi-nition sozial kompetenten Verhaltens – fördert" verstanden (ebda.).

In sozialen Situationen spielen Emotionen eine große Rolle, ob sich eine Person z.b. wohl, unwohl, unsicher, genervt usw. fühlt, hat einen großen Einfluss auf soziale Interaktionen. Daher wird die Entwicklung von sozi-

Einfluss von Emotionen auf soziale Interaktionen

alen und emotionalen Kompetenzen gemeinsam betrachtet. Im folgenden Modell wird deutlich, wie die Umsetzung von sozialen und emotionalen Kompetenzen in sozial kompetentes Verhalten abläuft.

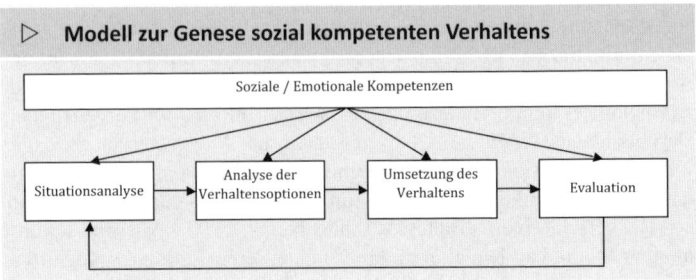

Quelle: Kanning (2002, S. 160)

Zu Beginn einer sozialen Interaktion müssen die verfügbaren situationalen Informationen (z.B. Intentionen des Interaktionspartners, der mit ausgestreckter Hand auf eine Person zukommt) korrekt wahrgenommen und interpretiert werden (Situationsanalyse). Im nächsten Schritt wird abgewogen, welche Verhaltensoptionen zur Verfügung stehen (z.b. ebenfalls die Hand zu Begrüßung reichen). Daran schließt sich die Umsetzung einer Verhaltensoption an. Am Ende der Kette steht die Beurteilung des Ergebnisses. Ist die Diskrepanz zwischen ursprünglicher Situationseinschätzung und dem Ergebnis zu groß, beginnt der Ablauf von vorn. An allen diesen genannten Punkten sind soziale und emotionale Kompetenzen (s.u.) notwendig, um erfolgreich sozial kompetent wahrgenommenes Verhalten zu zeigen. Betrachtet man Emotionen im Kontext von Kompetenzen, die im sozialen Umgang eine Rolle spielen, lassen sich drei relevante Bereiche identifizieren (Denham, 1998):

Emotionen regulieren Handlungen

○ *Emotionsausdruck.* Emotionen werden als handlungsregulierende Systeme aufgefasst, die in gegebenen Situationen funktional sind. Das Erleben und Kommunizieren der eigenen Emotionen sind wichtige Bestandteile der emotionalen Kompetenz, die sich im Laufe der ersten Lebensjahre entwickelt. Diese Kompetenz ist also nicht angeboren (Sroufe, 1996). Im Laufe der Kindheit und Adoleszenz differenzieren sich diese Fähigkeiten weiter aus.

Emotionserkennung und soziale Kompetenz

○ *Emotionserkennung.* Die Fähigkeit die Emotionen von sozialen Interaktionspartnern zu erkennen beeinflusst bereits in der Situationsanalyse die Genese sozial kompetenten Verhaltens. Schätzt eine Person die Gefühle von Anderen falsch ein, werden inadäquate Verhaltensoptionen generiert, die in der Folge zu sozial inkompetent wahrgenommenen Verhalten führen. Bereits im Alter von sieben bis zehn Monaten werden Gesichtsausdrücke von Kleinkindern als organisierte Muster wahrgenommen. Diese Wahrnehmungen dienen als Grundlage für eine soziale Bezugnahme im emotionalen Ausdruck und Verhalten (Saarni et al.,

2006). Das Verständnis von Emotionen wird zunehmend differenzierter. Im Vorschulalter hat sich bereits ein relativ akkurates und komplexes Emotionsverständnis herausgebildet (Stein & Levine, 1999), was die Basis für Empathie darstellt. Empathie ist das Einfühlen in Andere und bildet eine wichtige Voraussetzung, um in sozialen Situationen adäquat agieren zu können.

° *Emotionsregulation.* Emotionsregulation ist definiert als die „Regulation der Intensität, Dauer, Ausdrucksweise und Qualität einer aktuell erlebten bzw. bevorstehenden Emotion mittels Handlungen oder (Selbst-) Instruktionen" (von Salisch & Kunzmann, 2005). Man unterscheidet zwischen intrapersonalen Strategien, z.b. gedankliche Ablenkung, und interpersonalen Strategien, z.b. Aufforderung zum Trösten (Holodynski & Friedlmeier, 2006). Die Aneignung von Emotionsregulationsstrategien ist eine wichtige Entwicklungsaufgabe. Zunächst stehen interpersonale Strategien im Vordergrund, die durch die Bezugspersonen initiiert werden, z.b. Eltern trösten ihr weinendes Kind. Später werden diese interpersonalen Regulationen durch das Kind aktiv eingefordert, das weinende Kind fordert die Eltern zum trösten auf. Erst später werden intrapersonale Strategien eingesetzt, z.b. das Kind beruhigt sich durch positive Selbstinstruktionen.

Emotionsregulation durch Handlungen oder Instruktionen

Eine weitere wichtige Fähigkeit im Umgang mit sozialen Situationen ist die Fähigkeit zur Perspektivenübernahme. Während Empathie sich auf das Mitfühlen bezieht, bedeutet Perspektivenübernahme das Wissen um die Gedanken, Gefühle etc. des Anderen. Zusammenfassend lässt sich festhalten, dass sich die meisten dieser Kompetenzen von basalen Grundformen über verschiedene Ausdifferenzierungen bis zu dem Stadium entwickeln, das es ermöglicht, im komplexen menschlichen Sozialverhalten ‚erfolgreich und verantwortungsvoll' agieren zu können. Diese Entwicklungen sind nicht im Kindesalter abgeschlossen. In Zeiten der Pubertät und darüber hinaus verfeinern sich diese Kompetenzen (Eisenberg et al., 1995).

5   Motorische Kompetenz

In der Literatur zur Entwicklung motorischer Kompetenzen wird zwischen Grob- und Feinmotorik unterschieden. Die *grobmotorischen Kompetenzen* beziehen sich auf das Beherrschen von Handlungen, die dem Kind helfen, sich fortzubewegen, also Krabbeln, Stehen, Laufen (Haywood & Getchell, 2008). *Feinmotorische Kompetenzen* umfassen feinere Bewegungen, wie Greifen und Zeichnen. Beispielhaft werden in der Folge einige Entwicklungsschritte in der Feinmotorik beschrieben.

Grob- und feinmotorische Kompetenzen

Ab drei Monaten fangen Säuglinge an, willentlich nach Objekten zu greifen (Spencer et al., 2000). Da dies ein wichtiges Hilfsmittel ist, die Umgebung zu explorieren, ist dieser Entwicklungsschritt zur zielgerichteten Motorik wichtig für die kognitive Entwicklung. Mit sieben Monaten

werden die Arme dann unabhängig voneinander zur Exploration eingesetzt, ebenfalls eine wichtige Voraussetzung für die kognitive Entwicklung
(Clifton et al., 1994). Mit dem Ende des ersten Lebensjahres bildet sich der
Pinzettengriff heraus. Gegenstände werden nun mit Daumen und Zeigefin-
ger gegriffen, was präziser und adaptiver eingesetzt werden kann. Nun ist
es beispielsweise möglich kontrollierter mit Stiften zu malen.

Entwicklung im
Vorschulalter
Ab dem zweiten Lebensjahr führen körperliche Veränderungen dazu,
dass die Kinder deutliche Verbesserungen im Gleichgewicht zeigen. Das
führt nun dazu, dass Bewegungen gleichmäßiger, rhythmischer, schneller
und sicherer erfolgen können. Springen, Hüpfen, und Rennen sind nun
möglich (Ulrich & Ulrich, 1985). Feinmotorisch gelingt es ab diesem Alter
zunehmend besser, Hände und Finger zu kontrollieren (Cratty, 1986). Weitere feinmotorische Entwicklungsschritte sind:

- selbständiges Ausziehen (2-3 Jahre),
- Essen mit dem Löffel (2-3 Jahre),
- Knöpfe öffnen (3-4 Jahre),
- Gabel benutzen (4-5 Jahre),
- Schere und Messer benutzen, Schuhe binden (5-6 Jahre).

Entwicklung ab
dem Schuleintritt
Mit dem Ende der Kindergartenzeit sind also wichtige motorische Voraussetzungen für die Schule entwickelt. Wie in den anderen Kompetenzbereichen zeigen sich ab dem Schuleintritt deutliche interindividuelle Unterschiede. Einige davon lassen sich geschlechtsspezifisch beschreiben.
Jungen sind in den Bereichen, die Kraft und Stärke voraussetzen im Vorteil.
Im Alter von fünf Jahren können Jungen weiter springen, schneller rennen
usw. als Mädchen. Mädchen sind hingegen in Bereichen der Feinmotorik
bzw. bei Anforderungen die Gleichgewichtsgefühl voraussetzen besser als
Jungen (Cratty, 1986).

Durch das Schulalter hinweg verfeinern und verbessern sich alle vier
grobmotorischen Grundfähigkeiten (Flexibilität, Gleichgewicht, Schnel-
ligkeit und Kraft) sowie die Feinmotorik weiter. Die Geschlechtsunterschiede treten deutlicher zu Tage. Diese Entwicklung verläuft stetig bis
zu Pubertät. Die Zuwächse sind bei Mädchen graduell und flachen dann
ab dem Alter von 14 Jahren ab. Im Gegensatz dazu zeigen die Jungen mit
Beginn der Pubertät einen dramatischen Entwicklungsschub an Stärke,
Geschwindigkeit und Ausdauer, der sich über die Teenagerjahre hinweg
vollzieht (Malina et al., 2004).

Sportwissenschaftliche Arbeiten zeigen, dass sportliche Höchstleis-
tungen im Bereich Geschwindigkeit, Kraft und Koordination Anfang 20
ihren Höhepunkt erreichen und es danach zu einem Abbau kommt. Für
Aufgaben, die Ausdauer oder die Fähigkeit Arm und Hand ruhig zu halten, voraussetzen, liegt der Leistungshöhepunkt zwischen 20 und 30 Jahren
(Schulz & Curnow, 1988). In beiden Fällen verläuft der Abbau langsamer
und in geringerem Ausmaß, wenn die Fähigkeiten weiter trainiert werden
(Pollock et al., 1997).

6   Zusammenfassung

Das vorliegende Kapitel liefert einen Überblick über den Kompetenzbegriff und eine Beschreibung von ausgewählten Kompetenzbereichen und das Ziel ist es, an herausgegriffenen Beispielen einige Gemeinsamkeiten in der Kompetenzentwicklung aufzuzeigen:

- Kompetenzen sind veränderbar,

- Kompetenzen sind anforderungsspezifisch,

- Kompetenzentwicklung basiert auf Erfahrungen,

- Kompetenzentwicklung setzt vorangegangene Fortschritte voraus,

- Kompetenzentwicklung in verschiedenen Domänen beeinflussen sich wechselseitig,

- Kompetenzentwicklung steht mit körperlichen Veränderungen im Zusammenhang.

▷ **Weiterführende Literatur**

Berk, L. (2005). Entwicklungspsychologie. München: Pearson.
Klieme, E. & Hartig, J. (2007). Kompetenzkonzepte in den Sozialwissenschaften und im erziehungswissenschaftlichen Diskurs. Zeitschrift für Erziehungswissenschaft 10, 11-29.
Lerner, R. & Damon, W. (2006). Handbook of Child Psychology. Hoboken, NJ: John Wiley & Sons.

Literaturverzeichnis

Baltes, P. & Lindenberger, U. (1997). Emergence of a powerful connection between sensory and cognitive functions across the adult life span: A new window to the study of cognitive aging? Psychology and Aging, 12, 12-21.

Blum, W., Neubrand, M., Ehmke, T., Senkbeil, M., Jordan, A. & Ulfig, F. (2003). Mathematische Kompetenz. In Deutsches PISA-Konsortium (Hrsg), PISA 2003. Der Bildungsstand der Jugendlichen in Deutschland - Ergebnisse des zweiten international Vergleichs (S. 47-92). Münster: Waxmann.

Clifton, R., Rochat, P., Robin, D. & Berthier, N. (1994). Multimodal perception in the control of infant reaching. Journal of Experimental Psychology-Human Perception and Performance, 20, 876-886.

Cratty, B. (1986). Perceptual and motor development in infants and children. Englewood Cliffs: Prentice Hall.

Denham, S. (1998). Emotional development in young children. New York: Guilford Press.

Eisenberg, N., Carlo, G., Murphy, B. & Van Court, P. (1995). Prosocial development in late adolescence: A longitudinal study. Child Development, 66, 1179-1197.

Halford, G., Andrews, G., Kuhn, D. & Siegler, R. (2006). Reasoning and problem solving. In R. Lerner & W. Damon (Hrsg.), The Handbook of Child Psychology: Cognition, perception, and language (S. 557–608). Hoboken, NJ: John Wiley & Sons.

Haywood, K. & Getchell, N. (2008). Life span motor development. Champaign: Human Kinetics Publishers.

Holodynski, M. & Friedlmeier, W. (2006). Emotionen. Entwicklung und Regulation. Berlin: Springer.

Kanning, U. P. (2002). Soziale Kompetenz. Definition, Strukturen und Prozesse. Zeitschrift für Psychologie, 210, 154-163.

Kliegl, R., Smith, J. & Baltes, P. (1989). Testing-the-limits and the study of adult age differences in cognitive plasticity of a mnemonic skill. Developmental Psychology, 25, 247-256.

Klieme, E. & Hartig, J. (2007). Kompetenzkonzepte in den Sozialwissenschaften und im erziehungswissenschaftlichen Diskurs. Zeitschrift für Erziehungswissenschaft 10, 11-29.

Klieme, E., Maag-Merki, K. & Hartig, J. (Hrsg.). (2007). Kompetenzbegriff und Bedeutung von Kompetenzen im Bildungswesen. Berlin: Bundesministerium für Bildung und Forschung.

Kuhn, D. & Franklin, S. (2006). The second decade: What develops (and how). In W. Damon & R. Lerner (Hrsg.), Handbook of Child Psychology. Vol. 2: Cognition, perception, and language (S. 953–993). New York: Wiley.

Malina, R., Bouchard, C. & Bar-Or, O. (2004). Growth, maturation, and physical activity. Champaign: Human Kinetics Publishers.

Mandler, J. (1997). Development of categorisation: Perceptual and conceptual categories. In G. Bremmer, A. Slater & G. Butterworth (Hrsg.), Infant development: Recent advances (S. 163–189). Hove: Psychology Press.

Markman, E. & Callanan, M. (1984). An analysis of hierarchical classification. In R. J. Sternberg (Hrsg.), Advances in the psychology of human intelligence (Bd. 2, S. 325-365). Hillsdale: Lawrence Erlbaum Associates.

Markman, E. & Wachtel, G. (1988). Children's use of mutual exclusivity to constrain the meanings of words. Cognitive psychology, 20, 121-157.

McCrink, K. & Wynn, K. (2004). Large-number addition and subtraction by 9-month-old infants. Psychological Science, 15, 776-781.

Morison, S. & Ellwood, A. (2000). Resiliency in the aftermath of deprivation: A second look at the development of Romanian orphanage children. Merill Palmer Quaterly, 46, 717-737.

Oerter, R. & Montada, L. (2008). Entwicklungspsychologie. Weinheim: Beltz PVU.

Pollock, M., Mengelkoch, L., Graves, J., Lowenthal, D., Limacher, M. & Foster, C. (1997). Twenty-year follow-up of aerobic power and body composition of older track athletes. Journal of Applied Physiology, 82, 1508.

Saarni, C., Mumme, D. & Campos, J. (2006). Emotional development: Action, communication, and understanding. In R. Lerner & W. Damon (Hrsg.), Handbook of Child Psychology. Vol. 3: Social, Emotional, and Personality Development (S. 226-299). Hoboken: John Wiley & Sons.

Schulz, R. & Curnow, C. (1988). Peak performance and age among superathletes: Track and field, swimming, baseball, tennis, and golf. The Journal of Gerontology, 43, 113-120.

Spelke, E. & Kinzler, K. (2007). Core knowledge. Developmental Science, 10, 89-96.

Spencer, J., Vereijken, B., Diedrich, F. & Thelen, E. (2000). Posture and the emergence of manual skills. Developmental Science, 3, 216-233.

Sroufe, L. (1996). Emotional development. Cambridge: Cambridge University Press

Stein, N. & Levine, L. (1999). The early emergence of emotional understanding and appraisal: Implications for theories of development. In T. Dalgleish & M. J. Power (Hrsg.), Handbook of Cognition and Emotion (S. 383-408). Chichester: Wiley.

Ulrich, B. & Ulrich, D. (1985). The role of balancing ability in performance of fundamental motor skills in 3-, 4-, and 5-year-old children. In J. E. Clark & J. H. Humphrey (Hrsg.), Motor Development (S. 87-97). Princeton: Princeton Books.

von Salisch, M. & Kunzmann, U. (2005). Emotionale Entwicklung über die Lebensspanne. In J. Asendorpf (Hrsg.), Enzyklopädie der Psychologie: Soziale, emotionale und Persönlichkeitsentwicklung; (S. 1-74). Göttingen: Hogrefe.

Weinert, F. (2001). Vergleichende Leistungsmessung in Schulen–eine umstrittene Selbstverständlichkeit. In F. Weinert (Hrsg.), Leistungsmessungen in Schulen (S. 17-31). Weinheim: Beltz.

Kapitel VII
Felder der Bildungsforschung

▷ **Inhaltsverzeichnis des Kapitels**

Hartmut Ditton & Heinz Reinders

Überblick Felder der Bildungsforschung

▷ **Zusammenfassung**

Im Folgenden wird ein Überblick über eine Auswahl an Untersuchungsgegenständen gegeben, mit denen sich die Bildungsforschung der vergangenen Dekaden schwerpunktmäßig befasst hat. Es wird definiert, was unter solchen Feldern der Bildungsforschung zu verstehen ist und in die einzelnen Beiträge dieses Kapitels eingeführt.

1 Allgemeines und Definition

Zu den Feldern der Bildungsforschung gehören prinzipiell alle Lebensbereiche, in denen Bildungsprozesse stattfinden. Da dies nahezu überall möglich ist, gibt es kaum einen Bereich, der nicht auch für die Bildungsforschung relevant ist. Dabei kann zwischen Bildungsprozessen unterschieden werden, die in öffentlich organisierten Settings angesiedelt sind (Kindergärten, Schulen, Hochschulen) und solchen, die im nicht-öffentlich organisierten Bereich stattfinden (z.B. Familie, Peer-Groups, Freizeit, Vereine). Einen spezifischen Fall stellen privat organisierte Angebote dar, die jedoch öffentlich anerkannt und in aller Regel auch mitfinanziert sind (Privatschulen, private Hochschulen). In den meisten Fällen sind diese Angebote den öffentlichen gleichgestellt, vor allem hinsichtlich der Anerkennung der dort erworbenen Abschlüsse bzw. Bildungszertifikate.

Besondere Herausforderungen für die Forschung stellen sich insofern, als die Effekte der unterschiedlichen Lebensbereiche an der erworbenen Bildung nur schwer zu trennen sind. Bildung wird nicht nur in den explizit dafür vorgesehenen Institutionen erworben, sondern parallel dazu auch außerhalb und nebenbei. Eltern können ihre Kinder vom Kindergarten bis ins Erwachsenenalter hinein fördern. Diese Effekte der familialen Herkunft auf den Bildungserfolg sind oft sehr bedeutsam, auch über die Effekte der öffentlichen Institutionen hinaus. Hinzu kommt, dass Bildungsprozesse aufeinander aufbauen. Was in der Familie und im Kindergarten vorbereitet wurde, bildet beim Schuleintritt die Basis für das schulische Lernen, und das wiederum ist die Basis für die berufliche Ausbildung oder Hochschulbildung. Von Interesse für die Bildungsforschung sind deshalb nicht

Öffentliche und private Bildungsorte

nur Analysen innerhalb eines Lebensbereichs, sondern auch Analysen zum Zusammenwirken mehrerer Bereiche. Außerdem interessiert sich die Bildungsforschung für Entwicklungsverläufe, auch über längere Zeitspannen, wobei wiederum zur Erklärung des Bildungserfolgs die Einflüsse mehrerer Bereiche berücksichtigt werden sollten.

Für alle Felder der Bildungsforschung kann von einem breiten disziplinären und methodischen Zugang gesprochen werden. Ganz besonders trifft das auf die Forschung im schulischen Bereich zu. Hier findet sich ein breites Spektrum von Untersuchungen, die von primär psychologischen Fragen (Entwicklung von kognitiven Fähigkeiten, schulischen Leistungen, Motivation, Selbstwirksamkeit, Interesse) über Themen der Lehr-Lernforschung (vgl. Kap. VI), des Unterrichts und der Schulorganisation bis hin zu gesamtgesellschaftlichen und eher soziologischen Perspektiven (Bildungsbeteiligung, Reproduktion sozialer Strukturen über das Bildungssystem) reichen. Immer öfter wird bei der Vergabe von Mitteln für die Forschung von den Geldgebern explizit eine interdisziplinäre Vernetzung in den Forschungsprojekten gewünscht. Ebenso ist es kaum mehr möglich, in einem der Bereiche von einer völlig eindeutig dominierenden Ausrichtung auf eine bestimmte Forschungsmethodologie zu sprechen. Fast durchgängig werden sowohl quantitative als auch qualitative Herangehensweisen gewählt und immer häufiger wird eine sog. Methodentriangulation vorgefunden oder zumindest als Desiderat gefordert. Ebenfalls häufig wird für alle Bereiche die Notwendigkeit betont, mehr als es bisher üblich war Längsschnittstudien durchzuführen, um Entwicklungsverläufe besser abbilden und Ursache-Wirkungsbeziehungen ermitteln zu können.

2   Gliederung des Kapitels

Die Gliederung des folgenden Kapitels orientiert sich am Lebenslauf und zugleich an den vorrangig wichtigen Institutionen bzw. Bildungsbereichen. Am Anfang steht daher auch ein Beitrag zur Frühförderung. Dem schließen sich drei Arbeiten an, die sich auf die schulische Bildungsphase beziehen (Unterrichts- und Schulqualität, Ganztagsschule). Auf die zunehmende Beachtung, die das außerschulische Lernen in neuerer Zeit erfährt, wird daran anschließend eingegangen. Den Abschluss bilden zwei Beiträge zum Hochschulbereich und zur Weiterbildung. Den dabei behandelten Themen kann eine hohe Aktualität bescheinigt werden. Auch wenn in den letzten Jahren ganz besonders die Schule im Blickpunkt des öffentlichen Interesses stand, ist im Zusammenhang damit auch die vorschulische Förderung in den Blick geraten, die sozusagen das schulische Lernen und den weiteren Bildungsweg vorbereitet. Noch nicht gut ausgebaut ist in Deutschland die Forschung zum außerschulischen Lernen. Erst in neuerer Zeit wurden systematische Untersuchungen in diesem Bereich durchgeführt. Kaum weniger Aufmerksamkeit als die Schulen erfahren seit einiger Zeit auch wieder die Hochschulen, was erheblich in Zusammenhang mit der Umstellung der Studiengänge auf B.A. und M.A.-Strukturen (Bologna-Prozess) sowie der Einführung von Studiengebühren gesehen werden kann. Der hohe Stellenwert von Weiterbildung wird zwar schon seit Mitte der 1960er Jahre immer wieder betont. Den Bereich systematisch zu erforschen und Wirkungen von Weiterbildung eindeutig zu spezifizieren oder zu quantifizieren, ist angesichts der Breite des Angebots, der Vielfalt der Träger und der hohen Diversität der Maßnahmen jedoch alles andere als einfach.

2.1   Vorschulische Bildung

Das hauptsächliche Ziel einer institutionalisierten Betreuung im vorschulischen Alter war in den Anfängen die Aufbewahrung der Kinder – u.a. mit dem Ziel, eine Erwerbstätigkeit der Mütter zu ermöglichen (vgl. Kap. VII-2). In neuerer Zeit war hinsichtlich der Ausgestaltung der konkreten Angebote für lange Zeit der in den 1970er Jahren entwickelte situationsorientierte Ansatz leitend, in dem das Lernen in konkreten Anwendungskontexten und der Bezug zur aktuellen Lebenssituation der Kinder im Vordergrund stand. Aktuelle Ansätze betonen stärker eine Förderung von Selbstbildungsprozessen. Da die Qualität der vorschulischen Angebote immer mehr als bedeutsam für die kindliche Entwicklung angesehen wird, ist zunehmend eine Tendenz zur Festlegung von Bildungsplänen für diesen Bereich festzustellen. In aller Regel definieren diese Pläne Anforderungen an die Qualität der Angebote seitens der Einrichtungen. Häufig finden sich in diesem Zusammenhang auch Forderungen nach einer höheren akademischen Ausbildung des Personals.

Frühförderung

Eine Herausforderung stellen die Befunde zur Inanspruchnahme und Nutzung der vorschulischen Angebote dar. Seit 1996 besteht zwar ein Rechtsanspruch auf einen Betreuungsplatz ab dem vollendeten dritten Lebensjahr, regional ist die Angebotsdichte aber sehr unterschiedlich. Der Anspruch kann daher nicht in allen Fällen als erfüllt gelten. Zudem variiert die Nutzung der Angebote mit der sozialen Herkunft bzw. dem sozialen Status der Eltern. Insgesamt haben die Kinder, für die eine gezielte Förderung wünschenswert wäre, geringere Chancen, ein vorschulisches Angebot tatsächlich auch zu nutzen.

Erreichbarkeit zu fördernder Kinder

2.2   Schulische Bildung

Mit dem Forschungsfeld Schule beschäftigen sich drei der Beiträge in diesem Kapitel. Dabei geht es bei den Beiträgen zur Qualität von Unterricht und zur Qualität von Schule um Themen mit einer längeren Tradition, schulische Ganztagsangebote sind dagegen ein Thema, das in Deutschland erst in den letzten Jahren steigende Aufmerksamkeit erfahren hat.

Was unter Qualität verstanden und wie Qualität definiert wird, variiert in Abhängigkeit von der gewählten Perspektive. Dies wird sowohl im Beitrag zu Unterrichtsqualität als auch zu Schulqualität deutlich. In der empirischen Bildungsforschung überwiegt jedoch üblicherweise das Verständnis, Qualität an den erzielten Wirkungen festzumachen, d.h. daran, was an Lernergebnissen bei den Schülern im kognitiven, motivationalen und sozialen Bereich bewirkt wird.

Unterrichtsqualität Zur Frage der Unterrichtsqualität (vgl. Kap.VII-3) werden zunächst forschungsleitende lerntheoretische Ansätze skizziert. Dem schließt sich eine Darstellung und kritische Diskussion zum sog. Prozess-Produkt-Paradigma an, das in der Unterrichtsforschung einen hohen Stellenwert hat. Kennzeichnend für dieses Paradigma ist die Suche nach Unterrichtsmerkmalen, die mit einem hohen Lernerfolg der Schüler in Beziehung stehen. Im Überblick ergibt die an diesem Paradigma ausgerichtete Forschung zwar einige vergleichsweise gut belegte Hinweise auf lernförderliche Merkmale eines guten Unterrichts (aktive Lernzeit, Klassenmanagement, Strukturiertheit des Unterrichts), die Befunde variieren allerdings teils in Abhängigkeit vom methodischen Vorgehen (experimentelle vs. korrelative Studien, Verwendung von Beobachtungs- vs. Befragungsdaten). Wenig geklärt ist, wieweit übergreifenden Skripts oder einer bestimmten Choreografie des Unterrichts eine spezifische Wirksamkeit zugesprochen werden kann. Ebenso besteht noch Bedarf an Studien zur Unterrichtsqualität, die fachspezifische und fachdidaktische Fragestellungen differenzierter untersuchen.

Schulqualität Neben der Diskussion, was unter Qualität überhaupt zu verstehen ist, nimmt in der Forschung zur Schulqualität die Entwicklung von Erklärungsmodellen einen hohen Stellenwert ein (vgl. Kap. VII-4). Trotz der teilweisen Unterschiedlichkeit der aktuellen Modelle spielt jeweils die Differenzierung nach schulischen Kontextfaktoren, Inputgrößen, Prozessabläufen und erzielten Ergebnissen eine entscheidende Rolle. Die Qualität des Unterrichts gilt dabei als ein entscheidender Aspekt der Qualität einer Schule und wird zugleich als eingebettet und teils in Abhängigkeit von schulischen Bedingungen betrachtet. Der Forschung zu Schulqualität entstammen zahlreiche Übersichten zu Faktoren, die eine hohe Qualität von Schule kennzeichnen. Häufig werden klare Ziele, das Schulethos, ein gutes Management, gezielte Personalentwicklung, eine hohe Leistungsorientierung und die effektive Nutzung von Zeit genannt. Zugleich ist auch bekannt, dass Schulen keine unveränderlichen Systeme sind und eine gleich bleibende Qualität über die Zeit nur bedingt gegeben ist. Zudem finden sich häufig Qualitätsunterschiede je nach betrachtetem Fach und Schülerjahrgang. Dass Erfolgskontrollen (vgl. Kap. IV) und eindeutige Definitionen der Bildungsziele (vgl. Kap. V-4) für die Steuerung im schulischen Bereich eine zunehmend größere Bedeutung erlangen, ist eine in Deutschland vergleichsweise neue Entwicklung und stellt veränderte Anforderungen an die Arbeit in den Schulen.

Ganztagsschule Während schulische Ganztagsangebote international weit verbreitet sind, ist der Auf- und Ausbau von Ganztagsschulen in Deutschland erst in den letzten Jahren stark vorangetrieben worden (vgl. Kap. VII-5). Diese Entwicklung ist einerseits in Zusammenhang mit dem gesellschaftlich-sozialen Wandel zu sehen, z.B. der steigenden Erwerbstätigkeit beider Elternteile sowie des Anteils alleinerziehender Eltern. Zugleich wird eine ganztägige schulische Betreuung auch als Chance einer Erweiterung der Lerngelegenheiten für Kinder und Jugendliche gesehen, dabei besonders für diejenigen, die aus einem bildungsferneren Milieu kommen. Hinter dem Begriff Ganztagsschule verbergen sich sehr unterschiedliche Konzepte und Organisationsformen was den Umfang, die Art des Angebots und die Verbindlichkeit der Inanspruchnahme angeht. Dennoch sind die Erwartungen an Ganztagsschulen gegenwärtig sehr hoch gesteckt. Ihnen wird ein hohes Potential im Hinblick auf mehr Chancengleichheit, erweiterte Partizipationsmöglichkeiten und hinsichtlich des Demokratielernens zugesprochen. Prinzipiell erhöhen sich im Ganztagsbetrieb die Möglichkeiten, um Schulen einerseits nach außen hin zu öffnen und besser mit dem Umfeld zu vernetzen – durch die Kooperation mit Vereinen, Verbänden, der Wirtschaft, potentiellen Arbeitgebern in einer Region usw. Andererseits können sich zugleich auch erweiterte Chancen für die Schulentwicklung und eine intensivierte Teamorientierung im Kollegium ergeben. Die Geschwindigkeit des Ausbaus der schulischen Ganztagsangebote in Deutschland in den letzten Jahren ist jedenfalls beeindruckend. Erfreulicherweise liegen inzwischen auch erste empirische Studien zur Qualität der Angebote und deren Wirkungen vor.

2.3   Hochschulbildung

Die Hochschulforschung ist in Deutschland zwar keine stark ausgebaute Disziplin, sie hat aber dennoch eine beachtliche Tradition (vgl. Kap. VII-6). Schon in den 1960er und 1970er Jahren wurden in Deutschland Forschungsinstitute mit diesem Schwerpunkt etabliert. In der Hochschulforschung werden sehr unterschiedliche Themen und Fragestellungen untersucht. Eine breite Fülle an Daten und wichtigen Informationen bieten die regelmäßigen Erhebungen zur Lebenssituation der Studierenden und zum Studienerfolg. Schwerpunkte der Forschung bilden außerdem Untersuchungen zur Bildungsbeteiligung (wer studiert, wie ändert sich die Zusammensetzung der Studierenden über die Zeit), die Absolventen- und Berufsforschung (Übergang in Beruf, Berufschancen, Einkommenssituation), die Professionsforschung (Qualifikation des wissenschaftlichen Nachwuchses) sowie Fragen der Hochschulorganisation und Hochschulpolitik. Auch zur Qualität der Lehre und des Lernens an den Hochschulen liegen Untersuchungen vor. Öffentlich vielbeachtete Themen in neuerer Zeit sind besonders die Reformmaßnahmen im Kontext des Bologna-Prozesses (B.A. und M.A. Studiengänge) und die Einführung von Studiengebühren. Zu den Wirkungen dieser Maßnahmen sind allerdings bislang kaum ausreichend belastbaren Untersuchungen verfügbar.

Lebenssituation Studierender und Hochschuldidaktik

2.4   Außerschulische Bildung und Weiterbildung

Obwohl dem Lernen außerhalb der eigens dafür eingerichteten Institutionen erhebliche Bedeutung zukommen dürfte, werden non-formale Bildungsprozesse in der Empirischen Bildungsforschung bislang eher stiefmütterlich behandelt, zumindest im Hinblick auf die Forschung im deutschsprachigen

Non-formale Bildungsprozesse

Raum (vgl. Kap.VII-7). Dabei zielt die neuere Forschung zur außerschulischen Bildung nicht nur auf Effekte der Zugehörigkeit zu Peer Groups oder Effekte der Mediennutzung ab, sondern wendet sich zunehmend auch den Lerngelegenheiten zu, die sich im Alltag insgesamt, durch den Besuch von Museen, durch die Beteiligung in Vereinen sowie durch die Übernahme ehrenamtlicher Tätigkeiten ergeben. Dabei ist es schon nicht einfach, diese Vielfalt der Lernmöglichkeiten stringent zu systematisieren, sie voneinander zu unterscheiden oder ihre Effekte für den Bildungsverlauf zu isolieren. Anders als es für den schulischen Bereich typisch ist, interessiert hierbei auch nicht unbedingt vorrangig der Erwerb von fachlichem Wissen, sondern besonders auch das soziale Lernen bzw. der Erwerb fachübergreifender Kompetenzen. Auch wenn es sich damit um ein nicht leicht zugängliches Forschungsfeld handelt, kann doch davon ausgegangen werden, dass es in Zukunft deutlich mehr Beachtung finden wird.

Angebote und Nutzung der Weiterbildung

Ähnlich wie der außerschulische Bereich ist auch das Feld der Weiterbildung viel weniger klar strukturiert und überschaubar als etwa der schulische oder der Hochschulbereich (vgl. Kap. VII-8). Kennzeichnend im Weiterbildungssektor ist eine äußerst vielfältige Palette der Anbieter und Angebote, wobei neben den öffentlichen auch private Angebote und Anbieter eine wichtige Rolle spielen. Einen Überblick zu diesem Feld ermöglichen inzwischen regelmäßige Erhebungen zum Weiterbildungsangebot und zur Nutzung von Weiterbildung (Berichtssystem Weiterbildung) sowie international vergleichende Statistiken und Surveys. Die in der Weiterbildungsforschung behandelten Themen sind ebenfalls sehr breit gestreut. Sie beziehen sich zum einen auf Analysen der Weiterbildungsangebote sowie der Merkmale der Adressaten und Teilnehmer. Daneben behandeln Untersuchungen nicht nur die Angebote einzelner Institutionen, sondern beziehen sich auf Weiterbildungsnetzwerke bzw. -verbünde bis hin zur Evaluation von „lernenden Regionen". Eine schon längere Tradition hat im Bereich der Weiterbildung die Evaluationsforschung und die Forschung zum Lernen im Erwachsenenalter. Bezüglich der Gestaltung von Lernumgebungen für Erwachsene und des berufsbegleitenden Lernens gewinnen Untersuchungen zur Nutzbarkeit medialer Angebote und zum Distance Learning zunehmend an Bedeutung.

▷ **Weiterführende Literatur**

Cortina, K. S., Baumert, J., Leschinsky, A., Mayer, K. U. & Trommer, L. (Hrsg.). (2008). Das Bildungswesen in der Bundesrepublik Deutschland. Reinbek: Rowohlt.
Tippelt, R. & Schmidt, B. (Hrsg.). (2010). Handbuch Bildungsforschung. Wiesbaden: VS Verlag.

Christiane Große & Hans-Günther Roßbach

Frühpädagogik

▷ **Zusammenfassung**

Das Kapitel beschreibt die Frühpädagogik als Feld der Bildungsforschung. Nach einem Abriss der geschichtlichen Entwicklung der Vorschulerziehung in Deutschland werden gegenwärtige konzeptuelle Diskussionen und Reformen sowie der aktuelle Forschungsstand und -bedarf dargestellt.

1 Geschichtliche Entwicklung der Vorschulerziehung in Deutschland

Institutionelle vorschulische Betreuungsformen in Deutschland haben sich in den letzten 200 Jahren entwickelt (Erning et al., 1987a, 1987b), da ein Großteil der Bevölkerung aufgrund der lebensnotwendigen Erwerbstätigkeit der Mütter das (bürgerliche) Familienideal nicht verwirklichen konnte, nach welchem eher familiärer Betreuung und Erziehung der Kinder ein höherer Stellenwert beigemessen wird.

▷ **Merksatz**

Ziel institutioneller Betreuung der Kinder im 18. und 19. Jahrhundert war die Ermöglichung einer mütterlichen Erwerbstätigkeit und eine Erziehung der Kinder nach bürgerlichen Vorstellungen.

Im 19. Jahrhundert entwickelten sich vor allem drei Hauptformen institutioneller Betreuung: Die Bewahranstalten Johann Georg Wirths, die Kleinkinderschulen Theodor Fliedners und der Kindergarten nach Friedrich Fröbel. Das Betreuungsangebot in den Bewahranstalten und in den Kleinkinderschulen richtete sich vorwiegend an Kinder aus den unteren sozialen Schichten. Im Gegensatz zum Kindergarten nach Friedrich Fröbel lag diesen Einrichtungen kein explizites kindbezogenes Motiv für die Betreuung und Erziehung zugrunde. Die Konzeption des Kindergartens hingegen beinhaltete einen eigenständigen Bildungsauftrag. Angaben zum tatsächlichen Besuch der Einrichtungen sind aufgrund einer begrenzten Datenlage schwierig. Man schätzt, dass im Jahr 1850 für 7,5% der Berliner Kinder im Alter von drei bis unter sechs Jahren ein Betreuungsplatz zur Verfügung stand. In Preußen lag die Anzahl der Plätze in Betreuungseinrichtungen zum gleichen Zeitpunkt bei einem Prozent (Roßbach, 2008).

Konzept des Volkskindergartens

Mit dem am Ende des 19. Jahrhunderts entwickelten Konzept des Volkskindergartens wurde eine Betreuungsform im Sinne von Fröbel bereitgestellt, die auch für die Kinder aus der sozialen Unterschicht zugänglich sein sollte. Die Verallgemeinerung der Bildungsfunktion war mit einer Differenzierung der kindlichen Altersgruppen verbunden. Der Eintritt in die vorschulische institutionelle Betreuungsform erfolgte nun in den meisten Fällen ab dem dritten Lebensjahr. Die Unter-Dreijährigen wurden in Krippen betreut, die primär auf die ‚Aufbewahrung' der Kinder abzielten.

▷ **Merksatz**

Mit dem Reichsjugendwohlfahrtsgesetzes (RJWG) von 1922, welches 1924 in Kraft trat, wurde die Zuordnung des Kindergartens zum Jugendhilfebereich besiegelt. Der Besuch eines Kindergartens wurde als freiwillig festgelegt. Das Gesetz legte aber auch den gesetzlichen Anspruch jedes Kindes auf Erziehung fest, welcher – wenn von der Familie nicht ausreichend erfüllbar – durch institutionelle Betreuung sichergestellt werden musste.

Vorschulerziehung in der BRD

Nach dem Zweiten Weltkrieg entwickelte sich die institutionelle Vorschulerziehung in den beiden deutschen Staaten unterschiedlich. In der BRD wurde an die Regelungen angeknüpft, die vor dem 2. Weltkrieg bestanden hatten. Im Mittelpunkt der pädagogischen Arbeit in den Einrichtungen standen eher Betreuung und allgemeine Erziehung. Der so genannte Sputnik-Schock von 1957 führte dann zu einer Umorientierung, die zwar nicht Betreuung und Erziehung verneinte, wohl aber kognitiver Bildung und Schulvorbereitung ein stärkeres Gewicht als zuvor zukommen ließ. Bildungsanstrengungen wurden zwar auf allen Ebenen des Bildungssystems unternommen, eine besondere Bedeutung wurde aber der Förderung im Kindergarten – dem Anfang der Bildungskarriere – zugesprochen. Ab Mitte der 1970er Jahre schwächte sich diese Bildungsreform ab. Mit den Fragen der Vereinbarkeit von Erwerbs- und Familientätigkeit verschob sich der Diskussionsschwerpunkt in Richtung auf einen weiteren quantitativen Ausbau von Plätzen. Bildung wurde zwar weiterhin als ein Ziel betrachtet, allerdings wurden stärker eine Eigenständigkeit des Kindergartens betont und damit eine gewisse Abgrenzung von der Schule und schulvorbereitenden Funktionen befürwortet.

Vorschulerziehung in der DDR

In der DDR wurde im Gegensatz dazu dem Kindergarten eine bedeutende Rolle im Bildungswesen zugeschrieben. Schon im Jahr 1946 wurde der Kindergarten durch das „Gesetz zur Demokratisierung der deutschen Schule" dem Bildungssystem zugeordnet. Ziel der Betreuung im Kindergarten war neben einer verbesserten sozialistischen Bildung des Volkes auch die Sicherstellung der Möglichkeit der weiblichen Erwerbstätigkeit. Diese doppelte Zielsetzung hatte einen schnellen Ausbau ganztägiger Betreuungsplätze zur Folge. Für alle Einrichtungen gab es verbindliche Erziehungsprogramme.

Die Wende im Jahr 1989 hatte zur Folge, dass das bestehende System der institutionellen vorschulischen Erziehung in der alten DDR abgeschafft und bestehende Strukturen der BRD auf die neuen Bundesländer ausgeweitet wurden. Am 3. Oktober 1990 trat in den neuen Bundesländern das Kinder- und Jugendhilfegesetz (KJHG) in Kraft. Die Einführung des Gesetzes in den alten Bundesländern erfolgte Anfang 1991. Die administrative Zuordnung des Kindergartens zum Bereich der Jugendhilfe in der BRD wurde beibehalten.

Veränderungen nach 1989

▷ **Merksatz**

Der 1996 eingeführte Rechtsanspruch auf einen Betreuungsplatz in einer Tageseinrichtung eines jeden Kindes ab dem vollendeten dritten Lebensjahr bis zum Schuleintritt (§ 24 KJHG) hatte einen quantitativen Ausbau der Betreuungsplätze zur Folge.

Im Jahr 2005 trat dann zusätzlich das Gesetz zum qualitätsorientierten und bedarfsgerechten Ausbau der Tagesbetreuung für Kinder (Tagesbetreuungsausbaugesetz - TAG) in Kraft. Das Gesetz betont auch die Bedeutung der Tagespflege („Tagesmütter") und spezifiziert die gesetzliche Vorgabe nach einem bedarfsgerechten Ausbau der Tagesbetreuung. Im gleichen Jahr trat das Gesetz zur Weiterentwicklung der Kinder- und Jugendhilfe (Kinder- und Jugendhilfeweiterentwicklungsgesetz - KICK) in Kraft, das auch Regelungen für die Durchführung von Tagespflege enthält. Mit dem im Dezember 2008 in Kraft getretenen Gesetz zur Förderung von Kindern unter drei Jahren in Tageseinrichtungen und in Kindertagespflege (KiföG) beteiligt sich der Bund mit vier Milliarden Euro nun auch an der Finanzierung der Betreuungsplätze in Kindertageseinrichtungen. Ziel ist es, bis 2013 für jedes dritte Kind unter drei Jahren einen Betreuungsplatz zu schaffen, wobei ein Drittel der neuen Plätze in der Tagespflege sein sollen (BMFSFJ, 2010).

Aktuelle Entwicklungen der Vorschulerziehung

2 Gegenwärtige konzeptuelle Diskussionen und Reformen

2.1 Didaktische Konzepte

In den letzten Jahrzehnten wurde die pädagogische Arbeit in frühpädagogischen Einrichtungen hauptsächlich durch die in den 1970er Jahren entwickelten situationsorientierten Ansätze bestimmt.

Situationsansatz: Primat des sozialen Lernens

Dem am Deutschen Jugendinstitut entwickelten Situationsansatz ('Curriculum Soziales Lernen') kam in der pädagogischen Arbeit der letzten Jahrzehnte eine Leitfunktion zu (Zimmer, 1995). Dieser Ansatz hat zum Ziel, Kindern in aktuellen Lebenssituationen (auch in solchen, in denen Überforderung, Unterdrückung oder Gängelung droht) Anregungen zu kompetentem und eigenständigem Handeln zu vermitteln, damit sie diese Lebenssituationen bewältigen können. Dem Ansatz liegt das Primat des sozialen Lernens zugrunde, welches besagt, dass sachbezogenes Lernen immer auf konkrete (soziale, sinnstiftende) Anwendungskontexte zu beziehen ist. Das Primat des sozialen Lernens ist mit einer Ablehnung von fachdidaktischem Vorgehen verbunden.

Kritik an den situationsorientierten Ansätzen wird seit etwa der Mitte der 1990er Jahre laut (Roßbach, 2008). Es wird etwa bemängelt, dass empirische Evaluationen des Ansatzes insbesondere im Hinblick auf Auswirkungen auf die kindliche Entwicklung fehlen (Tietze & Roßbach, 1997). Zwei Ausnahmen sind die Studien von Zimmer et al. (1997) und die Evaluation des Projekts 'Kindersituationen' von Wolf et al. (1999), die gemischte Ergebnisse aufweisen. Weitere Kritikpunkte beziehen sich auf fehlende Untersuchungen zur tatsächlichen Anwendung des Situationsansatzes und auf Unklarheiten in Bezug auf Konzept und Begriffe des Ansatzes.

▷ **Merksatz**

Für die pädagogische Arbeit in Kindergärten wurden in den letzten Jahren zwei grundlegende Positionen diskutiert, welche Lern- und Bildungsprozesse als ko-konstruktiven Prozess beziehungsweise als Selbstbildungsprozess definieren.

Bildung durch eigene Aktivität

Beide Positionen gehen von einem kompetenten Kind aus, welches sich Bildung durch eigene Aktivität aneignet. Der pädagogischen Fachkraft im Kindergarten kommt dabei die Aufgabe der Unterstützung der Bildungsprozesse der Kinder zu. *Ko-Konstruktion* versteht Bildung als Ergebnis eines sozialen Prozess durch gemeinsamen Austausch der Interaktionspartner. Die pädagogischen Fachkräfte stellen den Kindern konkrete Angebote zur Verfügung und beteiligen sich aktiv. Der Ansatz der *Selbstbildung* stellt das selbsttätige, eigenaktive Kind in den Mittelpunkt. Die Erwachsenen stellen den Rahmen, in dem sich die Kinder selbst bilden (Laewen, 2002; Schäfer, 2006). Grell (2010) kritisiert die neueren Selbstbildungsansätze in der Hinsicht, dass Erwachsene wesentlich aktiver an dem Bildungsprozess des Kindes beteiligt sein müssen, besonders bei Kindern, die möglicherweise benachteiligt sind. Denn gerade diese Kinder benötigen häufig gezielte Anregungen für verschiedene Lernprozesse.

Vor dem Hintergrund dieser beiden Positionen können Fördermöglichkeiten im Kindergarten in zwei, in der Praxis vielfach miteinander verbundene Dimensionen differenziert werden (Kluczniok, Roßbach & Große, 2010):

> **Merksatz**

Fördermöglichkeiten im Kindergarten können unterteilt werden in eine Dimension, die die Spannweite zwischen einer direkt in das alltägliche Leben der Kinder einbezogenen Förderung und einer gezielten Förderung in Form von Angeboten umfasst, und eine zweite Dimension, die sich zwischen den beiden Polen allgemeine Förderung und bereichsspezifische Förderung aufspannt.

Durch diese Aufteilung kann eine etwas zugespitzte Einordnung der pädagogischen Föransätze im Kindergarten in vier Bereiche erfolgen, denen im Folgenden verschiedene Beispiele zugeordnet werden.

Vier Bereiche pädagogischer Föransätze

○ Der erste Bereich umschließt die in den Alltag integrierte *allgemeine Förderung*. Als Beispiele können die oben skizzierten situationsorientierten Ansätze zugeordnet werden.

○ Der zweite Bereich bezieht sich auf eine in den Kindergartenalltag integrierte *bereichsspezifische Förderung*. Ein Beispiel ist die Förderung von frühen mathematischen Kompetenzen, wie sie von Steinweg (2007) im Rahmen des Modellvorhabens ‚KiDZ – Kindergarten der Zukunft in Bayern‘ vorgeschlagen wird. Die Kinder sollen Mathematik im alltäglichen Kindergartengeschehen, das bewusst auf mathematische Inhalte untersucht wird, aktiv erfahren können.

○ Der dritte Bereich umfasst eine *angebotsorientierte bereichsspezifische Förderung*. Hier finden sich z.B. auch hochstrukturierte Trainings zur Förderung bereichsspezifischer kognitiver Kompetenzen der Kinder, die der Vorbereitung auf schulisches Lernen dienen. Das Programm ‚Hören-Lauschen-Lernen‘ von Küspert und Schneider (2008), welches die phonologische Bewusstheit der Kinder fördert, kann diesem Bereich zugewiesen werden.

○ Der vierte Bereich beinhaltet eine *angebotsorientierte allgemeine Förderung* und hat – mit Hilfe von stark strukturierten Programmen (Angeboten) – eine Förderung eher allgemeiner Kompetenzen zum Ziel. Ein Beispiel für die Förderung sozial-emotionaler Kompetenzen ist etwa das Programm ‚Faustlos‘ (Schick & Cierpka, 2007).

Die Differenzierung der Föransätze in die vier Bereiche hat nicht das Ziel, bestimmte Ansätze als illegitim herauszustellen. In der pädagogischen Praxis sollte vielmehr an die Zielgruppe angemessen und pädagogisch belegt eine Balance zwischen den unterschiedlichen Polen (alltagsintegrierte vs. angebotsorientierte Förderung und allgemeine vs. bereichsspezifische Förderung) gefunden werden. Diese anspruchsvolle Aufgabe an die Frühpädagogik wird erheblich durch oft fehlende bzw. auch mangelhafte Evaluationen der einzelnen Ansätze und Programme erschwert (vgl. Kap. VI).

Fehlende bzw. mangelhafte Evaluationen

2.2   Bildungspläne

Bildungspläne als verbindliche Orientierung

Konzeptuelle Diskussionen zur pädagogischen Arbeit im Elementarbereich wurden durch die Veröffentlichung der Ergebnisse internationaler Schulleistungsvergleichsstudien überdeckt. Die Bekanntgabe der Ergebnisse der PISA-Studie im Jahr 2001 löste den sogenannten PISA-Schock aus, da 15-jährige Schüler in Deutschland schlechter als erwartet oder erhofft in internationalen Schulleistungsvergleichen abschnitten. Besondere Defizite wurden den Kindern aus benachteiligten Familien attestiert. Schnell wurden Diskussionen zur Reform des Bildungswesen geführt, die sich auch auf den frühpädagogischen Bereich beziehen. Infolge dieser Diskussion wurden in allen Bundesländern zwischen 2002 und 2006 Bildungspläne für Kindertageseinrichtungen entwickelt (Diskowski, 2008, 2009), die sich an dem „Gemeinsamen Rahmen der Länder für die frühe Bildung in Kindertageseinrichtungen" von der Jugendministerkonferenz und der Kultusministerkonferenz von 2004 orientieren (Beschluss der Jugendministerkonferenz vom 13./14.05.2004 sowie der Beschluss der Kultusministerkonferenz vom 03./04.06.2004). Die Bildungspläne sollen dem pädagogischen Fachpersonal als verbindliche Orientierungen helfen, die pädagogische Arbeit in der Einrichtung zu gestalten.

▷ **Definition**

Die Bildungspläne normieren Bildungsprozesse in den Einrichtungen, nicht aber Kompetenzniveaus, die die Kinder zu bestimmten Zeitpunkten erreicht haben sollen.

Spezifische Förderbereiche

Die inhaltlichen Aspekte, die in den Bildungsplänen der Bundesländer angesprochen werden, sind sehr ähnlich. Alle Pläne enthalten Angaben zu den Bildungsbereichen Sprache, Umgang mit Zahlen, Sachwissen, Naturbegegnung und Entwicklung der Persönlichkeit. Betont wird in der Regel, dass es sich hier nicht um Fächer im Sinne von ‚Schulfächern' handelt bzw. handeln soll. Jedoch sind – zumindest für eine Vielzahl der genannten Bereiche – die Verbindungslinien zu den späteren Schulfächern deutlich zu erkennen. Die Benennung von solchen spezifischen Förderbereichen ordnet sich auch ein in Erkenntnisse über die Bedeutsamkeit der Förderung von bereichsspezifischen Entwicklungen für Vorläuferfähigkeiten zu späteren schulischen Kompetenzen. Was diese Bildungspläne tatsächlich an verbessernden und normierenden Einflüssen auf die Praxis ausüben, bleibt abzuwarten. Man darf aber nicht zuviel von ihnen erwarten, da solche Bildungspläne im Konzert von verschiedenen Steuerungsinstrumenten nur ein Element sind. Konkrete empirische Evaluationsstudien – die über Befragungen von Fachkräften hinausgehen – sind bisher aber nicht bekannt geworden.

2.3   Akademisierung der Ausbildung des frühpädagogischen Personals

Die Diskussion um eine Akademisierung der Ausbildung des frühpädagogischen Personals erfolgt u.a. aus dem Grund, dass von gut ausgebildetem Personal eine eigenständigere qualitativ hochstehende Erfüllung des
Bildungs- und Erziehungsauftrags in frühpädagogischen Einrichtungen
erwartet wird. Die bisherige Ausbildung des Fachpersonals geschieht in
Deutschland auf der Ebene von Fachschulen bzw. Fachakademien, also
unterhalb der Hochschulebene. An dieser Ausbildung wird kritisiert, dass
keine (oder nur eine geringe) Auseinandersetzung mit wissenschaftlichem
Wissen stattfindet und dass die Erwartungen an frühkindliche Bildungsför-
derung aufgrund zunehmend unterschiedlicher Ausgangslagen der Kinder
nicht erfüllt werden können (Viernickel, 2008).

Qualifizierung durch akademische Ausbildung

Untersuchungen zu benötigten inhaltlichen Anforderungen an das frühpädagogische Fachpersonal, um die kindlichen Kompetenzen zu fördern,
gibt es aber in Deutschland kaum. Eine Studie in England hat Forschungs-
belege hervorgebracht, die für die Notwendigkeit einer sehr guten Ausbildung sprechen, speziell in Hinblick auf wissenschaftlich fundiertes inhalt-
liches und fachdidaktisches Wissen in den verschiedenen Förderbereichen
(Sylva et al., 2004). Im Jahr 2004 starteten die ersten frühpädagogischen
Bachelor-Studiengänge in Deutschland. Im März 2008 wurde von Viernickel (2008) eine Vielfalt an Studiengängen unterschiedlicher Strukturen
und Inhalte an mehr als 55 Standorten gezählt. Um unterschiedliche Aus-
bildungsinhalte und -niveaus zu homogenisieren, sind zukünftig gewisse
Angleichungen erforderlich. Außerdem ist auch eine Beantwortung verschiedener Fragen nötig, wie z.b. im Hinblick darauf, was mit den bisher
ausgebildeten Erziehern und Kinderpflegern geschieht, wie mit den bestehenden Fachschulen bzw. Fachakademien umgegangen wird und ob eine
Ausbildung auf Hochschulniveau ein anderes Klientel anzieht.

Inhaltliche Anforderungen an frühpädagogisches Personal

3   Forschungsstand und -bedarf

Der Überblick zu Forschungsstand und Forschungsbedarf konzentriert sich
zum einen auf Studien zu Nutzung und Nutzungsdisparitäten beim Besuch
von frühpädagogischen Einrichtungen und zum anderen zu seinen Auswirkungen auf die Entwicklung der Kinder.

3.1   Nutzung und Nutzungsdisparitäten beim Besuch eines Kindergartens

Im Jahr 2007 besuchten in der Altersgruppe von drei Jahren bis unter sechs
Jahren 89,2% der Kinder eine Tageseinrichtung, in der Altersgruppe der
Vierjährigen waren es 92,5% und bei den Fünfjährigen 94,8% (Autoren-
gruppe Bildungsberichterstattung, 2008). Allerdings gibt es Nutzungsun-

Unterschiede in der Nutzung

terschiede (Fuchs-Rechlin, 2008): Die Nutzung einer Kindertageseinrichtung ist höher bei Kindern erwerbstätiger Mütter und solchen mit einem höheren Bildungsniveau. Sie ist tendenziell geringer bei Kindern mit einer steigenden Geschwisterzahl und Kindern mit Migrationshintergrund. Die ökonomische Situation der Familie hat keinen bzw. kaum einen Einfluss.

Forschungsdefizite Nutzungsdisparitäten sind vor allem bei Kindern im Alter von drei bis vier Jahren zu beobachten (Roßbach, 2008). Untersuchungen zu Nutzungsdisparitäten bieten zwar einige Informationen, dennoch müssen auch Defizite festgehalten werden: Es fehlen noch Untersuchungen, die verstärkt die pädagogischen und kulturellen Orientierungen der Eltern, ihre sprachlichen Fähigkeiten oder ihre Kenntnisse über das deutsche Bildungssystem sowie vorhandene Fördermöglichkeiten beachten. Für die Beantwortung dieser Fragestellungen sind gezielte Längsschnittanalysen – möglichst ab der Geburt eines Kindes – erforderlich. Wichtig ist dabei auch die Erfassung der frühen kindlichen Kompetenzen und des Gesundheitsstands der Kinder.

3.2 Auswirkungen des Besuchs einer frühpädagogischen Einrichtung auf die Entwicklung der Kinder

Untersuchungen zu Auswirkungen des Besuchs einer frühpädagogischen Einrichtung auf die Entwicklung der Kinder sind in Deutschland selten. Erste Ergebnisse wurden 1998 mit der Veröffentlichung des deutschen Teils der ‚European Child Care and Education Study‘ bekannt (Tietze et al., 1998; Tietze et al., 2005). Die Ergebnisse dieser Untersuchung zeigen, dass die Qualität, die vierjährige Kinder im Kindergarten erfahren haben (hier als Kombination der Qualität von pädagogischen Prozessen in den Gruppen, von strukturellen Rahmenbedingungen sowie von pädagogischen Orientierungen der Erzieher), sich positiv auf den kindlichen Entwicklungsstand im Alter von 8½ Jahren im sozial-emotionalen und im kognitiv/leistungsbezogenen Bereich auswirken.

▷ **Merksatz**

Die Qualität der besuchten Kindergartengruppe ist bedeutsam für die kindliche Entwicklung – ein Ergebnis, das sich auch in internationaler Forschungsliteratur wiederfindet.

Kompensatorische Effekte In der erwähnten Studie konnten aber bei der Analyse von Regeleinrichtungen keine kompensatorischen Effekte entdeckt werden. Die Qualität eines besuchten Kindergartens wirkt sich gleichermaßen für alle Kinder aus, und es gibt keine besonderen Effekte für Kinder aus benachteiligten Familien. Spezielle und aufwändige Modellprogramme für benachteiligte Kinder verweisen aber auf langfristig positive Effekte. Als Beispiel kann hier das ‚Perry-Preschool-Project‘ genannt werden, welches die Auswirkungen einer intensiven vorschulischen Intervention bis ins Erwachsenenalter untersucht (Schweinhart et al., 2005; Roßbach, 2005).

4   Fazit

Die dargestellten aktuellen Entwicklungen zeigen, dass dem Bereich der Frühpädagogik verstärkt Aufmerksamkeit gewidmet wird und einige Reformen angestoßen wurden. Diese Entwicklungen müssen weiter ausgebaut werden, um die Funktionen der Kindertageseinrichtungen – Bildung, Betreuung und Erziehung – für alle Kinder bestmöglich zu erfüllen. Dabei stellen sich u.a. folgende Aufgaben:

o   Um alle möglichen Bildungsreserven in Deutschland voll zu nutzen, ist ein *weiterer Ausbau der öffentlichen Kinderbetreuung* in quantitativer und qualitativer Hinsicht nötig.

o   Um *frühe Selektionsprozesse im Bildungssystem* zu vermeiden, muss der Zugang von Kindern aus sozial benachteiligten Familien und Kindern mit Migrationshintergrund zu den Einrichtungen unterstützt werden, damit sie dort spezielle Förderungen erfahren.

o   *Bildungspläne und pädagogische Konzepte*, die auch auf die Verzahnung mit der Grundschule ausgelegt sind, müssen einer permanenten Weiterentwicklung unterliegen, um Steuerungswirkungen zu entfalten. Bei diesen Weiterentwicklungen ist auch auf Ergänzung eines allgemeinen pädagogischen Programms durch spezielle Angebote für sozial benachteiligte Kinder und Kinder mit Migrationshintergrund zu achten.

o   Da von gut ausgebildetem Personal eine qualitativ hochstehende Erfüllung des Bildungs- und Erziehungsauftrag erwartet wird, sollte die *Akademisierung des frühpädagogischen Fachpersonals* – bei Vorsicht vor übertriebenen Erwartungen – weiterentwickelt werden.

o   Die empirischen Belege dafür, dass sich gute Qualität der frühpädagogischen Einrichtungen positiv auf die kindliche Entwicklung auswirkt, unterstützen die in Deutschland inzwischen vielfältigen Qualitätsentwicklungsmaßnahmen. Besonders interessant und bedeutsam für die zukünftige Entwicklung sind unseres Erachtens *Überlegungen zu einem Nationalen Gütesiegel*, das – von einer externen und unabhängigen Instanz vergeben – das Qualitätsniveau einer Einrichtung nach außen dokumentiert. Verbunden mit Betreuungsgutscheinen, die ein Kind bzw. seine Familie mitbringt und die in einer Einrichtung eingelöst werden können, könnte dies zu einem die Qualität steigernden Wettbewerb führen (Tietze & Förster, 2005).

▷ **Weiterführende Literatur**

Fried, L. & Roux, S. (Hrsg.). (2006). Pädagogik der frühen Kindheit. Handbuch und Nachschlagewerk. Weinheim: Beltz.

Roßbach, H.-G. (2008). Vorschulische Erziehung. In K.S. Cortina et al. (Hrsg.), Das Bildungswesen in der Bundesrepublik Deutschland (S. 283-323). Reinbek: Rowohlt.

Roßbach, H.-G. & Blossfeld, H.-P. (Hrsg.). (2008): Frühpädagogische Förderung in Institutionen. Zeitschrift für Erziehungswissenschaft, Sonderheft. Wiesbaden: VS Verlag.

Literaturverzeichnis

Autorengruppe Bildungsberichterstattung (2008). Bildung in Deutschland 2008. Ein indikatorengestützter Bericht mit einer Analyse zu Übergängen im Anschluss an den Sekundarbereich I. Bielefeld: Bertelsmann.

Beschluss der Jugendministerkonferenz vom 13./14.05.2004 & Beschluss der Kultusministerkonferenz vom 03./04.06.2004. Gemeinsamer Rahmen der Länder für die Bildung in Kindereinrichtungen. Verfügbar unter: http://www.mbjs.brandenburg.de/media/lbm1.a.1222.de/rahmen_052004.pdf; Stand: 13.10.2009.

BMFSFJ (2010). Gute Kinderbetreuung. Verfügbar unter: http://www.bmfsfj.de/BMFSFJ/Kinder-und-Jugend/kinderbetreuung.html; Stand: 28.04.2010.

Diskowski, D. (2008). Bildungspläne für Kindertagesstätten – ein neues und noch unbegriffenes Steuerungsinstrument. Zeitschrift für Erziehungswissenschaft, Sonderheft 11, 47-61.

Diskowski, D. (2009). Zur Entwicklung der Kindertagesbetreuung. Recht der Jugend und des Bildungswesen, 57, 93-113.

Erning, G., Neumann, K. & Reyer, J. (Hrsg.). (1987a). Geschichte des Kindergartens. Bd. 1: Entstehung und Entwicklung der öffentlichen Kleinkindererziehung in Deutschland von den Anfängen bis zur Gegenwart. Freiburg: Lambertus.

Erning, G., Neumann, K. & Reyer, J. (Hrsg.). (1987b). Geschichte des Kindergartens. Bd. 2: Institutionelle Aspekte, systematische Perspektiven, Entwicklungsverläufe. Freiburg: Lambertus.

Fuchs-Rechlin, K. (2008). Soziale Hintergründe und Inanspruchnahme von Kindertagesbetreuung und finanzieller Aufwand der Eltern – Auswertungen des Sozioökonomischen Panels. In Deutsches Jugendinstitut/Dortmunder Arbeitsstelle Kinder- und Jugendhilfestatistik (Hrsg.), Zahlenspiegel 2007. Kindertagesbetreuung im Spiegel der Statistik (S. 201-215). München: DJI.

Grell, F. (2010). Über die (Un-)Möglichkeit, Früherziehung durch Selbstbildung zu ersetzen. Zeitschrift für Pädagogik, 56, 154-167.

Kluczniok, K., Roßbach, H.-G. & Große, C. (2010). Fördermöglichkeiten im Kindergarten – ein Systematisierungsversuch. In A. Diller, H. R. Leu & T. Rauschenbach (Hrsg.), Wie viel Schule verträgt der Kindergarten? Annäherung zweier Lernumwelten (S. 133-152). München: DJI.

Küspert, P. & Schneider, W. (2008). Hören, lauschen, lernen. Sprachspiele für Kinder im Vorschulalter. Würzburger Trainingsprogramm zur Vorbereitung auf den Erwerb der Schriftsprache. Göttingen: Vandenhoeck & Ruprecht.

Laewen, H.-J. (2002). Was Bildung und Erziehung in Kindertageseinrichtungen bedeuten können. In H.-J. Laewen & B. Andres (Hrsg.), Forscher, Künstler, Konstrukteure. Werkstattbuch zum Bildungsauftrag von Kindertageseinrichtungen (S. 33-69). Neuwied: Luchterhand.

Roßbach, H.-G. (2005). Effekte qualitativ guter Betreuung, Bildung und Erziehung im frühen Kindesalter auf Kinder und ihre Familien. In Sachverständigenkommission Zwölfter Kinder- und Jugendbericht (Hrsg.), Bildung, Betreuung und Erziehung von Kindern unter sechs Jahren (S. 55-174). München: DJI.

Roßbach, H.-G. (2008). Vorschulische Erziehung. In K. S. Cortina, J. Baumert, A. Leschinsky, K. U. Mayer & L. Trommer (Hrsg.), Das Bildungswesen in der Bundesrepublik Deutschland. Strukturen und Entwicklungen im Überblick (S. 283-323). Reinbek: Rowohlt.

Schäfer, G. E. (2006). Der Bildungsbegriff in der Pädagogik der frühen Kindheit. In L. Fried & S. Roux (Hrsg.), Pädagogik der frühen Kindheit. Handbuch und Nachschlagewerk (S. 33-44). Weinheim: Beltz.

Schick, A. & Cierpka, M. (2007). Gewaltprävention in Kindergarten und Grundschule mit Faustlos. In M. Gollwitzer, J. Pfetsch, V. Schneider, A. Schulz, T. Steffke & C. Ulrich, (Hrsg.), Gewaltprävention bei Kindern und Jugendlichen. Aktuelle Erkenntnisse aus Forschung und Praxis (S. 158-169). Göttingen: Hogrefe.

Schweinhart, L. J., Montie, J., Xiang, Z., Barnett, W. S., Belfield, C. R. & Nores, M. (2005). Lifetime effects. The High/Scope Perry Preschool Project through age 40. Ypsilanti: High/Scope Press.

Steinweg, A. S. (2007). Mathematisches Lernen. In Stiftung Bildungspakt Bayern (Hrsg.), Das KiDZ-Handbuch. Grundlagen, Konzepte und Praxisbeispiele aus dem Modellversuch „KiDZ – Kindergarten der Zukunft in Bayern" (S. 137-203). Köln: Wolters Kluwer.

Sylva, K., Melhuish, E., Sammons P., Siraj-Blatchford, I., Taggard, B. & Elliot, K. (2004). The effective provision of pre-school education – Zu den Auswirkungen vorschulischer Einrichtungen in England. In G. Faust, M. Götz, H. Hacker& H.-G. Roßbach (Hrsg.), Anschlussfähige Bildungsprozesse im Elementar- und Primarbereich (S.154-167). Bad Heilbrunn: Klinkhardt.

Tietze, W. & Roßbach, H.-G. (1997). Der Situationsansatz: Von der pädagogischen Kampagne zum überprüfbaren pädagogischen Konzept? In H.-J. Laewen, K. Neumann, & J. Zimmer (Hrsg.), Der Situationsansatz - Vergangenheit und Zukunft. Theoretische Grundlagen und praktische Relevanz (S.199-207). Seelze-Velber: Kallmeyer'sche Verlagsbuchhandlung.

Tietze, W., Meischner, T., Gänsfuß, R., Grenner, K., Schuster, K.-M., Völkel, P. & Roßbach, H.-G. (Hrsg.). (1998). Wie gut sind unsere Kindergärten? Eine Untersuchung zur pädagogischen Qualität in deutschen Kindergärten. Neuwied: Luchterhand

Tietze, W. & Förster, C. (2005). Allgemeines pädagogisches Gütesiegel für Kindertageseinrichtungen. In A. Diller, H. R. Leu & T. Rauschenbach (Hrsg.), Der Streit ums Gütesiegel. Qualitätskonzepte für Kindertageseinrichtungen (S. 31-66). München: DJI.

Tietze, W., Roßbach, H.-G. & Grenner, K. (2005). Kinder von 4 bis 8 Jahren. Zur Qualität der Erziehung und Bildung in Kindergarten, Grundschule und Familie. Weinheim: Cornelsen Verlag Scriptor.

Viernickel, S. (2008). Reformmodelle für die Ausbildung des frühpädagogischen Fachpersonals. Zeitschrift für Erziehungswissenschaft, Sonderheft 11, 123-138.

Wolf, B., Becker, P. & Conrad, S. (Hrsg.). (1999). Der Situationsansatz in der Evaluation. Ergebnisse der Externen empirischen Evaluation des Modellvorhabens ‚Kindersituationen'. Landau: Verlag Empirische Pädagogik.

Zimmer, J. (Hrsg.). (1995). Vom Aufbruch und Abbruch. Über einige Desiderata der westdeutschen Kindergartenreform und des Situationsansatzes. Neue Sammlung, 34, 3-38.

Zimmer, J., Preissing, C., Thiel, T., Heck, A. & Krappmann, L. (1997): Kindergärten auf dem Prüfstand. Dem Situationsansatz auf der Spur. Seelze-Velber: Kallmeyer'sche Verlagsbuchhandlung.

Cornelia Gräsel & Kerstin Göbel

Unterrichtsqualität

▷ **Zusammenfassung**

In diesem Beitrag werden lerntheoretische Ansätze dargestellt, die der
Forschung zur Unterrichtsqualität zu Grunde liegen. Im Anschluss
wird die Prozess-Produkt-Forschung vorgestellt, auf deren Grundlage
einzelne für die Unterrichtsqualität zentrale Merkmale herausgearbeitet werden.

1 Einleitung und Überblick

Viele Wissenschaftler – und viele Lehrpersonen – sind von den eigenen
Vorstellungen der Unterrichtsgestaltung so überzeugt, dass sie diese auch
ohne empirisch begründbaren Erfolg im Unterricht einsetzen bzw. in Pu-
blikationen vertreten. Es gab und gibt also eine Neigung, Positionen zum
Unterricht mit einer gewissen Dogmatik zu vertreten. Ein zentrales Anliegen der Empirischen Bildungsforschung ist es, die Frage nach ‚gutem
Unterricht' auf der Basis empirischer Befunde zu beantworten. Es soll also
empirisch geklärt werden, welche Merkmale ein Unterricht aufweist, der
zu gewünschten Lernergebnissen führt.

▷ **Definition**

Empirische Bildungsforschung hat ein ergebnisorientiertes Verständnis von Unterrichtsqualität: Es sollen Merkmale für die Erreichung
bestimmter Lernziele identifiziert werden.

Ein besonderer Fokus liegt dabei auf dem fachlichen Lernerfolg von Schülern. Weinert et al. (1989, S. 899) sehen Unterrichtsqualität beispielsweise
als „jedes stabile Muster von Instruktionsverhalten, das als Ganzes oder
durch einzelne Komponenten die substantielle Vorhersage oder Erklärung
von Schulleistung ermöglicht". Ein weiteres wichtiges Ziel, das ‚guter Unterricht' erreichen soll, ist die Motivation von Schülern: Zum einen sollte
die intrinsische Motivation bzw. das Interesse an den jeweiligen Inhalten
unterstützt und gefördert werden (Krapp, 1999). Zum anderen wird es als

eine Aufgabe von Unterricht gesehen, die Leistungsmotivation der Lernenden zu unterstützen, also die Bereitschaft und Fähigkeit, sich für Leistungsziele anzustrengen – auch wenn sie sich in Konkurrenz zu anderen Zielen befinden (vgl. Kap. VI-4). Ein letztes Lernziel ‚guten Unterrichts‘, das in der Forschung berücksichtigt wird, ist überfachliche Kompetenz, beispielsweise Problemlösefähigkeit oder die Kompetenzen, die für ein selbstgesteuertes Lernen erforderlich sind (vgl. Kap. VI-3).

Relativität von Unterrichtsqualität

Das Verständnis, Unterrichtsqualität über die Ergebnisse bei den Schülern zu erfassen, ist in der Empirischen Bildungsforschung weit verbreitet. In diesem Beitrag wird mit der Prozess-Produkt-Forschung das klassische Forschungsparadigma vorgestellt, das diesem Ansatz folgt. Dieses Konzept von Unterrichtsqualität ist allerdings zu relativieren: In anderen wissenschaftlichen Disziplinen und in anderen gesellschaftlichen Kontexten werden andere Qualitätsbegriffe verwendet. Beispielsweise wird es in der kritisch-konstruktiven Didaktik als zentral angesehen, inwieweit im Unterricht Allgemeinbildung durch die Behandlung epochaltypischer Schlüsselprobleme (z.B. Frieden, Umwelt, Demokratisierung) berücksichtigt wird (Klafki, 1991). Was als ‚qualitativ hochwertig‘ eingeschätzt wird, hängt davon ab, welche Personengruppe auf der Basis welcher Wertvorstellungen bzw. welchen Gesellschaftsbildes beurteilt, welche Ziele das Bildungswesen bzw. der Unterricht vorrangig erreichen sollen. Unterrichtsqualität kann also mit durchaus verschiedenen Maßstäben beurteilt werden, die jeweils unterschiedlich begründet und hergeleitet werden können.

2   Lerntheoretische Ansätze als Grundlage der Analyse von Unterrichtsqualität

Welche Merkmale in der Unterrichtsforschung berücksichtigt wurden, ist von den Lerntheorien abhängig, die zu einer bestimmten Zeit jeweils verbreitet sind. Es lassen sich – stark vereinfacht – drei lerntheoretische Richtungen unterscheiden, die die internationale Forschung zur Unterrichtsqualität stark beeinflusst haben (vgl. ausführlich Kap. VI-1).

Behavioristische Lerntheorien

Behavioristische Lerntheorien bis Ende der 1970er Jahre fokussierten in der Unterrichtsforschung die Frage, welche gut erkennbaren Verhaltensweisen von Lehrern (z.B. Wartezeit nach Fragen, positive Verstärkung von Schüleräußerungen) und Unterrichtsmerkmalen einen Zusammenhang zum Lernerfolg aufweisen (Carroll, 1963; Bloom, 1976).

Kognitivistische Lerntheorien

Kognitivistische Lerntheorien berücksichtigen in ihren Ansätzen die Erkenntnisse der Kognitions- und Gedächtnisforschung, die Ende der 1970er Jahre in der Psychologie an Bedeutung gewannen. Die entwickelten Unterrichtsmodelle – man spricht auch von ‚Instructional Design‘ (Reinmann-Rothmeier & Mandl, 2001) – berücksichtigen vor allem, wie die Sequenzierung und Präsentation von Inhalten auf das Vorwissen abgestimmt werden kann. Wichtige Elemente von ‚gutem Unterricht‘ sind eine klare Struktur,

zu Beginn gegebene Überblicke über das zu Lernende, Zielklarheit und die
Kontrolle des Lernfortschritts. Dabei besteht insgesamt eine Vorstellung
vom Unterricht als planbare Gestaltung des ‚Wissenstransports' von den
Lehrenden zu den Lernenden.

Diese ‚Lehrlastigkeit' war einer der Hauptkritikpunkte aus der Sicht konstruktivistischer Lerntheorien, die Ende der 1980er bis Anfang der 1990er
Jahre an Bedeutung gewannen (Gerstenmaier & Mandl, 1995). Ein zweiter
Kritikpunkt war die fehlende Berücksichtigung der Lernsituation in den
kognitivistischen Ansätzen (Resnick, 1987). Eine zentrale Annahme konstruktivistischer Theorien ist die Situations- und Kontextgebundenheit des
Wissenserwerbs. Was gelernt wird, ist eben auch stark davon abhängig, mit
welchen Werkzeugen (Texten, Filmen, multimedialen Lernprogrammen)
und in welchen Lerngemeinschaften (mit welchen Mitlernenden, welchen
Lehrenden) Kompetenzen erworben werden. In konstruktivistischen Ansätzen wurden auf der Basis dieser Grundannahmen Lernumgebungen entwickelt, die die Konstruktion von Wissen durch die Lernenden in den Mittelpunkt stellten (Cognition and Technology Group at Vanderbilt, 1997).
Ausgangspunkt für das Lernen sind hier realitätsnahe, authentische Probleme, die von den Lernenden weitgehend selbstgesteuert bearbeitet werden.
Weitere Kennzeichen dieser Lernumgebungen sind die große Bedeutung
des Lernens in Gruppen sowie die Berücksichtigung verschiedener Perspektiven auf ein Inhaltsgebiet, die beispielsweise durch fächerübergreifen-
des Lernen realisiert werden kann.

Die empirische Untersuchung der Frage, welche Art des Unterrichts
wirklich zu positiven Lernergebnissen führt, war ein zentrales Anliegen der
Prozess-Produkt-Forschung, die im nächsten Abschnitt vorgestellt wird.

*Konstruktivistische
Lerntheorien*

3 Unterrichtsqualität in der Prozess-Produkt-Forschung

Das bekannteste und wichtigste Forschungsparadigma zur Unterrichtsqualität ist das der Prozess-Produkt-Forschung (Gage & Needels, 1989; Shuell, 1996). Die Grundidee dieses Paradigmas besteht darin, nach Merkmalen im Unterrichtsprozess zu suchen (z.B. Klarheit, Verständlichkeit), die
mit guten Unterrichtsergebnissen zusammenhängen. Die Produkte werden
durch Zielkriterien erfasst. In der Regel werden Schulleistungen mit standardisierten Tests gemessen. Der Zusammenhang zwischen Prozessen und
Produkten wird dann durch korrelative Analysen zwischen den Merkmalen
des Unterrichts und dem Zielkriterium (z.B. Leistungszuwachs innerhalb
eines Schuljahres) berechnet. Obwohl dieses Paradigma auch vielfältig kritisiert wurde, entstammen ihm eine breite Fülle an Untersuchungen mit
zum Teil stabilen Ergebnissen, die im Folgenden dargestellt werden (Ditton, 2002).

*Merkmale des
Unterrichts und
Schulleistungen*

3.1   Geschichte der Prozess-Produkt-Forschung

Mastery Learning Bereits in der Unterrichtsforschung, die theoretisch vom Behaviorismus geprägt war, wurden lernförderliche Unterrichtsmerkmale untersucht. Carroll (1963) war wohl der erste, der Unterrichtsqualität als Einfluss schulischer Lernangebote auf die Lernergebnisse von Schülern beschrieben hat (Einsiedler, 1997). Ausgangspunkt seines Modells des ‚Mastery Learning' war die Analyse des Schulversagens im amerikanischen Schulsystem, für das Carroll drei Ursachen ausmacht:

1. die Benachteiligung sozial schwacher Schüler;

2. die strengen Zeitvorgaben, die sich an den mittleren Lerngeschwindigkeiten orientieren;

3. die Verwendung der Normalverteilung, also der Bezugsnorm innerhalb von Klassen oder Schulen, bei der Notengebung.

Zentral für den Lernerfolg sind im Modell von Carroll das Verhältnis der Lernzeit, die ein Schüler benötigt, um sich Unterrichtsinhalte anzueignen, und der Lernzeit, die ihm dafür zur Verfügung gestellt wird. Die benötigte Lernzeit ist dabei sowohl von den kognitiven Lernvoraussetzungen der Schüler abhängig als auch von Merkmalen des Unterrichts, insbesondere der Verständlichkeit, der Anordnung der Lerninhalte und der Berücksichtigung der unterschiedlichen Voraussetzungen der Lernenden.

Bloom (1976), ein weiterer ‚Gründungsvater' der Unterrichtsforschung, fokussiert in seinen Analysen der Unterrichtsqualität darauf, wie es Schülern gelingen kann, ihre Schwierigkeiten im Lernprozess zu überwinden. Dies ist einerseits von den (kognitiven und motivationalen) Lernvoraussetzungen abhängig, andererseits von der Qualität des Unterrichtsangebots, beispielsweise von Strukturierungshinweisen oder Rückmeldungen der Lehrperson an die Schüler.

Does teaching make a difference? In den 1980er Jahren nahm Walberg (1981) in sein theoretisches Modell zur Erklärung von Lernleistungen die Dimension ‚Unterrichtsqualität' auf. Er untersuchte, wie gut sich die Unterschiede in den Lernleistungen der Schüler durch Unterrichtsqualität erklären lassen. Die Frage „Does teaching make a difference" (Brophy & Good, 1986) wurde für die Unterrichtsforschung insgesamt bestimmend. Die Befunde der 1970er und 1980er Jahre zu dieser Frage waren nicht einheitlich. Generell erwiesen sich aber einige Merkmale als bedeutsam, etwa ein strukturierter Unterrichtsaufbau und regelmäßige Rückmeldungen an die Schüler. Diese Ergebnisse stehen auch mit den theoretischen Grundlagen der damaligen Zeit in Einklang, also den Merkmalen, die in frühen kognitiv orientierten Instruktionsansätzen – beispielsweise der direkten Instruktion – begründet wurden.

Mittlerweile ist die Literatur zu ‚Teaching Effectiveness' sehr umfangreich. Zahlreiche Studien und Metaanalysen gehen der Frage nach, welche Unterrichtsmerkmale die Steigerung von Lernergebnissen bedingen. Diese anhaltende Attraktivität der Prozess-Produkt-Forschung ist u.a. mit der hohen Praxisrelevanz ihrer Ergebnisse zu erklären: Aus einer pädagogischen

Perspektive sind Merkmale der Unterrichtsqualität leichter veränderbar als Merkmale der Lehrerpersönlichkeit, die Eingangsvoraussetzungen oder gar das häusliche Umfeld der Lernenden. Mit dieser Forschung war und ist daher die Hoffnung verbunden, relevantes Wissen für die Verbesserung des Bildungssystems zu erhalten.

3.2 Kritik an der Prozess-Produkt-Forschung und ihre Weiterentwicklungen

Ein Kritikpunkt an der Prozess-Produkt-Forschung war und ist, dass die jeweils untersuchten Unterrichtsmerkmale eher theorielos ausgewählt und induktiv zusammengestellt werden. Zudem wird kritisiert, zu stark auf den Einfluss einzelner Merkmale geachtet zu haben, und Interaktionen bzw. Muster guten Unterrichts zu wenig zu analysieren. Auch wird hinterfragt, ob die gefundenen Zusammenhänge zwischen Unterricht und Lernergebnissen überhaupt kausal interpretiert werden können.

Theorieloses Vorgehen

Diese Kritikpunkte werden auch deshalb geäußert, weil die empirischen Befunde nicht konsistent sind, und die Effekte des Unterrichts auf die Lernleistung generell geringer ausfallen als erwartet. Eine Ursache dafür ist die zu geringe Beachtung von Kontextfaktoren. Beispielsweise kann ein ähnliches Lehrerverhalten (etwa kontrollierendes Verhalten) entweder positive oder negative Auswirkungen auf die Schülerleistungen haben – in Abhängigkeit von Kontextmerkmalen wie der Zusammensetzung der Schulklasse oder der Einbettung der Kontrolle in das Unterrichtsgeschehen (Helmke & Weinert, 1997). Die Notwendigkeit, den Kontext des Unterrichts stärker zu berücksichtigen, war in den letzten Jahren ein zentrales Argument dafür, die Forschungsmethodik zu erweitern.

Inkonsistente Befunde

▷ **TIMSS-Videostudie zur Unterrichtsqualität**

Im Rahmen der TIMS-Studie wurden in Japan, den USA und Deutschland Unterrichtsstunden in der Mathematik aufgezeichnet und hinsichtlich ihrer Unterrichtsqualität untersucht (Stigler et al., 2000). Ziel war es, anhand der Analyse von auf Video aufgezeichneten Mathematikstunden zu untersuchen, welche ,Unterrichtsskripts' Lehrpersonen anwenden. Unterrichtsskripts werden dabei als kulturspezifische routinisierte Handlungsmuster – quasi als ,Drehbücher für Unterricht' – verstanden, die im Verlauf der Ausbildung und des beruflichen Handelns erworben werden. In Deutschland zeigte sich die Dominanz eines fragend-entwickelnden Unterrichts, der relativ eintönig angewendet wird und keine optimale Unterstützung von kognitiven Lernprozessen bietet. Diese Analysen gaben Hinweise auf eine weit verbreitete Methodenarmut im deutschen Unterrichtsalltag (Klieme et al., 2002).

Insbesondere in den USA haben qualitative Forschungsarbeiten, beispielsweise Fallstudien, eine große Bedeutung gewonnen, die die Lernprozesse

Methodische Weiterentwicklungen

einzelner Personen oder Klassen detailliert analysieren und in Beziehung zum Kontext des jeweiligen Unterrichts setzen. Eine zweite methodische Erweiterung der Unterrichtsforschung besteht in der Nutzung von Unterrichtsvideos (Stigler et al., 2000), die in empirischen Studien aufgezeichnet und ausgewertet werden. In Deutschland wurde die Methode der Videographie durch die Analysen im Rahmen der TIMS-Studie zum Mathematikunterricht bekannt und wird seither in vielen Fächern und Forschungsprojekten verwendet (siehe Kasten ‚TIMSS-Videostudie').

Die Wahl der Forschungsmethoden bei Studien zur Unterrichtsqualität ist für die Ergebnisse nicht unerheblich. Seidel und Shavelson (2007) zeigen in ihrer Meta-Analyse, dass in experimentellen Studien die Effekte des Unterrichts auf die Lernleistung deutlicher nachgewiesen werden können als in korrelativen Studien. Von den verschiedenen Erhebungsmethoden können Beobachtungsdaten eindeutigere Effekte aufzeigen als schriftliche Befragungen von Schülern (vgl. Kap. III-6).

Theoretische Weiterentwicklungen

Nicht nur methodisch, sondern auch theoretisch hat sich die aktuelle Unterrichtsforschung gegenüber dem klassischen Prozess-Produkt-Paradigma weiterentwickelt: Zum einen hat die Entwicklung von behavioristischen über kognitivistischen zu konstruktivistischen Lerntheorien dazu geführt, dass mehr und lernwirksamere Merkmale des Unterrichts beachtet werden. Zum anderen wird im mittlerweile weit verbreiteten Angebot-Nutzungs-Modell nicht mehr von einer einfachen Ursache-Wirkungs-Beziehung zwischen Unterrichtsangebot und Lernerfolg ausgegangen. Vielmehr wird der Unterricht als Angebot gesehen, der je nach Lernvoraussetzungen von den Schülern genutzt werden kann (Helmke, 2004). In diesen Modellen werden mit Merkmalen der Klasse, der Schule und des außerschulischen Umfeldes – etwa der Familie – auch weitere Merkmalsdimensionen berücksichtigt, die sich auf die Unterrichtsqualität auswirken.

4   Fachübergreifende lernförderliche Unterrichtsmerkmale

Zentrale Merkmale der Unterrichtsqualität

Auch wenn der Forschungsstand nicht ganz einheitlich ist, so zeichnen sich doch einige Unterrichtsmerkmale ab, die als wichtig für eine hohe Unterrichtsqualität gelten, weil sie gewährleisten, dass Schüler Gelegenheit zum erfolgreichen Lernen erhalten. Welche Merkmale in zusammenfassenden Werken hervorgehoben werden, variiert um einen festen Kern von Merkmalen von Autor zu Autor (Ditton, 2002; Hattie, 2009; Helmke, 2004; Meyer, 2004). Wir konzentrieren uns in dieser Übersicht auf die acht folgenden Merkmale und beziehen uns dabei sowohl auf Ergebnisse der klassischen Prozess-Produkt-Forschung als auch auf neuere Ansätze der Unterrichtsforschung:

   ◦   *Hoher Anteil aktiver Lernzeit.* Eine Voraussetzung für hohen Lernerfolg, die seit der frühen Unterrichtsforschung betont wird, ist ausreichende Lernzeit. Dass sich ein hoher Anteil echter Lernzeit an einer Unterrichtsstunde positiv auf das Lernergebnis auswirkt, ist einer der am häufigsten replizierten Befunde der Unterrichtsforschung. Ebenso bekannt ist allerdings, dass es beträchtliche Unterschiede zwischen Lehrpersonen gibt, wie sie die Unterrichtszeit in aktive Lernzeit umsetzen.

○ *Classroom Management.* Unter gutem ‚Classroom Management‘ wird ein Unterricht verstanden, in dem möglichst wenige Unterrichtsstörungen bzw. Disziplinprobleme auftreten. Die wichtigsten Ergebnisse von Kounin (1976) zum Classroom Management sind bis heute gültig: Wenige Unterrichtsstörungen sind Ergebnis eines präventiven Lehrerverhaltes, durch das die Aufmerksamkeit der Schüler gesichert wird, und nicht Ergebnis der Verwendung besonders effektiver Sanktionen. Beispiele für ein Lehrerverhalten, das mit einem hohen Ausmaß an Classroom Management einhergeht, sind: Allgegenwärtigkeit (‚alles im Blick haben‘, ‚hinten Augen haben‘), Schwung in den Übergängen (keine unnötigen Verzögerungen zwischen Arbeitsphasen) und Gleichzeitigkeit von Lehrtätigkeiten (‚Multitasking‘, z.B. gleichzeitig mit einem Schüler sprechen und einen weiteren nonverbal ermahnen).

Wenig Störungen des Unterrichts

○ *Rückmeldungen an Schüler.* Auch bei einem frontal geführten Unterricht erweist es sich als lernförderlich, wenn Schüler Aufgaben bearbeiten und auf die Lösung dieser Aufgaben Feedback erhalten. Wie Feedback besonders unterstützend gestaltet werden kann, hängt u.a. von der Art der Aufgabe ab. Bei einfachen Faktenfragen (z.B. „Was ist die Hauptstadt von Frankreich?") ist es ausreichend, bei einem Fehler die korrekte Antwort zu präsentieren. Wo es sinnvoll ist, soll das Feedback Informationen darüber geben, warum eine Antwort fehlerhaft ist bzw. Hinweise darauf, wie eventuelle Verstehensprobleme behoben werden können. Rückmeldungen sind nicht nur unter einer kognitiven, sondern auch unter einer motivationalen Perspektive von enormer Bedeutung. Die Rückmeldung sollte so gestaltet sein, dass Lernende sich als entwicklungsfähig erleben und ihnen kein Gefühl mangelnder Begabung vermittelt wird (Ziegler & Schober, 1997). In jedem Fall ist es ein schwerer pädagogischer Kunstfehler, Lernende in Rückmeldungen persönlich oder in ihren generellen fachlichen Fähigkeiten (z.B. „Das lernst Du nie!") abzuwerten.

Informatives Feedback

○ *Verständnisorientierung.* Empirische Studien weisen darauf hin, wie wichtig es ist, Schülern im Unterricht Gelegenheit für ein Verstehen der Inhalte zu geben. In der klassischen Prozess-Produkt-Forschung hat man vor allem Merkmale der Interaktion analysiert. Neben der Bedeutung verständnisorientierter Fragen war das vor allem die Wartezeit, die nach einer Frage folgt (und die bei etwas komplexeren Fragen mehrere Sekunden betragen sollte). In neueren Studien wird vor allem die Auswahl und Präsentation von Aufgaben als zentral für die Verständnisorientierung thematisiert. Nicht nur im Unterricht, sondern auch in

Auswahl und Präsentation von Aufgaben

den Hausaufgaben sollten Aufgaben verwendet werden, die nicht nur Wiederholen und Üben ermöglichen, sondern die Inhalte vernetzen, die Problemlösen erfordern oder eine Anwendung von Gelerntem auf neue Fragestellungen (Transferaufgaben; Klieme et al., 2001). Bei der Auswahl bzw. Gestaltung von Aufgaben ist zudem darauf zu achten, Lernende darin zu unterstützen, verschiedene Repräsentationssysteme zu nutzen (z.b. Texte, Bilder, Animationen) (vgl. Kap. VI-1).

Roter Faden des Unterrichts

○ *Strukturiertheit und Klarheit des Unterrichts.* Damit ist zunächst der ‚rote Faden' gemeint, also der innere Zusammenhang, in dem die Sequenzen des Unterrichts aufeinander folgen. Eine zentrale Voraussetzung für die Strukturiertheit und Klarheit ist es, das Vorwissen der Schüler zu berücksichtigen. Lehrpersonen müssen dazu in der Lage sein, sich eine möglichst präzise Vorstellung vom Vorwissen ihrer Schüler zu machen und dabei die Heterogenität der Lernvoraussetzungen beachten. Zudem sollten Fehlkonzepte, also fehlerhafte Vorstellungen von Schülern, im Unterrichtsverlauf berücksichtigt und thematisiert werden (Rosenshine & Stevens, 1986; Wang et al., 1993).

Herausforderungen sinnhaft gestalten

○ *Transparente und hohe Leistungsanforderungen.* Leistungsanforderungen, die an Schüler herangetragen werden, sollten möglichst transparent sein. Diese bilden ein organisierendes Gerüst, an dem sich die Lernenden orientieren können, und deren Klarheit auch motivierend wirkt („Wozu lerne ich das eigentlich?"). Zudem ist es der Leistungsentwicklung zuträglich, wenn Leistungsanforderungen so formuliert werden, dass sie herausfordernd für die Lernenden sind. Das ist sinnvoll, weil Studien gezeigt haben, dass hohe Erwartungen das Selbstkonzept und die Lernmotivation von Schülern unterstützen (Ludwig, 2001). Allerdings ist sorgfältig darauf zu achten, keine Überforderung bei den Schülern auszulösen.

Passung von Methode und Schülervorwissen

○ *Variabilität von Unterrichtsformen.* Insgesamt wurde in vielen Studien deutlich, dass keine spezifische Unterrichtsmethode dafür ausschlaggebend ist, wie viel gelernt wird. Lehrer müssen sich vielmehr ein breites Repertoire an Unterrichtsmethoden aneignen, das sie anforderungsgerecht einsetzen. Die jeweils gewählte Methode muss dabei auf die Voraussetzungen der Lernenden (wenig Vorwissen erfordern beispielsweise eher vermittelnde, strukturierende Methoden), den Inhalt und die Lernziele abgestimmt sein. In der Methodenvielfalt sollten auch kooperative Lernformen berücksichtigt werden. Studien weisen darauf hin, dass Unterricht, der Gruppenarbeit beinhaltet, lernförderlicher ist, als Unterricht, der darauf gänzlich verzichtet (Hattie, 2009).

Positives Klassenklima

○ *Lehrer-Schüler-Beziehung.* Neben fachlichen Aspekten sind auch sozial-emotionale Unterrichtsmerkmale für den Lernerfolg von Bedeutung. Das Klima in der Klasse und die Motivierungsqualität des Unterrichts sind für die Lern- und vor allem für die Interessensentwicklung der Schüler bedeutsame Faktoren (Muijs & Reynolds, 2005). Das positive Verhältnis zwischen Lehrpersonen und Schülern steht für das Klima im Unterricht, und ihm wird vor allem im Hinblick auf die intrinsische Lernmotivation große Bedeutung beigemessen (Einsiedler, 1997). Ein unterstützendes Klima und eine positive Lehrer-Schüler-Beziehung sind auch für die Entwicklung des Selbstwertgefühls von Bedeutung.

5   Fachspezifische Betrachtung von Unterrichtsqualität

Welche Unterrichtsmerkmale die Lernprozesse von Schülern unterstützen und damit zu guten Lernergebnissen führen, ist auch von den jeweiligen Fachinhalten geprägt. Die Meta-Analysen von Wang et al. (1993) sowie Seidel und Shavelson (2007) weisen beispielsweise darauf hin, dass fachliche und inhaltsbezogene Faktoren des Unterrichts eine wichtige Rolle für die Erklärung von Schülerleistungen spielen. Neben allgemeinen Merkmalen der Unterrichtsqualität werden auch in der Forschung, insbesondere in der fachdidaktischen Forschung, fachspezifische Aspekte der Unterrichtsqualität zunehmend untersucht.

Domänenspezifisches Lernen

Die internationale wie die deutsche Unterrichtsforschung hat sich insbesondere mit dem Mathematikunterricht (Klieme et al., 2002) und dem Lernen in Naturwissenschaften befasst (Fischer et al., 2005). Dies liegt zum einen daran, dass der Kompetenzerwerb in diesen Fächern besonders schwierig ist und viele Lernende motivationale Schwierigkeiten mit diesen Fächern haben. Zudem haben diese Fächer eine besonders große Bedeutung für die wissenschaftliche und ökonomische Entwicklung von Gesellschaften. Da diese Beispiele an vielen Stellen erörtert werden, greifen wir mit dem Englischunterricht ein anderes Fach auf.

Beispiel – Lernen im Englischunterricht

Im Rahmen des Projektes ‚Deutsch-Englisch-Schülerleistungen International' (im Folgenden: DESI) wurde eine Videostudie zum Englischunterricht durchgeführt, die zum Ziel hatte, Unterrichtspraxis im Englischunterricht zu beschreiben und zu analysieren (DESI-Konsortium, 2008). Als Variablen des Lernerfolgs, mit dem die Unterrichtsmaße in Beziehung gesetzt wurden, dienten Ergebnisse in Sprachtests und in Tests zur interkulturellen Sensibilität (Göbel & Hesse, 2008; Helmke et al., 2008). In den teilnehmenden Klassen wurden jeweils zwei Unterrichtsstunden auf Video aufgezeichnet. Betrachtet man, welche Unterrichtsmerkmale mit den Hörverstehensleistungen der Schüler verbunden sind, ergibt sich folgendes Bild (Helmke et al., 2008): In erfolgreichen Klassen kommen Lernende häufiger zum Sprechen, Englisch ist die überwiegende Unterrichtssprache und die Lehrpersonen warten mindestens drei Sekunden, wenn sie eine Frage gestellt haben, bevor sie Hilfestellungen geben, die Frage selbst beantworten oder andere Schüler fragen. Längere Dialoge zwischen Lehrperson und Schülern sind häufiger und die Lernenden erhalten häufiger die Gelegen-

Bedingungen guten Fachunterrichts

heit, ihre Fehler selbst zu korrigieren. Eine intensive Zeitnutzung, eine ausgeprägte Aufgabenorientierung, Störungsfreiheit im Unterricht, ein positives Fehlerklima und ein hohes Schülerengagement im Unterricht wirken sich ebenfalls positiv auf die Hörverstehensleistung aus. Im Hinblick auf die interkulturellen Lernergebnisse zeigen Mehrebenenanalysen, dass Lernende, die von Lehrpersonen mit vielfältigen interkulturellen Erfahrungen unterrichtet werden, in den Tests zur interkulturellen Kompetenz besser abschneiden, als Lernende von Lehrpersonen mit wenig interkultureller Erfahrung. Darüber hinaus sind allgemeine Qualitätsdimensionen des Unterrichts, wie eine gute Klassenführung und ein positiver Umgang mit Schülerfehlern für die Vermittlung interkultureller Lerninhalte wichtig (Göbel & Hesse, 2008).

6   Fazit

In der Forschung zur Unterrichtsqualität wurden mittlerweile zahlreiche Merkmale herausgearbeitet, die unabhängig vom Fach den Kompetenzerwerb und die Motivationsentwicklung von Schülern unterstützen. Daneben finden fachspezifische Merkmale erfolgreichen Unterrichts immer mehr Beachtung. Aus der Perspektive der Empirischen Bildungsforschung ist es zentral, die jeweiligen Merkmale der Unterrichtsqualität nicht nur theoretisch zu postulieren, sondern empirisch nachzuweisen.

▷ **Weiterführende Literatur**

Gräsel, C. & Mandl, H. (2007). Qualitätskriterien von Unterricht: Ein zentrales Thema der Unterrichts- und der Lehr-Lern-Forschung. In H. J. Apel & W. Sacher (Hrsg.), Studienbuch Schulpädagogik (S. 241-260). Bad Heilbrunn: Klinkhardt.
Hattie, J. (2009). Visible learning: A synthesis of over 800 meta-analyses relating to achievement. London: Routledge.
Helmke, A. (2009). Unterrichtsqualität und Lehrerprofessionalität. Seelze: Kallmeyer.

Literaturverzeichnis

Baumert, J., Bos, W. & Lehmann, R. (Hrsg.). (2000). Dritte internationale Mathematik- und Naturwissenschaftsstudie. Mathematische und naturwissenschaftliche Bildung am Ende der Schullaufbahn. Opladen: Leske + Budrich.
Baumert, J., Klieme, E., Neubrand, M., Prenzel, M., Schiefele, U. & Schneider, W. (Hrsg.). (2001). PISA 2000. Basiskompetenzen von Schülerinnen und Schülern im internationalen Vergleich. Opladen: Leske + Budrich.

Bloom, B. S. (1976). Human characteristics and school learning. New York: Mc-Graw Hill.

Brophy, J. E. & Good, T. L. (1986). Teacher behavior and student achievement. In M. C. Wittrock (Hrsg.), Handbook of Research on Teaching (S. 328-377). New York: Macmillan Publishing.

Carroll, J. B. (1963). A model of school learning. Teachers College Record, 64, 723-733.

Cognition and Technology Group at Vanderbilt (1997). The Jasper Project: Lessons in curriculum, instruction, assessment, and professional development. Mahwah: Erlbaum.

Ditton, H. (2002). Unterrichtsqualität - Konzeptionen, methodische Überlegungen und Perspektiven. Unterrichtswissenschaft, 30, 197-212.

Einsiedler, W. (1997). Unterrichtsqualität und Leistungsentwicklung: Literaturüberblick. In W. Weinert & A. Helmke (Hrsg.), Entwicklung im Grundschulalter (S. 225-251). Weinheim: PVU.

Fischer, H. E., Klemm, K., Leutner, D., Sumfleth, E., Tiemann, R. & Wirth, J. (2005). Framework for empirical research on science teaching and learning. Journal of Science Teacher Education, 16, 309-349.

Gage, N. L. & Needels, M. (1989). Process-product research on teaching: A review of criticisms. The Elementary School Journal, 89, 253-300.

Gerstenmaier, J. & Mandl, H. (1995). Wissenserwerb unter konstruktivistischer Perspektive. Zeitschrift für Pädagogik, 41, 867-888.

Göbel, K. & Hesse, H. G. (2008). Vermittlung interkultureller Kompetenzen im Englischunterricht. In DESI-Konsortium (Hrsg.), Unterricht und Kompetenzerwerb in Deutsch und Englisch (S. 398-410). Weinheim: Beltz.

Hattie, J. (2009). Visible learning: A synthesis of over 800 meta-analyses relating to achievement. London: Routledge.

Helmke, A. (2004). Unterrichtsqualität. Erfassen, bewerten, verbessern. Seelze: Kallmeyersche Verlagsbuchhandlung.

Helmke, A. & Weinert, F. E. (1997). Bedingungsfaktoren schulischer Leistungen. In F. E. Weinert (Hrsg.), Enzyklopädie der Psychologie (D3/I/3, Psychologie des Unterrichts und der Schule, S. 71-176). Göttingen: Hogrefe.

Helmke, T., Helmke, A., Schrader, F.-W., Wagner, W., Nold, G. & Schröder, K. (2008). Die Videostudie des Englischunterrichts. In DESI-Konsortium (Hrsg.), Unterricht und Kompetenzerwerb in Deutsch und Englisch. Ergebnisse der DESI-Studie (S. 345-365). Weinheim: Beltz.

Klafki, W. (1991). Neue Studien zur Bildungstheorie und Didaktik. Zeitgemäße Allgemeinbildung und kritisch-konstruktive Didaktik. Weinheim: Beltz.

Klieme, E., Schümer, G. & Knoll, S. (2002). Mathematikunterricht in der Sekundarstufe I. In BMBF (Hrsg.), TIMSS - Impulse für Schule und Unterricht. Forschungsbefunde, Reforminitiativen, Praxisberichte und Videodokumente (S. 42-57). Bonn: BMBF.

Kounin, J. S. (1976). Techniken der Klassenführung. Bern: Hans Huber.

Krapp, A. (1999). Intrinsische Lernmotivation und Interesse. Forschungsansätze und konzeptuelle Überlegungen. Zeitschrift für Pädagogik, 45, 387-406.

Ludwig, P. H. (2001). Erwartungseffekt. In D. H. Rost (Hrsg.), Handwörterbuch Pädagogische Psychologie (S. 132-137). Weinheim: PVU.

Meyer, H. (2004). Was ist guter Unterricht? Berlin: Cornelsen.

Muijs, D. & Reynolds, D. (2005). Effective teaching: Evidence and practice. London: Sage.

Reinmann-Rothmeier, G. & Mandl, H. (2001). Unterrichten und Lernumgebungen gestalten. In B. Weidenmann, A. Krapp, G. L. Huber, M. Hofer & H. Mandl (Hrsg.), Pädagogische Psychologie (S. 603-648). Weinheim: PVU.

Resnick, L. (1987). Learning in school and out. Educational Researcher, 16, 13-20.

Rosenshine, B. & Stevens, R. (1986). Teaching functions. In M. C. Wittrock (Hrsg.), Handbook of Research on Teaching (S. 376-391). New York: McMillan.

Seidel, T. & Shavelson, R. (2007). Teaching effectiveness research in the past decade: The role of theory and research design in disentangling meta-analysis results. Review of Educational Research, 77, 454-499.

Shuell, T. J. (1996). Teaching and learning in the classroom context. In D. C. Berliner & R. C. Calfee (Hrsg.), Handbook of Educational Psychology (S. 726-764). New York: Simon & Schuster Macmillan.

Stigler, J. W., Gallimore, R. & Hiebert, J. (2000). Using video surveys to compare classrooms and teaching across cultures: Examples and lessons from the TIMSS video studies. Educational Psychologist, 35, 87-100.

Walberg, H. (1981). A psychological theory of educational productivity. In F. H. Farley & N. J. Gordon (Hrsg.), Psychology and education (S. 214-229). Berkeley: McCutchan.

Wang, C. M., Haertel, G. D. & Walberg, H. (1993). Toward a knowledge base for school learning. Review of Educational Research, 63, 249-294.

Weinert, F. E., Schrader, F.-W. & Helmke, A. (1989). Quality of instruction and achievement outcomes. International Journal of Educational Research, 13, 895-914.

Ziegler, A. & Schober, B. (1997). Reattributionstraining. Regensburg: Roederer.

Hartmut Ditton & Andreas Müller

Schulqualität

▷ **Zusammenfassung**

In diesem Kapitel werden Modelle und Theorien zur Schulqualität
vorgestellt sowie der Forschungsstand zu relevanten Einflussfaktoren
diskutiert. Schulqualität wird als mehrdimensionales Konstrukt verstanden, bei dessen Bestimmung die Wechselbeziehung zu Kontext-,
Unterrichts- und Zielgruppenfaktoren berücksichtigt werden muss.

1   Einleitung

Qualität ist ein Schlagwort, das aktuelle Diskussionen in nahezu allen Ge-   Qualität, Effektivität
sellschaftsbereichen entscheidend mitprägt. Produkte müssen hochqualita-   und Effizienz
tiv sein, Prozesse effektiv und effizient. Auch im Schulkontext sind die drei
Begriffe Qualität, Effektivität und Effizienz zunehmend präsent. Auffällig
ist, dass die Frage, was Schulqualität überhaupt meint, wie sie beschrieben
oder bestimmt werden kann, oft nicht weiter erörtert wird. Weder besteht
eindeutig Konsens darüber, welche Ergebnisse schulisches Wirken anstre-
ben soll, noch welcher Weg die Realisierung dieser Ziele begünstigt.

Im Rahmen dieses Beitrags erfolgt zunächst eine begriffliche Annäherung an das Konstrukt Schulqualität im Bildungswesen. Die im Anschluss
vorgestellten Theorien und Modelle dienen als Strukturraster und Scha-
blone für die Darstellung des aktuellen Forschungsstandes zum Einfluss
der Schule auf die Leistungen der Schüler sowie zu relevanten schulischen
Qualitätsfaktoren. Im abschließenden Fazit wird sowohl die Bedeutung
systemischer Steuerungsinstrumente wie Bildungsstandards oder externe
Evaluationen, als auch der Stellenwert des innerschulischen Personals für
die Qualitätssicherung und -entwicklung an Schulen betont.

2   Der Begriff Schulqualität

Auf das lateinische ‚qualitas' zurückgehend bedeutet Qualität im engsten
Wortsinn Beschaffenheit, Güte oder Werthaltigkeit. Aus nüchtern-techni-

scher Sicht beschreibt die aktuelle DIN ISO 9000:2005 Qualität knapp als den „Grad, in dem ein Satz inhärenter Merkmale Anforderungen erfüllt" (Leonhard & Naumann, 2005, o.S.). Hinsichtlich der Realisierung gesetzter Ziele sind darüber hinaus die Begriffe Effektivität und Effizienz von Bedeutung. Effektivität bezeichnet die Genauigkeit und Vollständigkeit mit der ein Ziel erreicht wird. Effizienzüberlegungen betrachten das hierbei vorliegende Verhältnis von Kosten und Nutzen. Mit Blick auf Qualität ist eine parallele Berücksichtigung beider Aspekte notwendig. Es genügt demnach nicht, lediglich die passenden Maßnahmen hinsichtlich eines anvisierten Ziels durchzuführen, sondern diese müssen auch eine angemessene Relation von Aufwand und Ertrag aufweisen.

Der Qualitätsbegriff im Bildungswesen
Diese stark technisch-ökonomisch geprägte Begriffsbestimmung lässt sich nicht ohne weiteres auf das komplexe Bildungs- und Schulwesen übertragen. Harvey und Green (2000) unterscheiden Qualität hier nach fünf Bedeutungsgruppen: Den obigen Überlegungen nicht fern stehen die Ansätze *Zweckmäßigkeit* (Erfüllung von Anforderungen), *adäquater Gegenwert* (Effizienz) und *Perfektion* (Bündelung von Effektivität und Effizienz). Qualität kann darüber hinaus als Ausnahme, im Sinne von *Exklusivität und Exzellenz*, verstanden werden. Dem Bildungssektor nahe ist der Ansatz der *Transformation*. Qualität in diesem Sinn umschreibt die Weiterentwicklung von Personen durch eine Institution, Maßnahme oder Intervention, die durch einen Zugewinn an Wissen oder Kompetenzen deutlich wird. Mit dem Ziel der Ermächtigung (‚Empowerment') und Selbstbestimmung der Teilnehmer ist hier eine Schnittstelle zu aktuellen Konzepten des Bildungsbegriffs gelegt (Klafki, 1996). Die Vielschichtigkeit des Qualitätsbegriffs in der Erziehungswissenschaft wird auch in einer Definition von Dubs (2003, S. 15) deutlich:

▷ **Definition**

Qualität ist die „bewertete Beschaffenheit eines Bildungssystems, einer Schule oder einer Klasse, gemessen an den in einem politischen Aushandlungsprozess gefundenen Ansprüchen und Zielvorstellungen aller am Bildungswesen interessierten Gruppierungen und Personen."

Kritische Aspekte der Bestimmung von Qualität
Die genannten Definitionen verweisen auf einige kritische Aspekte der Qualitätsbestimmung im vorliegenden Kontext. Zunächst bleibt festzuhalten, dass unter Qualität keine allgemeingültige Eigenschaft eines Gutes, sondern ein situativ-, personal- und auch zeitrelationaler Begriff zu verstehen ist. Mit Bezug auf die Systematisierung von Harvey und Green (2000) lässt sich diese Relationalität dadurch greifbar machen, dass die einzelnen Bedeutungsgruppen immer einen bestimmten Bezugspunkt benötigen. Es stellt sich z.B. die Frage: Ausnahme, Perfektion oder Zweckmäßigkeit in Bezug auf welches Kriterium? Qualität ist also ein positiv besetztes „Container-Wort" (Lenzen, 1999, S. 141), das erst als Resultat von Bewertungsprozessen hinsichtlich der Beschaffenheit eines Objektes in Bezug

auf bestehende Erwartungen oder Anforderungen konkret mit Inhalt gefüllt werden kann (Böttcher, 2002, S. 91ff.). Diese Ansprüche können je nach Situation unterschiedlich ausfallen und auch innerhalb eines Systems bzw. einer Institution bei verschiedenen Personen oder Gruppierungen divergieren.

Vor allem im Bildungswesen ergibt sich hierbei eine oft normativ aufgeladene Gemengelage verschiedenster Zielvorstellungen und Erwartungshaltungen der beteiligten Gruppen. Im Zuge der zunehmenden Verbreitung internationaler und nationaler Schulvergleichsstudien (z.B. PISA oder VERA) bewegt sich die Qualitätsdiskussion im Bildungswesen zwischen folgenden beiden Polen (Ditton, 2009; Krautz, 2007):

Humanistische Ansätze vs. funktionalistische Perspektive

> **Merksatz**
>
> Humanistische Ansätze propagieren im Sinne Wilhelm von Humboldts als Ziel von Bildungsprozessen die allgemeine Entwicklung aller menschlichen Kräfte. Vertreter einer funktionalistischen Perspektive stellen mehr auf die wirtschaftliche Nutzbarkeit erworbener Qualifikationen und Kompetenzen sowie die Effektivität und Effizienz von Bildungsinhalten ab.

Die Bedeutung dieser Zieldiskussion im Kontext von Bildungsprozessen wird schon von Fend (1981, S. 377) in seiner Theorie der Schule hervorgehoben:

> „Den Zielpunkt einer Theorie der Schule bildet (…) die Antwort auf die Frage, wie schulische Wirklichkeit gestaltet sein soll und zu welchen innerschulischen und außerschulischen Zielen sie führen soll."

Die Debatte über die Ziele schulischen Wirkens wird in Folge der Diskussion über das Abschneiden des deutschen Schulsystems bei den ersten Erhebungsrunden von TIMSS und PISA durch die Konzentration auf länderübergreifende Bildungsstandards bestimmt (vgl. Kap. V-4). Mittels der im Jahr 2003 von der Kultusministerkonferenz der Länder der Bundesrepublik Deutschland (KMK, 2005) beschlossenen und mittlerweile sukzessive eingeführten kompetenzorientierten Bildungsstandards liegen konkrete Operationalisierungen vor, die systematisierte Zielvorgaben schulischen Handelns benennen (Klieme et al., 2003, vgl. Kap. V-4). Hinsichtlich der Erreichung der anvisierten Ziele und Standards bleibt zu beachten, dass die Teilnehmer von Bildungsmaßnahmen nicht nur als Abnehmer fertig geschnürter Wissenspakete angesehen werden können. Sie sind vielmehr aktive Initiatoren und Koproduzenten von Bildungsprozessen und bestimmen die Zielerreichung zu einem Großteil mit. Neben dem hohen Eigenanteil der Adressaten muss auch berücksichtigt werden, dass bei langfristigen Bildungsprozessen nicht nur Bildungsinstitutionen selbst Einfluss zukommt, sondern auch flankierenden Systemen wie der Familie, Vereinen oder gesellschaftlichen Ordnungen.

Ziele schulischen Wirkens

3   Modelle und Theorien zu Schulqualität

Das Kontext-Input-
Prozess-Output-
Modell

Die Forschung zur Schulqualität erfolgt bislang insofern unsystematisch, als die auf empirischen Untersuchungen basierende Suche nach bedeutsamen Einzelvariablen von Schulqualität ein konsistent modellgeleitetes Vorgehen weitgehend überwiegt. Dies spiegelt sich beispielsweise in unterschiedlichen Operationalisierungen von Modellkomponenten (Kyriakides, 2008) oder einer beinahe unüberschaubaren Anzahl von erhobenen Einzelvariablen wider (Scheerens & Bosker, 1997). Etabliert haben sich mittlerweile einige Ansätze, die zwar weniger als Theorie zur Schulqualität zu bezeichnen sind, die aber doch als Strukturraster zur analytischen Klärung von Beziehungen zwischen relevanten Einflussfaktoren herangezogen werden können. Eine erste grobe Analyseschablone liefert das Kontext-Input-Prozess-Output-Modell (OECD, 2005; Oelkers & Reusser, 2008), in dem, an die obigen Überlegungen anknüpfend, die Auswirkungen schulischen Handelns als Kristallisationspunkt von Bildungsprozessen fixiert werden. Enthalten sind in diesem Modell stark vereinfacht zwei grundlegende Dimensionen von Bildungssystemen:

Strukturelle und
dynamische
Dimension

∘ Die erste *strukturelle Dimension* stellt in vertikaler Richtung Schule als Mehrebenensystem dar. Kontextbedingungen (z.B. das Schulsystem) sowie spezifische Faktoren der Institution Schule, des konkreten Unterrichts, der Lehrerpersönlichkeit und Merkmale der Schüler tragen unter dieser Perspektive zu den resultierenden Wirkungen bei.

∘ Die zweite *dynamische Dimension* beschreibt in horizontaler Richtung die Transformation von Eingangsbedingungen (z.B. materielle Ressourcen, Lehrpläne) in erzielte Ergebnisse mittels schulinterner Bildungsprozesse.

Zur Ausdifferenzierung dieser beiden Dimensionen liegen konzeptuelle Ansätze auf höherer Detailstufe vor, die relevante Einflussfaktoren auf schulische Leistung zusammenfassen. Schematisch eng an das Modell angelehnt ist der aus zahlreichen Einzelstudien heraus entwickelte und international beachtete Ansatz von Scheerens und Bosker (1997, vgl. Abb. 1). Unterschieden wird hier zwischen den vertikalen Qualitätsebenen Umwelt (*Context*), Schule (*School level*) und Schulklasse (*Classroom level*). Die jeweils übergeordnete Ebene kann als Unterstützungssystem für die in der strukturellen Hierarchie untergeordneten Bereiche aufgefasst werden.

Kontextabhängige
Output-Messung

Neben dem Prozesscharakter der einzelnen Komponenten im Rahmen des Gesamtmodells und der Identifikation wesentlicher Faktoren innerhalb der einzelnen Modellelemente wird vor allem betont, dass die Messung des Outputs (Schülerleistungen) nur in adjustierter Weise, d.h. unter Berücksichtigung von Kontextvariablen und dem Vorwissen der Schüler, erfolgen sollte. Identifiziert werden kann somit der tatsächlich durch Schulfaktoren bedingte Anteil an der Leistungsentwicklung von Schülern (Baumert, Stanat & Watermann, 2006; Oelkers & Reusser, 2008, S. 303 ff.). Eher den bereits angesprochenen dynamischen, horizontalen Prozesscharakter

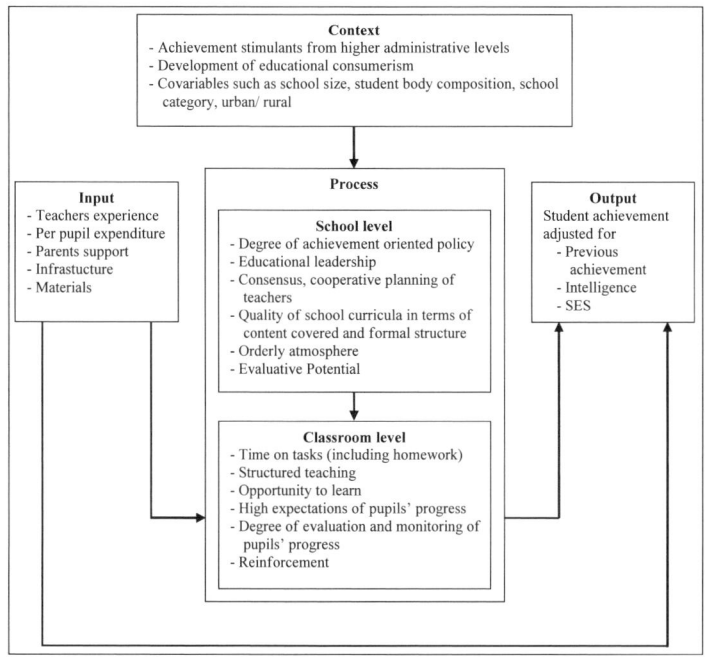

Abbildung 1: Modell der Schuleffektivität (Scheerens & Bosker, 1997)

beschreibt das Modell zur Qualität im Bildungsbereich von Ditton (2000a, vgl. Abb. 2). Auch dieses verweist auf die Notwendigkeit, zwischen den vier Ebenen Kontext/Umwelt, Bildungsinstitution, Unterricht sowie Individuum (Lehrender/Lernender) zu unterscheiden. Darüber hinaus wird die Bedeutung primärer Merkmale und Prozesse schulischen Wirkens sowie vor allem der Qualität konkreter Lehr-Lernsituation für die Transformation von Eingangsvoraussetzungen in Lernergebnisse betont. Hinsichtlich der Ergebnisse schulischen Wirkens kann zwischen kurz- und langfristigen Wirkungen (Output vs. Outcome) unterschieden werden, wobei beide Aspekte keineswegs nur fachliche Leistungen, sondern auch fachübergreifende Kompetenzen, Einstellungen und Haltungen subsumieren. Aus gesellschaftspolitischer Perspektive können auch Aspekte der Chancengleichheit und -gerechtigkeit als Qualitätsmerkmale angesehen werden. Auf Schulebene konkretisiert sich dies auf Benotungs- und Selektionsprozesse sowie auf die Bereitstellung von Unterstützungs- und Förderangeboten (z.B. freie Schulmahlzeiten, Nachhilfe).

Anhand dieses Modells wird die Bedeutung von Intentionen für die Steuerung von Bildungsprozessen hervorgehoben. Die Integration von Bildungszielen als wesentlichem Orientierungspunkt jeder theoretischen wie handlungsleitenden Qualitätsüberlegung zieht sich mittels der Unterscheidung in intendiertes, implementiertes und erreichtes Curriculum

Bedeutung von
Intentionen

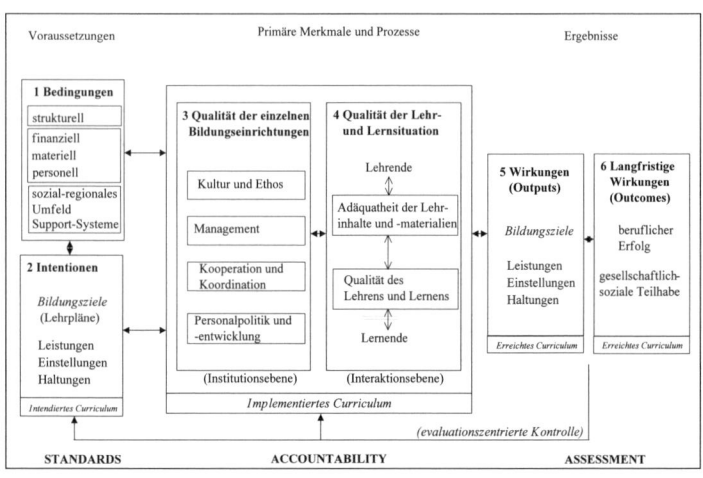

Abbildung 2: Modell von Qualität und Qualitätssicherung (Ditton, 2000a)

(Goodlad, 1979) durch das gesamte Prozessmodell. Wichtig ist, dass ein intendiertes Curriculum mehrfache Transformationen in sozialen Handlungs- und Kommunikationszusammenhängen erfährt bis es schließlich in konkrete Lehr-Lernsituationen implementiert wird. Möglich werden diese kontextspezifischen Anpassungsprozesse auch durch die verabschiedeten Bildungsstandards, die sich als Output-Standards lediglich auf die Ergebnisse schulischen Wirkens beziehen (Klieme et al., 2003). Da die Standards explizit nicht auf eine Normierung alltäglichen pädagogischen Handelns oder von Unterrichtsprozessen abzielen, gestehen sie den Verantwortlichen Freiheitsgrade hinsichtlich des Weges zur Zielerreichung zu.

Evaluationszentrierte Kontrolle

Einen notwendigen Gegenpol für die in den letzten Jahren forcierten erweiterten Autonomiezugeständnisse an Einzelschulen stellen die im Modell ebenfalls dargestellten Aspekte der evaluationszentrierten Kontrolle (Standards, Accountability, Assessment) dar. Die Überprüfung der Zielerreichung mittels Maßnahmen der externen Evaluation nebst nachgelagerter Rückmeldung der Ergebnisse ist ein wichtiges Element nachhaltig ausgerichteter Qualitätssicherung und -entwicklung sowohl für Bildungssysteme und Einzelschulen als auch für alle beteiligten Personen (KMK, 2006; Oelkers & Reusser, 2008, S. 326 ff.) (vgl. Kap. IV).

▷ **Definition**

Schulqualität ist ein mehrdimensionales Konstrukt, bei dessen genauerer Bestimmung die Wechselbeziehungen zwischen Kontext-, Unterrichts- und Zielgruppenfaktoren berücksichtigt werden müssen.

Neben unterrichtsnahen Faktoren sind folgende systemische Rahmenbedingungen wesentlich für schulische Qualität: Erweiterte Autonomiezuge-

ständnisse an Schulen, Vorgabe von Bildungsstandards, und regelmäßige
Überprüfung der Zielerreichung.

Wenngleich mit den vorgestellten Modellen strukturierte Darstellungen   Forschungsbedarf
möglicher Faktoren schulischer Leistungserbringung vorliegen, bleibt die
Forschung in diesem Bereich insgesamt fragmentarisch. Mögliche Einflussfaktoren werden oft isoliert betrachtet und unabhängig von einem
Gesamtkonzept analysiert. Weitreichender Forschungsbedarf besteht vor
allem zur Interaktion schulischer und unterrichtlicher Merkmale sowie
hinsichtlich prozeduraler Entwicklungsmerkmale. Aus der Perspektive der
Schulentwicklungsforschung ist die längsschnittliche Wirksamkeit von
Veränderungs- und Interventionsmaßnahmen bislang noch nicht hinreichend dokumentiert (Klieme & Steinert, 2009). Entsprechend ist die nachfolgende Zusammenstellung bedeutsamer Faktoren schulischer Qualität
nicht als abschließende Bilanz zu verstehen, sondern vielmehr als Versuch
der Systematisierung eines nach wie vor offenen Forschungsfeldes.

4   Relevante Qualitätsfaktoren auf der Schulebene

Ein weithin geteilter Befund der Empirischen Bildungsforschung ist, dass   Schülermerkmale
individuelle Merkmale der Schüler (Intelligenz, Vorwissen, sozioökono-   bedeutsame
mischer Status) die bedeutsamsten Determinanten schulischer Leistung   Determinanten
darstellen. Je nach Fokus auf internationale oder nationale Studien verbleibt jedoch ein Varianzanteil von 20 bis 50% der Schülerleistung, der
durch das Bildungswesen erklärt werden kann (Gruehn, 2000; Hosenfeld
et al., 2001; Marzano, 2000; OECD, 2005). Betrachtet man schrittweise
die Elemente der vertikalen Dimension schulischen Wirkens (Schulform-
Schule-Unterricht), so geht ein zunehmender Auflösungsgrad mit einem
größeren Einfluss auf die Schülerleistung einher. Zu beachten bleibt, dass
das Unterrichts- und Klassengeschehen strukturell in die Institution Schule eingebettet ist. Hieraus ergeben sich unauflösliche Wechselbeziehungen
zwischen Faktoren auf der Schulebene (z.B. Führungsstil der Schulleitung,
Kooperationsgrad im Kollegium, Schulatmosphäre) und dem konkreten
Unterrichtshandeln.

Lenkt man den Blick auf relevante Qualitätsmerkmale auf schulischer   Vier Bereiche
Ebene, so zeichnen empirische Studien generell ein eher uneinheitliches   bedeutsamer
Bild. Ein Raster zur Einteilung bedeutsamer Faktoren findet sich bei Ditton   Faktoren
(2000b). Er unterscheidet mit Verweis auf Arbeiten von Stringfield (1994)
zwischen den folgenden vier Bereichen:

o *Schulkultur* umfasst unter anderem Aspekte der Zielformulierung und
   der organisatorischen Leitung.

o Unter *Schulmanagement* werden ein gemeinsames Aufgabenverständ-
   nis, geteilte Visionen sowie eine geregelte Aufgabenverteilung subsum-
   miert.

° *Kooperation und Koordination* bezieht sich nicht nur auf innerschulische Prozesse der Aufrechterhaltung des Schulbetriebs oder des Wissensaustauschs, sondern auch auf Kontakt zu externen Personengruppen (z.b. Eltern) oder Institutionen.

° Schließlich kommt Elementen der *Personalpolitik,* und hier insbesondere der Rekrutierung und Weiterbildung des Lehrpersonals, eine herausgehobene Bedeutung für schulische Qualitätsbemühungen zu (Teddlie & Stringfield, 1993).

Letztgenannter Aspekt verdeutlicht nochmals exemplarisch die enge Verflechtung von Maßnahmen und Faktoren auf Schul- und Unterrichtsebene. Studien, Meta-Analysen und Sammelreferate zur Bedeutung unterschiedlicher Einflussfaktoren für schulische Qualität liegen mittlerweile von verschiedensten Seiten vor (Sammons et al., 1994; Scheerens & Bosker, 1997). Aktuelle Aufstellungen finden sich z.b. bei Marzano (2003) oder Scheerens (2008).

Determinanten der Schülerleistung Als bedeutsamste Determinanten der Schülerleistung auf Schulebene werden die von den Schülern insgesamt aufgewendete *Lernzeit* (learning time), die Auswahl von *Lehrinhalten* (curriculum quality) sowie innerschulische *Lerngelegenheiten* (opportunity to learn) identifiziert. Förderlich wirkt weiterhin eine *leistungsorientierte Grundeinstellung* (achievement orientation). Diese kann sich in *herausfordernden Aufgaben* für die Schülerschaft ausdrücken (challenging goals), deren Bearbeitung durch regelmäßiges *Feedback* unter Berücksichtigung unterschiedlicher Bezugsnormen begleitet werden sollte (Rheinberg, 2001; vgl. Kap. VII-3). Eine besondere Rolle bei der Initiierung und Etablierung einer solchen Leistungskultur muss den innerschulischen Leitungsebenen zugeschrieben werden (Gu, Sammons & Mehta, 2008). Wichtig erscheinen darüber hinaus vor allem ein geordneter und an *geregelten Abläufen ausgerichteter Schulalltag* (orderly climate) sowie ein *kollegialer und professioneller Umgang* unter den Lehrkräften zu sein (collegiality and professionalism).

Weiche Faktoren Die Bedeutung weicher Faktoren, wie der Atmosphäre innerhalb der Institution Schule, wird teilweise durch Analysen im Anschluss an die PISA 2000 Erhebung bestätigt (OECD, 2005, S. 31 ff.). Das *Schulklima* erklärt über alle teilnehmenden OECD Staaten hinweg acht Prozent der Leistungsunterschiede zwischen Schulen, und damit doppelt so viel wie *schulische Ressourcen* (z.B. Größe und Ausstattung der Schule, Schüler-Lehrer-Schlüssel) und die *Schulpolitik* (z.B. Autonomiegrad, Rechenschaftspflicht) zusammengenommen.

Klassengröße und Schülerleistung An dieser Stelle können auch Befunde zu den Auswirkungen der *Klassengröße* auf die Schülerleistung eingeordnet werden. Die anhaltende, vor allem auf politischer Ebene geführte Diskussion um die Verkleinerung der Klassenstärken im deutschen Schulsystem, lässt sich nicht durch die empirische Forschungslage begründen. Wiederholt repliziert sind keine oder allenfalls geringe Effekte der Klassengröße, die erst bei einer sehr erheblichen Reduzierung der Schülerzahlen zu erwarten wären (Hattie, 2005). Als ein Grund für den spärlichen Einfluss der Klassenstärke auf die Leistungen kann angesehen werden, dass Lehrkräfte die Möglichkeiten, die sich aus einer geringeren Schülerzahl ergeben, nicht genug ausnutzen und keine ausreichende Adaption der Unterrichtsmethoden erfolgt (Brahm, 2006). Deutlich wird anhand der OECD-Studie (2005, S. 35) jedoch die Gefahr, die mit schablonenhaften, dekontextualisierten Rankings von Einflussfaktoren verbunden ist. Zum einen streut die insgesamt von allen schulischen Variablen aufgeklärte Varianz über alle teilnehmenden Länder hinweg sehr stark, zum anderen fällt die relative Gewichtung der einzelnen Einflussfaktoren je nach Bildungssystem deutlich unterschiedlich aus. Im gegliederten deutschen Schulsystem kommt den eher härteren Kontextbedingungen der Schule sowie verpflichtenden Rahmenaspekten des Schulalltags (policies) ein größerer Stellenwert zu als den weichen Faktoren des Schulklimas.

Unterstützung für die soeben dargestellte Argumentationslinie, die sich gegen ein global wirksames Konstrukt Schulqualität ausspricht, findet sich auch bei einem Blick auf Ergebnisse zur zeitlichen Stabilität und Konsistenz schulischer Wirkungen. Wie nationale und internationale Studien zeigen, sind die Zusammenhänge von Schülerleistungen über Klassen oder Klassenstufen bzw. Kohorten hinweg eher uneinheitlich (Ditton, 2000b; Scheerens & Bosker, 1997; Thomas et al., 1997). Aktuelle Untersuchungen zu den ersten beiden Erhebungszyklen von PISA bestätigen die älteren Befunde (Klieme & Steinert, 2009). Je nach betrachteter Schulform finden sich in Deutschland Korrelationen beim schulischen Leistungsniveau zwischen r = .57 (Gymnasium) und r = .84 (Hauptschulen) über drei Jahre hinweg. Dies verdeutlicht zweierlei: Zum einen ist die zeitliche Stabilität der Schülerleistung über mehrere Jahre hinweg, je nach Schulform, sehr unterschiedlich. Zum anderen verbleibt, auch wenn die berichteten Zusammenhänge als moderat bis hoch einzustufen sind, doch ein gehöriger Spielraum für ‚Qualitätsveränderungen' über die Zeit.

Zeitliche Instabilität und Inkonsistenz schulischer Wirkungen

Hinsichtlich der Konsistenz bleibt außerdem festzuhalten, dass schulische Wirkungen je nach Domäne und Zielgruppe stark unterschiedlich ausfallen:

Variation nach Domäne und Zielgruppe

o   Es finden sich deutliche empirische Hinweise darauf, dass *instruktionale Aspekte* mehr Einfluss auf die Leistung in Mathematik als in sprachlichen Bereichen haben (Helmke & Weinert, 1999; Köller, 1998, S. 151; Krüsken, 2007; Scheerens, 2008, S. 118ff.).

o   Schulfaktoren und *Maßnahmen der schulischen Förderung* scheinen eher bei Schülern mit niedrigerem Leistungsniveau zu greifen (Palardy, 2008; Thomas & Sammons, 1997).

o   Schließlich werden einzelne Befunde zu einem *Interaktionseffekt* zwischen dem Sozialstatus der Schüler und der Klassengröße berichtet. Diese weisen darauf hin, dass sozial benachteiligte Schüler von einer geringeren Klassenstärke mehr profitieren (Brahm, 2006; Finn, 1998).

Die Ergebnisse empirischer Schulqualitätsforschung zeigen, dass Schulqualität eine „Reihe von Qualitäten" (Dubs, 2003, S. 18) ist.

> **Definition**

Schulqualität ist ein Gesamtkonstrukt, das sich erst aus der situations-
abhängigen Bewertung einer Vielzahl von Einzelfaktoren und Prozessen ergibt.

Bedacht werden sollte, dass ein hohes Qualitätsniveau in einem Bereich
nicht automatisch mit einer ebensolchen Ausprägung in einem anderen Bereich einhergeht. Daraus leitet sich für die weitere Forschung zur Schulqualität die Notwendigkeit ab, dynamische und differenzierte Modelle zu
entwickeln, die die Auswirkungen schulischer Faktoren auf unterschiedliche Schülergruppen unter verschiedenen Kontextbedingungen berücksichtigen (Creemers & Kyriakides, 2008).

5   Fazit

Lenkung durch externe Evaluation

Schulqualität ist ein komplexes, mehrdimensionales Konstrukt, bei dem
sich auf Grund der multiplen Wechselwirkungen unterschiedlichster Faktoren und Prozesse einfache Pauschalisierungen verbieten. Obwohl die
empirische Forschung relevante schulische Einflussvariablen identifiziert
hat, erscheint vor allem das Zusammenspiel von Faktoren auf den Ebenen
Schulform, Schule und Unterricht bislang nicht hinreichend untersucht.

Im Zentrum aktueller Bemühungen zur Verbesserung von Schulqualität
stehen daher nicht zu Unrecht Prozesse der Steuerung von Qualität, und
dabei besonders die von der KMK (2005) verabschiedeten Bildungsstandards, die eine Ausrichtung schulischen Handelns auf vorgegebene Zieldi-
mensionen bewirken sollen. Durch regelmäßige externe Evaluierung der
diesbzgl. Zielerreichung nebst Rückmeldung der Ergebnisse an die Schulen und Lehrkräfte soll eine Lenkung innerschulischer Ressourcen auf qua-
litätssensible Bereiche erfolgen (vgl. Kap. IV).

Lehrkräfte als Akteure

So notwendig dieses schulexterne Rahmeninstrumentarium zur Justie-
rung und Anpassung von Lehr-Lernprozessen erscheint, so wichtig ist es
darüber hinaus, die Lehrkräfte als Adressaten und Kristallisationspunkte
jedweder Qualitätsbemühung nicht aus den Augen zu verlieren. Lehrkräfte sind nicht nur Gestalter konkreter Unterrichtssituationen, sondern auch
hauptverantwortliche Akteure schulischer Innovations- und Veränderungs-
prozesse. Eine wesentliche Herausforderung für die Aus- und Weiterbil-
dungsinstanzen für Lehramtsstudierende bzw. Lehrkräfte besteht somit
darin, diese für die Beteiligung an Innovationsprozessen zu qualifizieren.
Im Zuge der Expansion evaluationsgestützter Qualitätssicherungssysteme
unter Einbezug empirischer Forschungsmethoden, konkretisiert sich dieser
Handlungsauftrag nicht zuletzt auf die Vermittlung grundlegender statisti-
scher Kenntnisse (z.B. zur Interpretation rückgemeldeter Ergebnisse und
Einzeldaten nach Schulvergleichsstudien). Auf theoretischer wie organisa-

tionaler bzw. institutioneller Ebene ergibt sich darüber hinaus die Herausforderung, die mittlerweile etablierten Maßnahmen der externen Schulevaluation sinnvoll mit schulinternen Evaluationen zu verknüpfen.

▷ **Weiterführende Literatur**

Fend, H. (1998). Qualität im Bildungswesen. Schulforschung zu Sys-
tembedingungen, Schulprofilen und Lehrerleistung. Weinheim:
Juventa.
OECD (2005). School factors related to quality and equity. Results
from PISA 2000. Paris: OECD.
Scheerens, J. (2008). Review and meta-analyses of school and teaching
effectiveness. Berlin: BMBF.

Literaturverzeichnis

Baumert, J., Stanat, P. & Watermann, R. (2006). Schulstruktur und die Entstehung
differentieller Lern- und Entwicklungsmilieus. In J. Baumert, P. Stanat & R.
Watermann (Hrsg.), Herkunftsbedingte Disparitäten im Bildungsbereich (S.
95-188). Wiesbaden: VS Verlag.
Böttcher, W. (2002). Kann eine ökonomische Schule auch eine pädagogische sein?
Schulentwicklung zwischen Neuer Steuerung, Organisation, Leistungsevalu-
ation und Bildung. Weinheim: Juventa.
Brahm, G. (2006). Klassengröße: Eine wichtige Variable von Schule und Unter-
richt? Verfügbar unter: http://www.bildungsforschung.org/Archiv/2006-01/
klassengroesse; Stand: 19.10.2009.
Creemers, B. & Kyriakides, L. (2008). The dynamics of educational effectiveness.
London: Routledge.
Ditton, H. (2000a). Elemente eines Systems der Qualitätssicherung im schulischen
Bereich. In H. Weishaupt (Hrsg.), Qualitätssicherung im Bildungswesen -
Problemlage und aktuelle Forschungsbefunde (S. 13-36). Erfurt: PH Erfurt.
Ditton, H. (2000b). Qualitätskontrolle und -sicherung in Schule und Unterricht:
Eine Übersicht über den empirischen Forschungsstand. Zeitschrift für Päda-
gogik. 41, 73-92.
Ditton, H. (2009). Evaluation und Qualitätssicherung. In: R. Tippelt & B. Schmidt
(Hrsg.), Handbuch Bildungsforschung (S. 607-626). Wiesbaden: VS Verlag.
Dubs, R. (2003). Qualitätsmanagement für Schulen. St. Gallen: Institut für Wirt-
schaftspädagogik.
Fend, H. (1981). Theorie der Schule. München: Urban & Schwarzenberg.
Finn, J. (1998). Class size and students at risk. Verfügbar unter: http://www.ed.gov/
pubs/ClassSize/index.html; Stand: 23.10.2009.
Goodlad, J. (1979). Curriculum - Inquiry. New York: McGraw-Hill.
Gruehn, S. (2000). Unterricht und schulisches Lernen. Münster: Waxmann.
Gu, Q., Sammons, P. & Mehta, P. (2008). Leadership characteristics and practices
in schools with different effectiveness and improvement profiles. School Lea-
dership and Management, 28, 43-63.

Harvey, L. & Green, D. (2000). Qualität definieren. Fünf unterschiedliche Ansätze. Zeitschrift für Pädagogik. Beiheft 41, 17-40.

Hattie, J. (2005). The paradox of reducing class size and improving learning outcomes. International Journal of Educational Research and Evaluation, 43, 387–425.

Helmke, A. & Weinert, F. (1999). Schooling and the development of achievement differences. In F. Weinert & W. Schneider (Hrsg.), Individual development from 3 to 12: Findings from the Munich Longitudinal Study (S. 176-192). Cambridge: Cambridge University.

Hosenfeld, I., Helmke, A., Ridder, A. & Schrader, F.-W. (2001). Eine mehrebenenanalytische Betrachtung von Schul- und Klasseneffekten. Empirische Pädagogik, 15, 513-534.

Klafki, W. (1996). Neue Studien zur Bildungstheorie und Didaktik. Weinheim: Beltz.

Klieme, E., Avenarius, H., Blum, W., Döbrich, P., Gruber, H., Prenzel, M., Reiss, K., Riquarts, K., Rost, J., Tenorth, H.-E. & Vollmer, H. (2003). Zur Entwicklung nationaler Bildungsstandards - Eine Expertise. Frankfurt am Main: DIPF.

Klieme, E. & Steinert, B. (2009). Schulentwicklung im Längsschnitt. Ein Forschungsprogramm und erste explorative Analysen. In M. Prenzel (Hrsg.), Vertiefende Analysen zu PISA 2006 (S. 221-238). Wiesbaden: VS Verlag.

KMK (2005). Bildungsstandards der Kultusministerkonferenz - Erläuterungen zur Konzeption und Entwicklung. München: Luchterhand.

KMK (2006). Gesamtstrategie der Kultusministerkonferenz zum Bildungsmonitoring. München: Wolters Kluwer.

Köller, O. (1998). Zielorientierung und schulisches Lernen. Münster: Waxmann.

Krautz, J. (2007). Pädagogik unter dem Druck der Ökonomisierung. Zum Hintergrund von Standards, Kompetenzen und Modulen. Pädagogische Rundschau, 61, 71-83.

Krüsken, J. (2007). Entwicklung von Schülerleistungen und Zensuren in der Grundschule. In H. Ditton (Hrsg.), Kompetenzaufbau und Laufbahnen im Schulsystem. Ergebnisse einer Längsschnittuntersuchung an Grundschulen (S. 41-61). Münster: Waxmann.

Kyriakides, L. (2008). Testing the validity of the comprehensive model of educational effectiveness: A step towards the development of a dynamic model of effectiveness. School Effectiveness and School Improvement, 19, 429-446.

Lenzen, D. (1999). Lösen die Begriffe Selbstorganisation, Autopoiesis und Emergenz den Bildungsbegriff ab? In D. Hoffmann (Hrsg.), Rekonstruktion und Revision des Bildungsbegriffs (S. 141-160). Weinheim: Beltz.

Leonhard, K.-W. & Naumann, P. (2005). Managementsysteme-Begriffe - DGQ-CD-ROM; 11-04 (Version 1.0). Berlin: Beuth Verlag.

Marzano, R. (2000). A new era of school reform: Going where the research takes us. Aurora: McREL.

Marzano, R. (2003). What works in schools - translating research into action. Alexandria: Association for Supervision and Curriculum Development.

OECD (2005). School factors related to quality and equity. Results from PISA 2000. Paris: OECD.

Oelkers, J. & Reusser, K. (2008). Expertise: Qualität entwickeln - Standards sichern - mit Differenz umgehen. Bonn: BMBF.

Palardy, G. (2008). Differential school effects among low, middle, and high social class composition schools: A multiple group, multilevel latent growth curve analysis. School Effectiveness and School Improvement, 19, 21-49.

Rheinberg, F. (2001). Bezugsnormen und schulische Leistungsbeurteilung. In F. Weinert (Hrsg.), Leistungsmessungen in Schulen (S. 59-70). Weinheim: Beltz.

Sammons, P., Hillman, J. & Mortimore, P. (1994). Key characteristics of effective schools: A review of school effectiveness research. London: Office for Standards in Education.

Scheerens, J. (2008). Review and meta-analyses of school and teaching effectiveness. Berlin: BMBF.

Scheerens, J. & Bosker, R. (1997). The foundations of educational effectiveness. Oxford: Pergamon.

Stringfield, S. (1994). A model of elementary school effects. In D. Reynolds (Hrsg.), Advances in school effectiveness research and practice (S. 153-187). Oxford: Pergamon.

Teddlie, C. & Stringfield, S. (1993). Schools make a difference. Lessons learned from a 10-year study of school effects. New York: Teachers College Press.

Thomas, S. & Sammons, P. (1997). Differential secondary school effectiveness: Comparing the performance of different pupil groups. British Educational Research Journal, 23, 451-469.

Thomas, S., Sammons, P., Mortimore, P. & Smees, R. (1997). Stability and consistency in secondary schools' effects on students' GCSE outcomes over three years. School Effectiveness and School Improvement, 8, 169-197.

Heinz Günter Holtappels

Ganztagsschule

▷ **Zusammenfassung**

Aufgrund gewandelter Bildungsanforderungen erfolgte in Deutschland in neuerer Zeit ein umfänglicher Ausbau von Ganztagsschulen. Nach einer Einführung zu theoretisch-konzeptionellen Aspekten wird ein Überblick über vorliegende Forschungsbefunde geliefert.

1 Allgemeines und Definition

Eine bildungs- und schultheoretische Bestimmung der Ganztagsschule fokussiert auf die Frage, was Ganztagsschule leisten soll, wobei sich Zielorientierungen an den lernbezogenen und sozialisatorischen Bedarfen von Kindern und Jugendlichen und an gesellschaftlichen Bildungsanforderungen orientieren. Bildungs- und schultheoretisch lassen sich aktuell folgende erziehungswissenschaftliche Begründungslinien für Ganztagsschulen unterscheiden (Holtappels, 2005):

Begründungen für Ganztagsschulen

- ○ Ganztagsschule als Beitrag zur *soziokulturellen Infrastruktur* im Hinblick auf die Vereinbarkeit von Familie und Berufsleben und der Versorgung mit Lern- und Freizeitmöglichkeiten.

- ○ Ganztagsschule als *erweiterter Sozialisationsraum* angesichts des Wandels außerschulischer Sozialisationsbedingungen, vor allem bezüglich sozialer Integrationsleistungen und Lernvoraussetzungen.

- ○ Ganztagsschule als Reflex auf höhere formale *Qualifikations- und inhaltliche Bildungsanforderungen* (z.B. Schlüsselkompetenzen) durch erweiterte Lernzugänge und -gelegenheiten.

- ○ Ganztagsschule als Reaktion auf *Entwicklungsbedarfe der Schulen* und des Schulsystems (z.B. Risikogruppen, Schulversagen, soziale Chancenungleichheit) durch differenzierte Lernkultur und Förderung

1.1 Organisationsformen des Ganztagsbetriebs

Schon seit der Gesamtschulversuche der 1970er Jahre haben sich in der BRD verschiedene Organisationsformen von Ganztagsschule entwickelt.

> ▷ **Definition**
>
> Mit der Kultusministerkonferenz-Definition (KMK, 2004) wurde die Begrifflichkeit für ganztägige Schulen relativ weit gefasst. Für alle Formen gilt, dass die am Ganztagsbetrieb teilnehmenden Schüler an mindestens drei Wochentagen täglich mindestens sieben Zeitstunden beschult werden, die Angebote unter der Leitung der Schule stattfinden und in Verbindung mit dem Unterricht stehen.

Organisationsformen von Ganztagsschulen

Es werden drei Organisationsformen unterschieden:

- *Voll gebundene* Form mit obligatorischer Schülerteilnahme.

- *Teilweise gebundene* Form mit obligatorischer Schülerteilnahme für bestimmte Jahrgänge oder Klassen.

- *Offene* Form mit freiwilliger Schülerteilnahme mindestens für ein Schulhalbjahr verbindlich.

In der Praxis sind Varianten und Mischformen entstanden (Höhmann, Holtappels & Schnetzer, 2004), die entweder pädagogisch-konzeptionell oder aufgrund von finanziellen, organisatorischen oder institutionellen Rahmenbedingungen bzw. der Nachfragesituation begründet sind.

1.2 Pädagogische Gestaltungselemente als Ausdruck des Bildungskonzepts

Die Grundkonzeption der Ganztagsschule (Appel & Rutz, 1998; Holtappels, 1994) und die bisherige Realisierung in der Praxis (Holtappels, 2007b) zeigen für Ganztagsschulen konstitutive Gestaltungselemente:

- *Intensivierung von Förderung*, Optimierung von Lernchancen, Ausschöpfung von Begabungen und Talenten bei allen Schülern und Lernhilfen für Lernschwächeren;

- *Entwicklung der Lernkultur* zu Gunsten variabler Lehr-Lern-Formen und einer Differenzierung von Lernarrangements in Unterricht und Schulleben;

- Vielfältiges Wahlangebot von *erweiterten Lern- und Erfahrungsmöglichkeiten* im Schulleben in Form von Projekten, Schülerfirmen, Arbeitsgemeinschaften und Kursen zur Entdeckung von Lernpotenzialen und Begabungen und Berücksichtigung von Schülerinteressen;

- *Freizeitbereich* mit offen-selbstbestimmten Formen von Erholung, Spiel und Bewegung und gebundenen Neigungsangeboten als Anregungen zur Selbstentwicklung, zum selbstständigen Gebrauch von freier Zeit und zur Mediennutzung;

- Entwicklung von Gemeinschaftserleben mit Gelegenheiten und Erfahrungsfeldern für *soziales und interkulturelles Lernen* zugunsten einer stärkeren Identifikation mit der Schule, des Erwerbs sozialer Kompetenzen und verbesserter Sozialbeziehungen;

◦ Praxis von *Partizipation und Demokratielernen* im Schulleben als Feld für Schüler- und Elternmitwirkung, Übernahme sozialer Verantwortung, Entwicklung von moralisch-kognitiver Urteilsfähigkeit und demokratischer Gestaltungskompetenz.

2   Ganztagsschule als Forschungsfeld

Über lange Zeiträume bestand in der Forschung ein beträchtliches Forschungsdefizit in Bezug auf Ganztagsschulen, wenn man von einzelnen Studien zur Pädagogik, zur Schulorganisation und zur Elternnachfrage absieht. Eine systematische erziehungswissenschaftliche Erforschung von Ganztagsschulen muss folgende Bereiche umfassen:

1. strukturelle *Rahmenbedingungen* und quantitative Entwicklungen;
2. die *Nachfrage* und *Akzeptanz* bei Eltern und Schülern;
3. die *Schulentwicklung* der Ganztagsschule als Innovations- und Entwicklungsprozess;
4. die *Gestaltungs- und Prozessqualität* der Ganztagsschule in der Organisation und der pädagogischen Gestaltung auf den Ebenen der Schule und der Lernprozesse;
5. die *Wirkungen* der Ganztagsschule als individuelle Wirkungen auf Kompetenzen, Lerndispositionen und Bildungswegen der Lernenden, institutionelle Wirkungen auf Entwicklung der Organisations- und Lernkultur der Schule sowie Wirkungen auf den Kontext der Bildungslandschaft, auf Freizeit, Familie und Peer-Group.

Die statistische Entwicklung (1) ist nur für die letzten Jahre dokumentiert, während Rahmenbedingungen der Systemebene sich häufig veränderten und kaum analysiert sind. Studien zu Nachfrage und Akzeptanz (2) sind älter und liegen bis Anfang der 1990er Jahre vor. Schulentwicklungs- und Qualitätsstudien (3 und 4) wurden teilweise durch Begleituntersuchungen der Modellversuche 1977 bis 1982 und in neuerer Zeit durch das StEG-Forschungsprogramm (Holtappels et al., 2007) vorgenommen. Für die bundesweite Situation weitgehend repräsentative und aktuelle Forschungsbefunde zu den Forschungsfeldern 3 bis 5 werden im Wesentlichen durch zwei Studien geliefert:

Die bundesweite Studie des IFS aus dem Jahr 2004 (Höhmann, Holtappels & Schnetzer, 2004) mit Förderung des BMBF basiert auf einer Schulleitungsbefragung (n=663) in 15 Bundesländern und fokussiert auf die Erfassung schulorganisatorischer Indikatoren und pädagogischer Gestaltungsmerkmale. Die bundesweite Studie zur Entwicklung von Ganztagsschulen (StEG, Holtappels et al., 2007) untersucht mit Förderung des BMBF und des Europäischen Sozialfonds im Längsschnitt rund 320 Ganztagsschulen mit Befragungen bei Schulleitungen, Lehrkräften und weiterem pädagogischen Personal, Eltern und Schülern im zweijährigen Abstand

Trends der Forschung
zu Ganztagsschulen

über drei Zeitpunkte von 2005 bis 2009. StEG ermittelt in umfassender Weise in neuen und älteren Ganztagsschulen Daten zur Schulentwicklung, zur Schulorganisation und Organisationskultur, zu Kooperationspartnern, über Angebotsformen sowie Angebotsqualität und zur Ergebnisqualität auf Schülerebene zum Lern- und Sozialbereich. Bislang fehlt weitgehend die systematische Erforschung der pädagogischen Wirksamkeit von Ganztagsschulen (5). Im Folgenden werden die wesentlichen Forschungserkenntnisse zusammengefasst.

2.1 Ausbaustand von Ganztagsschulen und schulischen Ganztagsangeboten

Steigender Ausbau seit den 1990er Jahren

Erst in den 1990er Jahren erfolgte – länderspezifisch sehr unterschiedlich – ein nennenswerter Ausbau von ganztägigen Angeboten, insbesondere im Primarbereich in Form von Betreuungsangeboten oder als zeitlich erweiterte Grundschule. Bis Ende der 1990er Jahre lag der Anteil der Ganztagsschulen in Deutschland unter zehn Prozent. Im Schuljahr 2002/03 (KMK, 2004) bestand bei 15,9% aller schulischen Verwaltungseinheiten Ganztagsbetrieb. Sechs Jahre später (2008) waren es bereits 41,7% (KMK, 2010). Dieser Anstieg über sechs Jahre ist das vorläufige Ergebnis des bundesweiten ‚Investitionsprogramm Zukunft Bildung und Betreuung' (IZBB), als eine der Maßnahmen nach der PISA-Untersuchung 2000. Im Zeitverlauf zeigt sich (KMK 2010), dass immer weniger gebundene Systeme, aber mehr offene gegründet werden. Dabei haben bundesweit seit 2006 erstmals die offenen Ganztagsformen die gebundenen zahlenmäßig überholt. Einem raschen Ausbau an Ganztagsschulen steht somit ein Trend von gebundenen Ganztagsformen zum freiwilligen Ganztagsangebot gegenüber.

Deutlicher Anstieg der Schülerzahlen

Was die Anteile der Schüler, die im Ganztagsbetrieb beschult werden, anbetrifft, so besuchten im Schuljahr 2002/03 in Deutschland 9,6% aller Lernenden im allgemeinbildenden Bereich einen Ganztagsbetrieb an Schulen oder in Verbindung mit Schulen, im Primarbereich nur 4,3% (KMK, 2004). Im Jahre 2008 wurden bundesweit fast ein Viertel (24,1%) aller Lernenden ganztägig beschult (KMK, 2010), was in der Sekundarstufe, vor allem aber im Grundschulbereich einen deutlichen Anstieg seit 2002 ausmacht. In Gesamtschulen, Schulen mit mehreren Bildungsgängen und Förderschulen wird im öffentlichen System Ganztagsbetrieb zunehmend zum Normalfall, während in anderen Schularten des traditionellen Systems der Ausbaugrad niedriger ist und zudem offen-freiwillige Formen der Ganztagsschule eher dominieren.

> ▷ **Merksatz**

Einerseits bleibt noch die Doppelstruktur von Ganztags- und Halbtagsschulen bestehen, andererseits wird der Angebotscharakter von Ganztagsschule in Deutschland durch hohe Anteile offener Modelle und die noch relativ bescheidenen Schüleranteile im Ganztag sichtbar.

2.2   Nachfrage, Motive und Akzeptanz bei Eltern

Aufgrund der veränderten Familienkonstellationen und Problemlagen wurde spätestens seit Ende der 1980er Jahre bereits eine steigende Nachfrage von bis zu rund 40 % der Eltern nach familienergänzenden Betreuungszeiten bis in den Nachmittag erkennbar. Die Nachfrage fällt jedoch mit steigendem Bildungsgrad und Berufsstatus (Holtappels, 1994, S. 184ff.; Holtappels, 2002).

Förderung und soziales Lernen zentrale Elternmotive

In der IFS-Umfrage 2004 (Höhmann, Holtappels & Schnetzer, 2004) wurden Schülereltern zur Wichtigkeit von Gestaltungsaspekten befragt. Für Eltern haben Gemeinschaftserfahrungen und soziales Lernen sowie Unterstützungsaspekte zur Leistungsförderung mit Abstand die höchsten Prioritäten. Erst dann folgen erweiterte Neigungsangebote zur Freizeitgestaltung als zusätzliche Lerngelegenheiten. Die Bedeutung der Ganztagsschule für die soziale und kognitive Lernentwicklung der Schüler wird demnach von Eltern offenbar erkannt, weniger wird die erweiterte Schulzeit dagegen in der Freizeit- und Betreuungsfunktion gesehen. Schülereltern erwarten zudem von der Ganztagsschule für die Familie generell eine Entlastung, Wirkungen für die Erledigung der Hausaufgaben und Chancen für die Weiterführung oder Neuaufnahme einer Erwerbstätigkeit. Die StEG-Elternbefragungen zeigen eine hohe Realisierung dieser Erwartungen und kaum Beeinträchtigungen des Familienlebens durch Ganztagsteilnahme (Züchner, 2007).

2.3   Schulentwicklung in Ganztagsschulen

Zur Schulentwicklung ganztägiger Schulen werden insbesondere Konzeption und Ziele, Prozessmerkmale der Entwicklungsbemühungen und Gelingensbedingungen für die Qualität des Gantagsbetriebs untersucht.

Konzeption und Zielorientierungen

Bezüglich der Konzeption zeigt sich (Höhmann, Holtappels & Schnetzer, 2004): 62% der Ganztagsschulen verfügen über ein eigenständiges Ganztagskonzept in Schriftform. In 69% der Fälle ist die Konzeption Bestandteil des Schulkonzepts oder Schulprogramms, was ein Indikator für die konzeptionelle Integration in die Arbeit der ganzen Schule darstellt. Diese Befunde bestätigen sich in den Tendenzen der StEG-Untersuchung (Holtappels, 2007a). In gebundenen Ganztagsschulen wird eine stärkere Schulentwicklungsorientierung, eine deutlich ausgebautere Teambildung sowie ein intensiveres Bemühen um konzeptionelle Fundierung als in offenen Modellen sichtbar, ebenso eine stärkere Verzahnung von Unterricht und anderen Ganztagselementen (Höhmann, Holtappels & Schnetzer, 2004). Die Unterschiede zwischen gebundenen und offenen Modellen bestehen womöglich in differenten Schulkulturen und pädagogischen Leitbildern der jeweiligen Kollegien. Unübersehbar fällt in der StEG-Längsschnittstudie bei den meisten Ganztagsschulen die konzeptionelle Unterentwick-

Verbreitung expliziter Schulkonzeptionen

lung, die auch nach zwei Jahren noch fortbesteht, auf (Holtappels, 2009).
Ein beträchtlicher Teil der Schulen hegt keinen hohen Anspruch an den
Ganztagsbetrieb, vor allem im Hinblick auf Ziele von Lernkulturentwicklung bzw. Kompetenzorientierung und Förderung. Diese Ziele werden in
gebundenen Ganztagsschulen deutlich stärker betont. Mehrheitlich werden
die konkreten Gestaltungsbereiche des Ganztags nicht in einem Schulkonzept oder -programm in umfassender Form schriftlich verankert und verbindlich festgelegt. Und in den meisten Schulen wird eine konzeptionelle
Verbindung zwischen außerunterichtlichen Angeboten und dem Fachunterricht wenig oder nicht erkennbar, wobei sich offenbar lediglich die gebundenen Schulen der Sekundarstufe weiterentwickeln (Holtappels, 2009).

▷ **Merksatz**

Generell ist feststellbar, dass voll- und teilgebundene Ganztagschulen
anspruchsvollere Ziele verfolgen; in allen Formen zeigt sich jedoch
eine konzeptionelle Unterentwicklung.

Für alle Formen besteht somit Entwicklungsbedarf, wobei gebundene ihre
pädagogischen Möglichkeiten nur unzureichend auszuschöpfen scheinen.
Die Bedeutung von Zielorientierungen – als Indikator für den pädagogischen Anspruch – bleibt nicht ohne Auswirkungen auf die Qualität des realisierten Bildungsangebots, wie StEG-Analysen ausweisen (Holtappels &
Rollett, 2007). Schulen mit anspruchsvolleren Zielen entwickeln auch ein
umfänglicheres und breiteres Angebotsspektrum.

Schulentwicklungsarbeit

Bedingungen
gelingender
Schulentwicklung

Akzeptanz und schulweite Partizipation in der Lehrerschaft sind bedeutende Indikatoren für die Integration und Tragfähigkeit des Ganztagsbetriebs
in der Schule. Ein umfängliches und breites Bildungsangebot ist ein zentraler Qualitätsindikator, weil damit am ehesten die verschiedenen Lernbedürfnisse und -interessen aller Schüler erreicht werden. Die StEG-Untersuchung ermittelte Gelingensbedingungen im Schulentwicklungsprozess für
die Qualität des Bildungsangebotes im Sinne eines breiten Angebotsspektrums (Holtappels & Rollett, 2007):

○ hohe Intensität an *Entwicklungsaktivitäten* der Schule in der Vorbereitung auf den Ganztagsbetrieb (Konferenzen, Fortbildungen usw.);

○ Inanspruchnahme und der wahrgenommene Nutzen von *externer Unterstützung* für die pädagogisch-organisatorische Gestaltung;

○ erfahrene *finanziell-strukturelle Unterstützung*;

○ systematische Anwendung von *Qualitätsentwicklungsmaßnahmen*;

○ erfolgreiches *Management von Startproblemen* bei der Einführung des
Ganztagsbetriebes;

○ *Akzeptanz* des Ganztagskonzepts im Kollegium.

> **Merksatz**

Schulen, die in hohem Maße systematische Formen von Schulent-
wicklungsarbeit praktizieren, weisen auch eine stärkere konzeptionel-
le Verzahnung von Unterricht und anderen Ganztagselementen auf.
Sie zeigen einen höheren Grad an Teambildung sowie elaboriertere
Förderformen und -verfahren als andere Ganztagsschulen (Höhmann,
Holtappels & Schnetzer, 2004).

2.4 Qualität von Ganztagsschulen in der Organisation und der pädagogischen Gestaltung

Empirische Studien in diesem Sektor beziehen sich auf die Schulorganisation und Organisationskultur sowie die Qualität des Bildungsangebots und der Lernkultur der Ganztagsschulen.

Defizite der Angebotsqualität

Eine Untersuchung in NRW (Haenisch, 2003) zeigt für offene Ganztagsangebote in Primar- und Sekundarstufe („Dreizehn plus"), dass 41% der Stundenanteile in der Primarstufe und 31% in der Sekundarstufe I von Personal auf Honorarbasis oder mit geringfügigen Beschäftigungsverträgen abgedeckt wird, Lehrkräfte haben nur Anteile von 3% bzw. 20%. Die seitens der Schulen benannten Ziele (Haenisch, 2003) liegen deutlich überwiegend nur im sozial- und freizeitpädagogischen Bereich.

Zur Qualität des Bildungsangebots zeigt StEG (Holtappels, 2009): In der Realität unterbreiten nahezu sämtliche Ganztagsschulen fast durchgängig in den grundlegenden Gestaltungsbereichen (vgl. Abschnitt 2) tatsächlich Angebote, wenngleich in einem Teil der Schulen die Angebotsqualität in Breite und Umfang Defizite aufweist, insbesondere bei Fördermaßnahmen und fachbezogenen Angeboten in Grundschulen. Zwei Jahre später konnten die Ganztagsschulen insgesamt aber ihre Angebotsstruktur nochmals steigern und im Spektrum deutlich verbreitern.

Aus Analysen zu PISA 2006 (Hertel et al., 2008) wird sichtbar, dass mit 97% nahezu alle Schulen (also auch halbtägige) außerunterrichtliche Angebote unterbreiten. Bei 70% der Schulen besteht jedoch keine schriftliche Konzeption zum Unterrichtsbezug. Die Schülerteilnahme an einzelnen außerunterrichtlichen Angebotstypen zeigt, dass vor allem die eher leistungsschwächeren Schüler Aufgabenbetreuung und fachbezogene Arbeitsgemeinschaften besuchen und Lernende mit Migrationshintergrund eher Deutschangebote nutzen. Die Schülerteilnahme verweist demnach eher auf eine kompensatorische Funktion der Angebotstypen (z.B. Ausgleich von Lerndefiziten). Institutionelle Merkmale, etwa die Organisationsform oder die konzeptionelle Qualität des Ganztagsbetriebs haben keinen Einfluss auf die individuelle Schülerteilnahme an einzelnen Angeboten.

Teilnahmequoten am Ganztagsbetrieb auf Schulebene

Was die Teilnahmequoten am Ganztagsbetrieb an einzelnen Schulen anbetrifft, so verdeutlicht StEG in den Schulen starke Teilnahmestreuungen, also zwischen Schulen, die nur wenige Schüler ganztags beschulen bis zu solchen mit fast vollständiger Teilnahme (Holtappels, 2009). Es zeigen sich aber positive Entwicklungen. Die Anteile von Ganztagsgrundschulen mit schwachen Teilnahmequoten (unter einem Viertel aller Kinder) haben von 2005 bis 2007 deutlich abgenommen (von 71% auf 7%). Insgesamt konnten nun 62% der Ganztagsgrundschulen über die Hälfte ihrer Schüler für den Ganztagsbetrieb gewinnen. Schulen des Sekundarbereichs beschulten im Jahr 2007 sogar 80% ihrer Fünftklässler ganztags (2005 lag der Anteil bei 67%). Ältere Schüler für den Ganztagsbetrieb zu interessieren, bleibt jedoch noch eine Herausforderung.

Teilnahme der Ganztagsschüler an einzelnen Angebotsformen

Ursachen für Variationen der Teilnahme von Schülern

Mit dem erweiterten Angebot der Ganztagsschulen und der gestiegenen Teilnahme am Ganztagsbetrieb wird auch eine etwas stärkere individuelle Angebotsnutzung durch die Schüler sichtbar (Holtappels, 2009). In sämtlichen Angebotsbereichen zeigen sich jedoch über zwei Jahre hinweg jeweils nur kleine Veränderungen der Teilnahme, besonders ein Anstieg bei der Förderung und den fachlichen Angeboten. Während neben reger Teilnahme an Freizeitangeboten die fächerübergreifenden Arbeitsgemeinschaften von drei Vierteln aller ganztags Beschulten besucht werden, nehmen an der Hausaufgabenbetreuung in Grundschulen nur etwas mehr als die Hälfte und in der Sekundarstufe ein Drittel teil. In den Genuss von Lernförderung im Ganztag kommen jeweils nur ein Drittel aller ganztägig Lernenden, ebenfalls nur ein Drittel besucht in der Sekundarstufe fachliche Angebote.

Einem meist umfassenden Angebotsprogramm steht also eine eher schwache Schülerteilnahme gegenüber. Dies mag mancherorts an der Angebotskapazität und -organisation oder an der Verbindlichkeit sowie am Schülerwahlverhalten liegen. Vielfach liegt die Erklärung jedoch auch in den von Schulen verfügbaren Ressourcen, wenn eine höhere Zahl von Angeboten und Lerngruppen personell oder räumlich nicht abzudecken sind. Dies bedeutet, dass einem hohen Anteil der Ganztagsschüler keine gesonderten Lern- und Aufgabenzeiten und keine Lernförderung zugute kommen.

Werden Ziel- und Konzeptfaktoren und Merkmale der Organisationskultur in ihrem Zusammenwirken modellhaft in multivariaten Analysen überprüft, bewirken folgende Schlüsselmerkmale gemeinsam ein umfängliches und breites Bildungsangebot (Holtappels & Rollett, 2007) und erweisen sich teilweise auch im Längsschnitt als Gelingensfaktoren (Holtappels & Rollett, 2009):

- ○ hohe *Innovationsbereitschaft* im Kollegium;

- ○ pädagogische *Entwicklungsziele* als ausgeprägte Gründungsmotive;

- ○ konzeptionelle Festlegungen pädagogischer und organisatorischer Gestaltungsformen im *Schulkonzept*;

- ○ konzeptionelle *Verbindungen* zwischen Unterricht und außerunterrichtlichen Elementen;

- intensive *Kooperation* zwischen Lehrkräften und weiterem pädagogisch tätigem Personal;
- *aktive Mitwirkung* der Lehrkräfte im Ganztagsbetrieb;
- flexible *Zeitorganisation*.

Zusammenhangsanalysen bei Höhmann, Holtappels und Schnetzer (2004) zeigen: Schulen mit gebundener Organisationsform und einem in das Schulkonzept/–programm integrierten Ganztagskonzept zeigen in fast allen Organisations- und Prozessfaktoren, vor allem im Entwicklungsstand der Lernkultur und der Förderpraxis günstigere Ergebnisse. Die Organisation von Förderung ist in gebundenen Modellen in elaborierteren Formen anzutreffen und basieren häufiger auf Förderkonzepten.

▷ **Merksatz**

Die Intensität von Teambildungen und die konzeptionelle Verzahnung sind eng gekoppelt und steigen jeweils mit der Quote der Schülerteilnahme am Ganztagsbetrieb.

2.5   Individuelle Wirkungen von Ganztagsschulen

Das aufgrund der Empfehlung des Deutschen Bildungsrates in den Jahren 1971 bis 1977 durchgeführte Experimentalprogramm aus Modellversuchen mit Ganztagsschulen zeigt keine wesentlichen Unterschiede zwischen Ganztags- und Halbtagsschulen im Hinblick auf Schulleistung, Schulerfolg, Disziplinprobleme und Schulangst (Ipfling, 1981, S. 6f.). Lernorganisation, individuelle Förderung und außerunterrichtliche Aktivitäten haben teilweise positive Rückwirkungen auf Leistungsbereitschaft und Sozialverhalten.

Geringer Forschungsstand zu Wirkungen von Ganztagsschulen

Wesentliche Erkenntnisse decken sich mit der Evaluation österreichischer Ganztagsschulen (Dobart et al., 1984) und der Studie von Ludwig (1987). Im Hinblick auf Schulleistungen und Schulerfolg zeigen sich keine nennenswerten Unterschiede zu Halbtagsschulen. Hohe Schulzufriedenheit und Lernmotivation werden auf die Ganztagsorganisation zurückgeführt. Die Einbeziehung der Hausaufgaben geschieht mit Erfolg und wird von Eltern als erhebliche Entlastung erfahren; lernschwächere Kinder werden offenbar besonders gefördert.

Nach den Gesamtschul-Analysen von Fend (1982) wurden die pädagogischen Möglichkeiten der Lernunterstützung in Ganztagsschulen offensichtlich nicht hinreichend für Leistungssteigerungen genutzt, insbesondere nicht für Leistungsstärkere, während Leistungsschwächere etwas zu profitieren schienen. Fachkompetenzen und vor allem Lernzuwächse wurden seitdem nicht mehr systematisch, erst recht nicht im Vergleich von Ganztags- und Halbtagsschulen untersucht (Radisch & Klieme, 2004).

In StEG wird belegt (Radisch et al., 2007), dass der wahrgenommene lernbezogene Nutzen der Ganztagsteilnahme (nach Schülerurteil) von der Teilnahmeintensität am Ganztag sowie von der Schülerkomposition (niedriger Migrantenanteil) und der Ganztagsorganisation (offene Form) der Schule abhängt. Dabei profitieren im Lern- und Sozialbereich Migranten etwas stärker von der Ganztagsteilnahme. Der Lernnutzen hängt in hohem Maße vom Besuch fachbezogener Angebote ab, während fachübergreifende und freizeitorienierte Angebote den sozialen Nutzen fördern. Wirkungen auf nicht-kognitive Bereiche weist Radisch (2009) nach. Die allgemeine Schulfreude wird nicht durch die individuelle Teilnahme-Intensität, offenbar jedoch durch die Teilnahme an fächerübergreifenden und freizeitorientierten Angeboten gefördert. Die individuelle Teilnahme-Intensität beeinflusst positiv prosoziales Schülerverhalten, das aber im Zeitverlauf nicht zunimmt. Die Intensität der Ganztagsteilnahme fördert auch die Lernmotivation und die schulische Performanz (Verbesserung in Schulnoten), wobei in der Sekundarstufe offenbar besonders Migrantenkinder profitieren, jedoch in Abhängigkeit von der Qualität der Hausaufgabenhilfe (Fischer, Kuhn & Klieme, 2009).

> **Merksatz**

Der Lernnutzen der Ganztagsschulteilnahme hängt nach Schülerurteil vom Besuch fachbezogener Angebote ab. Schulfreude kann durch die Teilnahme an fächerübergreifenden und freizeitorientierten Angeboten gefördert werden.

3   Fazit und Perspektiven

Ganztagsschule und Qualitätsstandards

Von einem Ganztagsbetrieb ist nicht zu erwarten, dass ohne Weiteres die Schulqualität auf verschiedenen Ebenen gesteigert wird und bessere Lernleistungen und Sozialverhaltensweisen hervor bringt. Nicht nur die Anforderungen an Schulen sind je nach Einzugsgebiet unterschiedlich, sondern auch Einflussfaktoren auf wünschenswerte pädagogische Effekte erweisen sich als derart vielschichtig, dass sich eine ganztägige Schulzeit nicht schon allein als wirksam erweist. Zudem haben Ganztagsschulen eine äußerst unterschiedliche Schulkultur mit jeweils speziellen Schwerpunkten entfaltet. Vielerorts wird ein attraktives Ergänzungsprogramm unterbreitet, ohne dass die schulischen Kernaufgaben von Unterricht und Förderung erkennbar verbessert werden. Ohne Qualitätsstandards und höhere Bindungsgrade der Teilnahme beim künftigen Ausbau wäre für Verbesserungen in der Schul- und Unterrichtsqualität wenig gewonnen.

Forschungsdefizite

Die Forschungsdefizite erfordern weitere Untersuchungen. Qualität und Wirksamkeit von Ganztagsschulen müssen systematisch erforscht werden. In künftigen Leistungsvergleichsstudien werden für den Nachweis von Leistungseffekten Längsschnittanalysen zwingend erforderlich. Zudem werden differenzierte Vergleichsanalysen zwischen Ganztags- und Halbtagssystemen ebenso notwendig wie die Isolierung von Effekten durch Unterricht und spezielle außerunterrichtliche Lernarrangements.

▷ **Weiterführende Literatur**

Holtappels, H. G. et al. (Hrsg.). (2007). Ganztagsschule in Deutschland. Weinheim: Juventa.
Bettmer, F. et al. (Hrsg). (2007). Ganztagsschule als Forschungsfeld – Theoretische Klärungen, Forschungsdesigns und Konsequenzen für die Praxisentwicklung. Wiesbaden: VS Verlag.
Coelen T. & Otto H.-U. (Hrsg.). (2008). Grundbegriffe Ganztagsbildung. Das Handbuch. Wiesbaden: VS Verlag.

Literaturverzeichnis

Appel, S. & Rutz, G. (1998). Handbuch Ganztagsschule. Konzeption, Einrichtung und Organisation. Schwalbach/Ts.: Wochenschau.
Dobart, A., Koeppner, H., Weissmann, L. & Zwölfer, A. (1984). Ganztägige Organisationsformen der Schule: Ganztagsschule und Tagesheimschule. Darstellung der Schulversuchsarbeit 1974-1982. Wien: Österreichischer Bundesverlag.
Fend, H. (1982). Gesamtschule im Vergleich. Bilanz der Ergebnisse des Gesamtschulversuchs. Weinheim: Beltz.
Fischer, N., Kuhn, H. P. & Klieme, E. (2009). Was kann die Ganztagsschule leisten? Wirkungen ganztägiger Beschulung auf die Entwicklung von Lernmotivation und schulischer Performanz nach dem Übergang in die Sekundarstufe. Zeitschrift für Pädagogik, 54. Beiheft, 143-167.
Haenisch, H. (2003). Evaluation der schulischen Ganztagsangebote in Nordrhein-Westfalen. Ergebnisse der quantitativen und qualitativen Befragungen. Soest: Landesinstitut für Schule und Weiterbildung NRW.
Hertel, S., Klieme, E., Radisch, F. & Steinert, B. (2008). Nachmittagsangebote im Sekundarbereich und ihre Nutzung durch die Schülerinnen und Schüler. In Deutsches PISA-Konsortium (Hrsg.), PISA 2006 in Deutschland. Die Kompetenzen der Jugendlichen im dritten Ländervergleich. Münster: Waxman.
Höhmann, K., Holtappels, H. G. & Schnetzer, T. (2004). Ganztagschule. Konzeptionen, Forschungsbefunde, aktuelle Entwicklungen. In H. G. Holtappels, K. Klemm, H. Pfeifer, H-G. Rolff & R. Schulz-Zander (Hrsg.), Jahrbuch der Schulentwicklung (Bd. 13, S. 253-289). Weinheim: Juventa.
Holtappels, H. G. (1994). Ganztagsschule und Schulöffnung. Perspektiven für die Schulentwicklung. Weinheim: Juventa.
Holtappels, H. G. (2005). Ganztagsschulen entwickeln und gestalten – Zielorientierungen und Gestaltungsansätze. In K. Höhmann, H. G. Holtappels, I. Kamski & T. Schnetzer (Hrsg.), Entwicklung und Organisation von Ganztagsschulen. Anregungen, Konzepte, Praxisbeispiele (S. 7-44). Dortmund: IFS-Verlag.
Holtappels, H. G. (2007a). Angebotsstruktur, Schülerteilnahme und Ausbaugrad ganztägiger Schulen. In H. G. Holtappels, E. Klieme, T. Rauschenbach & L. Stecher (Hrsg.), Ganztagsschule in Deutschland (186-206). Weinheim: Juventa.
Holtappels, H. G. (2007b). Ziele, Konzepte, Entwicklungsprozesse. In H. G. Holtappels, E. Klieme, T. Rauschenbach & L. Stecher (Hrsg.), Ganztagsschule in Deutschland (S. 209-225). Weinheim: Juventa.

Holtappels, H. G. (2009). Entwicklung von Ganztagsschulen: Quantitativer Ausbau und konzeptioneller Nachholbedarf. Ausgewählte Längsschnittergebnisse aus der StEG-Untersuchung. In S. Appel, H. Ludwig, U. Rother & G. Rutz (Hrsg.), Jahrbuch Ganztagsschule 2010 (S. 139-151). Schwalbach/Ts.: Wochenschau.

Holtappels, H. G., Klemm, K., Pfeiffer, H., Rolff, H.-G. & Schulz-Zander, R. (Hrsg.). (2004). Jahrbuch der Schulentwicklung Bd. 13. Weinheim: Juventa.

Holtappels, H. G., Klieme, E., Rauschenbach, T. & Stecher, L. (Hrsg.). (2007). Ganztagsschule in Deutschland. Ergebnisse der Ausgangserhebung der ‚Studie zur Entwicklung von Ganztagsschulen' (StEG). Weinheim: Juventa.

Holtappels, H. G. & Rollett, W. (2007). Organisationskultur, Entwicklung und Ganztagsschulausbau. In H. G. Holtappels, E. Klieme, T. Rauschenbach & L. Stecher (Hrsg.), Ganztagsschule in Deutschland (S. 209-226). Weinheim: Juventa.

Holtappels, H. G. & Rollett, W. (2009). Schulentwicklung in Ganztagsschulen. Zur Bedeuung von Zielorientierungen und Konzeption für die Qualität des Bildungsangebots. In Zeitschrift für Pädagogik, 54. Beiheft, 18-39.

Ipfling, H.-J. (1981). Modellversuche mit Ganztagsschulen und anderen Formen ganztägiger Förderung. Bund-Länder-Kommission für Bildungsplanung und Forschungsförderung, Bonn: BLK.

KMK (Hrsg.). (2004). Bericht über die allgemein bildenden Schulen in Ganztagsform in den Ländern in der Bundesrepublik Deutschland – Schuljahr 2002/03. Bonn: KMK.

KMK (Hrsg.). (2010). Allgemein bildenden Schulen in Ganztagsform in den Ländern in der Bundesrepublik Deutschland – Statistik 2004 bis 2008. Bonn: KMK.

Ludwig, H. (1987). Gesamtschule und Ganztagsschule. In Gesamtschul-Informationen, 18, 125-154.

Radisch, F. (2009). Qualität und Wirkung ganztägiger Schulorganisation. Theoretische und empirische Befunde. Weinheim: Juventa.

Radisch, F. & Klieme, E. (2004). Wirkungen ganztägiger Schulorganisation. In Die Deutsche Schule, 96, 153-169.

Radisch, F., Stecher, L., Klieme, E. & Kühnbach, O. (2007). Unterrichts- und Angebotsqualität aus Schülersicht. In H. G. Holtappels, E. Klieme, T. Rauschenbach & L. Stecher (Hrsg.), Ganztagsschule in Deutschland (S. 227-260). Weinheim: Juventa.

Züchner, I. (2007). Ganztagsschule und Familie. In H. G. Holtappels, E. Klieme, T. Rauschenbach & L. Stecher (Hrsg.), Ganztagsschule in Deutschland (S. 314-332). Weinheim: Juventa.

Andrä Wolter

Hochschulforschung

▷ **Zusammenfassung**

Das Kapitel befasst sich mit Hochschule als Thema der Bildungsforschung und stellt Entwicklung und Schwerpunkte empirischer Hochschulforschung vor. Hochschulforschung ist von ihren Anfängen an
nicht nur als Grundlagenforschung bedeutsam, sondern auch als Spiegel und kritische Instanz hochschulpolitischer Entwicklungen.

1   Entwicklung der Hochschulforschung

Von vereinzelten Vorläufern abgesehen entstand empirische Hochschulforschung in Deutschland im Wesentlichen in den 1960er Jahren, ähnlich
wie andere Felder der Bildungsforschung auch. Erste empirische, quantitativ orientierte Untersuchungen erfolgten im Zusammenhang mit dem
beabsichtigten Ausbau des Hochschulwesens und den Anfängen einer
Hochschul(entwicklungs)planung in Deutschland (Oehler, 1989). Drei
Themen standen im Vordergrund und ziehen sich, ergänzt um neue Forschungsfelder, bis heute durch die Hochschulforschung:

○ Die Entwicklung der *Studiennachfrage*, des Hochschulbesuchs und des
   Akademikerbedarfs;

○ Studium, *Studienverläufe* und Studienerfolg sowie

○ soziale, regionale und geschlechtsspezifische *Disparitäten* in der Beteiligung an Hochschulbildung, insbesondere an der Schwelle des Hoch-
   schulzugangs.

Ein wesentlicher Motor für die Entwicklung empirischer Hochschulforschung in Deutschland war in den 1960er und 1970er Jahren die Errichtung
einiger Institute oder Forschungsgruppen, die sich teilweise oder ganz der
empirischen Hochschulforschung widmeten, wie des Max-Planck-Instituts
für Bildungsforschung in Berlin (1963), des Hochschul-Informations-System (HIS) (1969), das bis heute ein Zentrum der empirischen Hochschul-,
insbesondere der Studentenforschung ist, oder der Forschungsgruppe
Hochschulforschung an der Universität Konstanz (seit 1970). 1978 wurde
an der Universität Kassel das Wissenschaftliche Zentrum für Berufs- und

Institute und
Forschungsgruppen

Hochschulforschung gegründet (heute Internationales Zentrum für Hochschulforschung, INCHER). Für eine primär länderbezogene Hochschulforschung steht das 1973 errichtete Bayerische Staatsinstitut für Hochschulforschung und Hochschulplanung. Als jüngste Forschungseinrichtung ist im Jahr 1996 das Institut für Hochschulforschung (HoF) an der Universität Halle-Wittenberg hinzugekommen. Neben diesen Instituten gibt es einige Professuren an deutschen Universitäten, die auf Hochschulforschung spezialisiert sind, und weitere Institute oder Zentren, die sich auch mit Hochschule und Hochschulentwicklung beschäftigen (z. B. das Institut für Arbeitsmarkt- und Berufsforschung, Nürnberg, das Wissenschaftszentrum Berlin oder einzelne hochschuldidaktische Zentren an den Hochschulen).

Umbruchsphase des Hochschulsystems

In den 1970er und 1980er Jahren hat die Hochschulforschung in Deutschland kontinuierlich ihr Themenspektrum und ihre empirische Basis weiter ausgebaut (Goldschmidt et al., 1984; Huber, 1983; Oehler & Webler, 1988). Seit den späten 1990er Jahren hat gerade die Hochschulforschung erheblich an Bedeutung gewonnen. Wie die Empirische Bildungsforschung insgesamt, so hat sie in den letzten Jahren von dem neuen Paradigma einer evidenzbasierten Bildungspolitik profitiert. Ohne Zweifel mangelt es der Hochschulpolitik häufig an empirischer Bedingungsanalyse und Wirkungskontrolle wie überhaupt an fundiertem Wissen über Bedingungen, Prozesse, Ergebnisse und Wirkungen von Hochschulbildung oder von Reformmaßnahmen. Die Bedeutung der Hochschulforschung für wissenschaftliche Politikberatung ist ein wesentlicher Faktor für die Entwicklung dieses Forschungsfeldes. Das deutsche Hochschulsystem befindet sich seit etwa zehn bis 15 Jahren in einer tief greifenden Umbruchphase, die mit dem Schlagwort ‚Bologna-Prozess' nur sehr selektiv wiedergegeben wird (Teichler, 2005a). Tatsächlich vollzieht sich in Deutschland gegenwärtig mit einer Vielzahl an Reformmaßnahmen eine fundamentale Transformation des gesamten Hochschulsystems (Wolter, 2004, 2007), deren Begleiterscheinung der – im Vergleich zur Schulforschung allerdings bescheidene – Aufschwung der Hochschulforschung ist.

2   Themenfelder, Schwerpunkte und Forschungsansätze

Hochschulforschung ist, fachsystematisch betrachtet, der Erziehungswissenschaft nur teilweise zuzuordnen. National und international ist die Hochschulforschung eher inter- oder sogar transdisziplinär orientiert. Stärker als die Erziehungswissenschaft haben die Soziologie und Ökonomie einen Einfluss auf die Entwicklung der Hochschulforschung genommen. Innerhalb der Hochschulforschung tritt die disziplinäre Herkunft gegenüber den übergreifenden Frage- und Problemstellungen und den theoretischen Orientierungen zurück. Zwar hat das wissenschaftliche Interesse von Erziehungswissenschaftlern an hochschulbezogenen Fragestellungen in den letzten Jahren zugenommen (Teichler & Tippelt, 2005; Lenzen et al., 2008). Aber die Hochschulforschung ist hier, von disziplinspezifischer Forschung abgesehen, bis heute eher randständig geblieben.

Die einzelnen Arbeitsfelder der Hochschulforschung lassen sich nach verschiedenen Kriterien systematisieren. Fachsystematisch werden historische, soziologische, psychologische, ökonomische, rechtswissenschaftliche und erziehungswissenschaftliche Forschungsansätze unterschieden. Eine solche Differenzierung würde aber den fachübergreifenden, stark problemorientierten Konturen der Hochschulforschung nicht gerecht. Weiterführend wäre eine nach Aufgaben, Funktionen, Strukturen und Prozessen des Hochschulsystems und der Hochschulbildung orientierte Differenzierung (Teichler, 2002). So ließen sich folgende Themenfelder unterscheiden, die sich aber nicht streng voneinander abgrenzen lassen:

Themenfelder der Hochschulforschung

- ○ *Bildungsbeteiligungs- und Studentenforschung.* Untersucht werden hier unter anderem solche Aspekte wie die Entwicklung der Studiennachfrage und der Beteiligung an Hochschulbildung, Hochschulzugang und -zulassung, Entscheidungsprozesse bei der Studienaufnahme, Studienverläufe und Studienprobleme, Sozialisation in der Hochschule, die soziale Lage der Studierenden, studentische Mobilität.

- ○ *Lehr- und Lernforschung, Studienwirkungsforschung.* Dieses Feld umfasst u. a. Themen wie Studiengänge und Studienformen, Fächerkulturen, didaktische Organisations- und Realisierungsformen, studentische Studien- und Lernerfahrungen, Studienqualität, Studienzeiten bzw. Verweildauer, Hochschulprüfungen, Beratung und Betreuung, Studien- und Lernergebnisse, Kompetenzentwicklung im Studium, Schlüsselkompetenzen, institutionelle Wirkungen ('impact of college').

- ○ *Absolventen- und Berufsforschung.* Dazu gehören Themen wie das Verhältnis von Hochschule und Beruf, Übergänge in den Beruf, beruflicher Verbleib und Berufsverläufe, interne und externe Erträge von Hochschulbildung, 'outcomes' des Studiums, (In-)Adäquanz der Beschäftigung, Praxis- und Berufsrelevanz des Studiums, Angebots- und Bedarfsentwicklung, wissenschaftliche Weiterbildung.

- ○ *Professionsforschung.* Dieser Bereich schließt Bereiche ein wie die wissenschaftlichen Nachwuchs, Promotionsforschung, Personalentwicklung, Karrierewege, Zusammensetzung des Lehrkörpers, Zeitbudgetforschung, internationale Mobilität.

- ○ *Institutionen-, Struktur- und Hochschulentwicklungsforschung.* Hierzu zählen Themen wie die Strukturentwicklung des Hochschulsystems, die Hochschulexpansion und ihre Folgen, Hochschultypen, private Hochschulen, horizontale und vertikale Differenzierung, Exzellenz und Elite, Internationalisierung und Europäisierung, Regionalisierung der Hochschulentwicklung und regionale Disparitäten.

- ○ *Forschung zu Hochschulplanung, Organisation und Steuerung des Hochschulsystems und zur Hochschulpolitik.* Hier werden Aspekte thematisiert wie z.B. die Entwicklungskonzepte von Hochschulen, das

Verhältnis von Staat und Hochschule, Modelle und Verfahren neuer Hochschulsteuerung, Hochschulfinanzierung, Organisation der Hochschule, Hochschulmanagement, Qualitätssicherung, Evaluation und Akkreditierung, Studienreformen und ihre Ergebnisse.

○ *Wissenschaftsforschung*, in deren Bezugsrahmen die Forschungsfunktion als zweites zentrales Aufgabenfeld der Hochschule thematisiert wird (z.b. Forschungsproduktivität und -effektivität, Forschungsindikatoren, Forschungsevaluation, universitäre und außeruniversitäre Forschung).

Viele empirische Untersuchungen in der Hochschulforschung verfolgen nicht primär das Interesse, theoretische Konzepte und Hypothesen zu entwickeln und zu überprüfen, sondern sind oft auf pragmatische Problemstellungen ausgerichtet. Die große Mehrzahl der theoretischen Konzepte, die in der Hochschulforschung Einfluss gewonnen haben, sind Anleihen aus der Soziologie. Ein Beispiel dafür ist die Hochschulexpansionsforschung. Im Übrigen unterscheiden sich die theoretischen Orientierungen in der Hochschulforschung oft nicht grundlegend von anderen Feldern der Bildungsforschung. Ähnliches gilt für den Kanon an quantitativ-statistischen und qualitativen Forschungsmethoden.

▷ **Hochschulexpansion – ein Beispiel für Theoriebildung**

In der Hochschulforschung lässt sich wie in anderen Feldern der Bildungsforschung ein ausgeprägter theoretischer Pluralismus feststellen. So gibt es z. B. mehrere theoretische Ansätze, um die sich in nahezu allen Staaten, wenn auch auf unterschiedlichem Niveau, vollziehende Hochschulexpansion zu erklären. Die Hochschulexpansion ist eines der zentralen Themen der Hochschulforschung. Mit diesem Begriff werden die im Kohortenvergleich steigende Beteiligung an Hochschulbildung und das Wachstum der Hochschulsysteme bezeichnet.

Erklärungsansätze für Hochschulexpansion

Auch wenn sich solche Expansionsprozesse in vielen Ländern vollzogen haben, so gibt es doch deutliche Unterschiede. Deutschland gilt im internationalen Vergleich als ein Land, in dem die Expansion eher zögerlich und auf einem deutlich niedrigen Sockel verläuft als in den meisten ökonomisch vergleichbaren Ländern. Zu den wichtigsten Erklärungsansätzen zählen (Reisz & Stock, 2007; Teichler, 2005b; Windolf, 1990; Wolter, 1995):

○ *Humankapitaltheoretische* Ansätze, welche die Hochschulexpansion als Reaktion auf den steigenden Bedarf an hochqualifizierten Arbeitskräften und als Folge steigender individueller Ertragserwartungen an Hochschulbildung verstehen.

○ *Modernisierungstheoretische* Ansätze, die einen Zusammenhang zwischen dem Wachstum des Hochschulsystems und der ökonomischen, sozialen, kulturellen und politischen Modernisierung von Gesellschaften behaupten.

○ *Statusdistributionstheoretische* Ansätze, welche die Gründe der Hochschulexpansion in einer steigenden Bildungs- und Statuskonkurrenz sehen, in der soziale Gruppen miteinander um die Verteilung des Bildungskapitals konkurrieren und ein individueller Bildungsvorsprung zum entscheidenden Vorteil bei der Allokation beruflicher und sozialer Positionen wird.

○ Eng damit verwandt sind *meritokratietheoretische* Ansätze, die von der Annahme ausgehen, dass in modernen Leistungsgesellschaften Bildung, Ausbildung und Qualifikation zum zentralen Erfolgsvoraussetzung geworden sind und dieser Mechanismus das Verhalten immer größerer Bevölkerungsgruppen bestimmt.

○ Theorien der *rationalen Wahl*, welche die Entscheidung für ein Studium als Folge der Abwägung von Kosten und (materiellen und immateriellen) Erträgen, Aufwand und Erfolg eines Hochschulstudiums zurückführen.

○ *Neoinstitutionalistische* Ansätze, welche in der Hochschulexpansion die globale Durchsetzung eines weltweiten kulturellen Fortschritts- und Rationalitätsverständnisses sehen.

Unter den Strömungen, die in den letzten Jahren in der Hochschulforschung Einfluss gewonnen haben, spielen die von John W. Meyer und Kollegen entwickelten neoinstitutionalistischen Ansätze nicht nur in der Hochschulexpansionsforschung, sondern auch bei der Analyse organisationaler Wandlungsprozesse im Hochschulsystem eine Rolle (Hasse & Krücken, 2005; Koch & Schemmann, 2009; Senge & Hellmann, 2006). Verschiedene Governancetheorien (Benz et al., 2007) sind vor allem bei Untersuchungen zur neuen Hochschulsteuerung einflussreich (Schimank, 2007, 2009; Wolter, 2010). Die theoretischen Konzepte von Pierre Bourdieu haben viele Untersuchungen zum Thema Hochschulbildung und soziale Ungleichheit geprägt. Ein weiteres, noch recht neues Forschungsfeld ist die Kompetenzforschung, bei der es um Fragen der Kompetenzentwicklung im Studium oder der ‚outcomes' der Hochschulbildung geht (Schaeper, 2005). Hier gibt es ein breites Spektrum methodischer Ansätze – von Selbstbeschreibungen im Rahmen von survey-basierter Forschung bis hin zu psychometrischen Modellen.

3   Aktuelle Beispiele und Ergebnisse

Für die quantitativ-empirische Hochschulforschung in Deutschland lässt sich sagen, dass hier eine insgesamt recht gute Informations- und Datenlage vorhanden ist, es dagegen eher an theoriebasierter empirischer Forschung fehlt. Neben den kaum noch überschaubaren zahlreichen empirischen Einzelstudien, die in den letzten vier Jahrzehnten durchgeführt wurden, verfügt die empirische Hochschulforschung hierzulande über ein kontinuierliches Gerüst an Datenreihen. Seit den frühen 1970er Jahren ist in Deutschland

Theoriemangel empirischer Hochschulforschung

eine relativ differenzierte amtliche Hochschulstatistik vorhanden. Darüber hinaus gibt es seit den 1980er Jahren in der Studenten- und Absolventenforschung eine Vielzahl survey-basierter Untersuchungsreihen, die zum Teil als Follow-Up, zum Teil als Längsschnittstudien angelegt sind.

Hochschul-Informations-System

So führt das Hochschul-Informations-System (HIS) seit gut 30 Jahren regelmäßig bundesweit repräsentative Studienberechtigten- und Studienanfängerbefragungen durch, in deren Zentrum die Statuspassage zwischen Schule und Hochschule steht (Wolter, 2009). Beim seit 1983 im dreijährigen Rhythmus durchgeführten Konstanzer Studierendensurvey (Multrus et al., 2008) stehen die Studiensituation und -probleme, die Studienverläufe und -erfahrungen im Vordergrund, während bei den ebenfalls alle drei Jahre vom HIS durchgeführten Sozialerhebungen (Isserstedt et al., 2010) die soziale und wirtschaftliche Lage und die Lebenssituation der Studierenden im Zentrum stehen.

Steigende Heterogenität

Beide Untersuchungsreihen liefern ein tiefenscharfes Bild der Entwicklung der Studien- und Lebenssituation der Studierenden in Deutschland. Sie zeigen, wie sehr sich das relativ einheitliche Bild des ‚Normalstudierenden' verändert und die Heterogenität deutlich zugenommen hat – in der Zusammensetzung der Studierenden nach Merkmalen wie Geschlecht oder Migrationsstatus ebenso wie nach subjektiven Merkmalen (Motivationen, normative Orientierungen, Erwartungen). In der Folge sind die Diskrepanzen zwischen der Studien- und Lebenswirklichkeit vieler Studierenden und den Studienformaten immer größer geworden, wie sich an der studienbegleitenden Erwerbstätigkeit, am (de-facto-)Teilzeitstudium, den Studienzeiten oder dem Studienabbruch ablesen lässt. Die Sozialerhebung ist auch eine der wichtigsten Datenquellen für die Analyse sozialer Partizipations- und Ungleichheitsstrukturen im Hochschulsystem.

> ## ▷ Hochschulbildung und soziale Ungleichheit
>
> Seit den 1960er Jahren ist dieses Thema immer wieder untersucht worden. Trotz zahlreicher Hochschulreformen und der enormen Expansion in der Beteiligung an Hochschulbildung sind die sozialen Disparitäten in der Teilnahme an Hochschulbildung nicht verschwunden. Für eine Analyse der Zusammenhänge zwischen Herkunft und Studierchancen gibt es unterschiedliche Wege. Insbesondere die Berechnung sozialgruppenspezifischer Beteiligungsquoten macht die massiven sozialen Unterschiede in der Beteiligung an Hochschulbildung deutlich. Zwar erweist sich der Hochschulzugang immer wieder als soziale Hürde, aber soziale Selektion erfolgt hauptsächlich über die Schullaufbahn.

Sozialgruppenspezifische Bildungsbeteiligungsquoten verbinden Daten aus Studienanfängerbefragungen (zur sozialen Struktur der Studienanfänger) mit Mikrozensusdaten zur sozialen Struktur der altersgleichen Bevölkerung und zahlreichen weiteren Informationen. Danach verläuft die soziale Differenzierung der Studierchancen primär entlang des Merkmals, ob die Eltern (oder ein Elternteil) bereits über einen Hochschulabschluss verfügen oder nicht (Isserstedt et al., 2010, S. 100 ff.). Während im Jahr 2007 71% aller Kinder aus einer akademisch vorgebildeten Familie ein Studium aufnahmen, waren es unter den Kinder aus Familien ohne akademische Tradition nur 24%. Die Gruppe mit der höchsten Beteiligungsquote beim Hochschulzugang – Kinder aus Beamtenfamilien, in denen mindestens ein Elternteil ein Studium absolviert hat – weist mit 84% eine fünfmal so hohe Studierquote auf wie die Gruppe mit der niedrigsten Beteilungsquote, den Kindern aus Arbeiterfamilien (17%). Das familiäre Bildungskapital bildet die wichtigste Ressource für die Aufnahme eines Hochschulstudiums. Die Hochschule ist offensichtlich immer mehr zu einer Institution geworden, die primär der ‚Vererbung' des in der Familie schon vorhandenen akademischen Bildungskapitals dient. Allerdings ist es wegen nicht vorhandener Kompetenzmessungen, die sich über die ganze Altersstufe der 19- bis 23-jährigen Personen erstrecken, bislang nicht möglich gewesen, diese Zusammenhänge unter Kontrolle der Kompetenzentwicklung auszuweisen.

Ein Forschungsfeld, das sich seit einigen Jahren im Kontext von Studienreform, Qualitätssicherung und institutioneller Profilierung von Hochschulen im Aufwind befindet, sind Absolventenstudien. Diese untersuchen retrospektiv die Studienverläufe und die Einschätzung des Studiums, die Übergänge in Arbeitsmarkt und Beruf sowie weitere berufliche Werdegänge. Neben international vergleichenden Absolventenstudien (Schomburg & Teichler, 2006; Teichler, 2007a) gibt es bundesweite Erhebungen sowie eine Reihe von Länder- und lokale Studien (Lenz et al., 2010). Bundesweite Absolventenstudien sind z.b. das Kasseler Kooperationsprojekt Absolventenstudien ‚Studienbedingungen und Berufserfolg' sowie die schon seit 1989 durchgeführten HIS-Absolventenbefragungen (Briedis, 2007).

▷ Hochschule und Arbeitsmarkt

Im internationalen Vergleich sind die niedrigen altersbezogenen Absolventenquoten des deutschen Hochschulsystems auffällig. Die Anteile der Hochschulabsolventen an der erwerbstätigen Bevölkerung nehmen in anderen vergleichbaren Staaten stärker zu als in Deutschland. Der Abstand wird also größer. Es ist heute bildungsökonomisch weithin unstrittig, dass hochqualifizierte Arbeitskräfte als Teil der wissensgesellschaftlichen Modernisierung von Arbeit und Beschäftigung einen wesentlichen Innovations- und Wachstumsfaktor darstellen. Deutschland weist hier also einen langfristig bedrohlichen Rückstand auf.

An dem Verhältnis zwischen Hochschulexpansion und Arbeitsmarkt, Bedarf und Angebot an Akademikern entzündet sich immer wieder eine arbeitsmarkt- und beschäftigungspolitische Debatte. So ist in der öffentlichen Debatte die These weit verbreitet, dass mit der Hochschulexpansion die Zahl arbeitsloser Akademiker stark zunimmt. Die qualifikationsspezifischen Arbeitslosenquoten zeigen, dass dies empirisch nicht zutrifft

Absolventenstudien

Hochschulexpansion und Arbeitsmarkt

(Biersack et al., 2008). Ganz im Gegenteil zeichnet sich eine zunehmende soziale Polarisierung zwischen den Hoch- und Geringqualifizierten ab (Wolter & Koepernik, 2010). Auch erweist sich die Behauptung, dass Hochschulabsolventen zwar erwerbstätig sind, aber eben nicht adäquat, als unzutreffend. Tatsächlich stellt sich ihre Situation beim Eintritt in den Arbeitsmarkt wesentlich günstiger dar, als dies eine plakativ geführte Diskussion in den Medien ('Generation Praktikum') vermuten lässt (Autorengruppe Bildungsberichterstattung, 2008, S. 186ff.) – wenn auch bei starken Unterschieden zwischen den Fachrichtungen und zum Teil auch zwischen Absolventenkohorten. Empirisch deutet bislang wenig auf ein 'down-grading' oder eine manifeste 'Überqualifikation' in der Beschäftigung von Hochschulabsolventen hin.

4   Perspektiven der Hochschulforschung

Zu den weiteren wichtigsten Forschungsfeldern zählen vier Themen: Kompetenzforschung, Forschung zu den Auswirkungen des Bologna-Prozesses, die Professions- sowie die Governanceforschung. Eine besondere Bedeutung werden zukünftig das Nationale Bildungspanel (NEPS) und die in diesem Rahmen durchgeführten hochschulbezogenen Studien haben. Die Untersuchung der Kompetenzentwicklung in institutionellen Kontexten ist ja eine der Hauptfragestellungen des NEPS und zugleich ein wesentliches Defizit der Hochschulforschung. Die komplexen Beziehungen zwischen Lernprozessen im Studium, ihren institutionellen Kontexten, den außerinstitutionellen Lernumwelten, den individuellen Dispositionen der Studierenden sowie dem Lernerfolg und den Lernergebnissen gilt es für die Institution Hochschule noch wesentlich genauer zu untersuchen.

Akademische Kompetenzentwicklung

Mit Blick auf die sich abzeichnende stärkere vertikale Differenzierung des deutschen Hochschulsystems (z.B. durch die Exzellenzinitiative oder die wachsende Bedeutung von Rankingverfahren) wird die Frage interessant, welche Bedeutung die einzelne Hochschule für akademische Kompetenzentwicklung hat, insbesondere auch für die späteren beruflichen Karriereverläufe (Teichler, 2007b). Die Auswirkungen des Bologna-Prozesses auf die Lehr- und Lernkulturen an den deutschen Hochschulen und auf die Studieneffektivität (Abbruchquoten, Studienzeiten) werden angesichts der politischen Umstrittenheit dieses Reformprojektes einen weiteren Schwerpunkt in der Forschung bilden. Professionsforschung, Forschung über den wissenschaftlichen Nachwuchs und den Hochschullehrerberuf steht ebenfalls in einem hochschulpolitischen Kontext: Der Frage nach effektiveren Formen der Doktorandenausbildung, der Klage über prekäre Beschäftigungsbedingungen des wissenschaftlichen Nachwuchses, dem Generationenwechsel in der Zusammensetzung des Lehrkörpers deutscher Hochschulen, der Verkürzung der Qualifikationswege oder der angestrebten Verbesserung der Hochschullehre (Banscherus et al., 2009).

Auch die Governanceforschung ist angesichts der umfassenden Transfor-   Governanceforschung
mation deutscher Hochschulen von einer staatlich gesteuerten akademi-
schen Republik in eine ‚managerial organization' neuen Typs ein wichtiges
Aufgabenfeld. Dieser Wandel könnte langfristig weit folgenreicher sein als
die Studienreformen im Zeichen des Bologna-Prozesses, weil sich mit den
neuen Verfahren der Hochschulsteuerung auch die Kriterien für akademische Leistung, Anerkennung und Bedeutsamkeit verändern (Wolter 2007,
2010). Während der Stand der Implementation dieser neuen Verfahren relativ gut dokumentiert ist, stellt die Frage nach ihren Auswirkungen auf die
akademischen Leistungen, auf Qualität und Effektivität der wissenschaftlichen Arbeit noch ein weitgehendes Desiderat dar, an dem gegenwärtig aber
verschiedene Projekte ansetzen.

Hochschulforschung wird mit dem gesellschaftlichen Funktionszuwachs
der Hochschule, der mit der wissensgesellschaftlichen Transformation
von Wertschöpfung, Arbeit und Beschäftigung verbunden ist, weiter an
Bedeutung gewinnen. Dazu trägt auch der steigende wissenschaftliche
Legitimationsbedarf staatlicher Bildungspolitik – unter dem Stichwort
evidenzbasierte Bildungspolitik – bei (vgl. Kap. IX). Nicht zuletzt nimmt
der wissenschaftliche Informationsbedarf der Hochschulen zu, eine Folge
ihrer größeren institutionellen Verantwortlichkeit. Von wissenschaftlichen
Kriterien her gesehen, entspricht die disziplinäre Struktur der Hochschulforschung im wesentlichen jener der Bildungsforschung im allgemeinen:
Eine ausgeprägte inter-, wenn nicht transdisziplinäre Orientierung, Internationalisierung und mehr komparative Forschung, das Bemühen um eine
stärkere theoretische und empirische Fundierung, die Ausdifferenzierung
des methodischen Instrumentariums, das gleichzeitige Bemühen um Praxisrelevanz. Wie in anderen Bereichen der Bildungsforschung bleibt die
Frage offen, in welchem Verhältnis steigende Anforderungen an die Wis-
senschaftlichkeit zu den ebenfalls wachsenden Erwartungen an die praktische Relevanz des durch Forschung generierten wissenschaftlichen Wissens stehen.

▷ **Weiterführende Literatur**

Lenzen, D., Krüger, H.-H. & Wulf, C. (Hrsg.). (2008). Schwerpunkt
    Hochschulbildung. Zeitschrift für Erziehungswissenschaft, 11.
Teichler, U. (2005). Hochschulstrukturen im Umbruch. Eine Bilanz
    der Reformdynamik seit vier Jahrzehnten. Frankfurt am Main:
    Campus.
Teichler, U. (2009). Hochschulbildung. In R. Tippelt & B. Schmidt
    (Hrsg.), Handbuch Bildungsforschung (S. 421-444). Wiesbaden:
    VS Verlag.

Literaturverzeichnis

Autorengruppe Bildungsberichterstattung (2008). Bildung in Deutschland 2008. Ein indikatorengestützter Bericht mit einer Analyse zu Übergängen im Anschluss an der Sekundarbereich 1. Bielefeld: Bertelsmann.

Banscherus, U., Dörre, K., Neis, M. & Wolter, A. (2009). Arbeitsplatz Hochschule. Zum Wandel von Arbeit und Beschäftigung in der ‚unternehmerischen Universität'. Bonn: Friedrich-Ebert-Stiftung.

Benz, A., Luetz, S., Schimank, U. & Simonis, G. (Hrsg.). (2007). Handbuch Governance. Theoretische Grundlagen und empirische Anwendungsfelder. Wiesbaden: VS Verlag.

Biersack, W., Kettner, A., Reinberg, A. & Schreyer, F. (2008). Gut positioniert, gefragt und bald sehr knapp. Akademiker/innen auf dem Arbeitsmarkt. IAB-Kurzbericht 18/2008. Nürnberg: IAB.

Briedis, K. (2007). Die HIS-Absolventenstudien. In Hochschulrektorenkonferenz (Hrsg), Potentiale von Absolventenstudien für die Hochschulentwicklung (S. 17-33). Bonn: HRK.

Goldschmidt, D., Teichler, U. & Webler, W.-D. (Hrsg.). (1984). Forschungsgegenstand Hochschule. Überblick und Trendbericht. Frankfurt am Main: Campus.

Hasse, R. & Krücken, G. (1999). Neo-Institutionalismus. Bielefeld: transcript.

Huber, L. (Hrsg.). (1983). Ausbildung und Sozialisation in der Hochschule. Enzyklopädie Erziehungswissenschaft. Band 10. Stuttgart: Klett-Cotta.

Isserstedt, W., Middendorff, E., Kandulla, M., Borchert, L. & Leszczensky, M. (2010). Die wirtschaftliche und soziale Lage der Studierenden in der Bundesrepublik Deutschland 2009. Bonn: BMBF.

Koch, S. & Schemmann, M. (Hrsg.). (2009). Neo-Institutionalismus in der Erziehungswissenschaft. Wiesbaden: VS Verlag.

Lenz, K. et al. (2010). Studium und Berufseinstieg. Ergebnisse der ersten ‚Sächsischen Absolventenstudie'. Dresden: TU Dresden.

Multrus, F., Bargel, T. & Ramm, M. (2008). Studiensituation und studentische Orientierungen. 10. Studierendensurvey an Universitäten und Fachhochschulen. Bonn: BMBF.

Oehler, C. (1989). Hochschulentwicklung in der Bundesrepublik Deutschland seit 1945. Frankfurt am Main: Campus.

Oehler, C. & Webler, W.-D. (Hrsg.). (1988). Forschungspotentiale sozialwissenschaftlicher Hochschulforschung. Weinheim: Deutscher Studien Verlag.

Reisz, R. & Stock, M. (2007). Inklusion in Hochschulen. Beteiligung an der Hochschulbildung und gesellschaftliche Entwicklung in Europa und in den USA (1950-2000). Bonn: Lemmens.

Schaeper, H. (2005). Hochschulbildung und Schlüsselkompetenzen. In U. Teichler & R. Tippelt (Hrsg.), Hochschullandschaft im Wandel (S. 209-220). Zeitschrift für Pädagogik. 50. Beiheft. Weinheim: Beltz.

Schimank, U. (2007). Die Governance-Perspektive: Analytisches Potenzial und anstehende konzeptionelle Fragen. In H. Altrichter, T. Brüsemeister & J. Wissinger (Hrsg.), Educational Governance. Handlungskoordination und Steuerung im Bildungssystem (S. 231-260). Wiesbaden: VS Verlag.

Schimank, U. (2009). Governance-Reformen nationaler Hochschulsysteme. Deutschland in internationaler Perspektive. In J. Bogumil & R. Heinze (Hrsg.), Neue Steuerung von Hochschulen (S. 123-138). Berlin: edition sigma.

Schomburg, H. & Teichler, U. (2006). Higher education and graduate employment in Europe. Results from graduate surveys from twelve countries. Dordrecht: Springer.

Senge, K. & Hellmann, K-U. (2006). Einführung in den Neo-Institutionalismus. Wiesbaden: VS Verlag.

Teichler, U. (2005a). Hochschulstrukturen im Umbruch. Eine Bilanz der Reformdynamik seit vier Jahrzehnten. Frankfurt am Main: Campus.

Teichler, U. (2005b). Hochschulsysteme und Hochschulpolitik. Quantitative und strukturelle Dynamiken, Differenzierungen und der Bologna-Prozess. Münster: Waxmann.

Teichler, U. (Hrsg). (2007a). Careers of university graduates. Views and experiences in comparative perspectives. Dordrecht: Springer.

Teichler, U. (2007b). Studium und Berufschancen: Was macht den Unterschied aus? Beiträge zur Hochschulforschung. 29, 10-31.

Teichler, U. & Tippelt, R. (Hrsg.). (2005). Hochschullandschaft im Wandel. Zeitschrift für Pädagogik. 50. Beiheft. Weinheim: Beltz.

Windolf, P. (1990). Die Expansion der Universitäten 1870-1985. Stuttgart: Enke.

Wolter, A. (1995). Die Entwicklung der Studiennachfrage in der Bundesrepublik Deutschland. Hannover: Institut für Entwicklungsplanung und Strukturforschung.

Wolter, A. (2004). From state control to competition. German higher education transformed. The Canadian Journal of Higher Education, 34, 73-104.

Wolter, A. (2007). From the academic republic to the managerial university. The implementation of new governance structures in German higher education. In University of Tsukuba (Hrsg.), Reforms of higher education in six countries. Commonalities and differences (S. 111-132). Tokyo: University of Tsukuba.

Wolter, A. (2009). Higher education. Berlin: Working Paper Series des Rates für Sozial- und Wirtschaftsdaten 128.

Wolter, A. (2010, in Druck). State, market and institution in German higher education. New governance mechanisms beyond state regulation and market dynamics. In G. Alvarez Mendiola & H. G. Schuetze (Hrsg.), State and market in higher education reforms: Trends, policies and experiences. Mexico City.

Wolter, A. & Koepernik, C. (2010). Studium und Beruf. Düsseldorf: Hans-Böckler-Stiftung.

Cathleen Grunert

Außerschulische Bildung

▷ **Zusammenfassung**

Der Beitrag befasst sich mit Formen und Kontexten außerschulischer Bildung. Es wird ein Überblick über außerschulische Bildung als Forschungsthema sowie theoretische Konzeptionen von Bildung in diesem Feld gegeben. Zentrale Begriffe wie Bildung und Kompetenz werden auf die außerschulische Bildung bezogen und die untersuchten Bildungskontexte systematisiert.

1 Außerschulische Bildung und Empirische Bildungsforschung

Die Betrachtung außerschulischer Lebensbereiche von Kindern und Jugendlichen unter einer bildungsorientierten Perspektive und damit als Orte von Lern- und Bildungsprozessen stand bislang eher selten im Mittelpunkt des Interesses. Erst in den letzten Jahren wird vermehrt danach gefragt, was Kinder und Jugendliche auch außerhalb des schulischen Unterrichts an Wissen, Fähigkeiten oder Kompetenzen erwerben und welche Rolle dies auch für schulische Lernerfahrungen spielt (BMFSFJ, 2005a; Grunert, 2005).

Damit wird zunehmend der Tatsache Rechnung getragen, dass Lern- und Bildungsprozesse nicht an einen spezifischen Ort gebunden sind, sondern sich prinzipiell in der gesamten Lebenswelt von Kindern und Jugendlichen ereignen können. Eine solche Öffnung des Blickfeldes verweist die Empirische Bildungsforschung nicht allein auf die institutionellen Angebote der Jugendarbeit, wie sie im §11 des KJHG als „außerschulische Jugendbildung mit allgemeiner, politischer, sozialer, gesundheitlicher, kultureller, naturkundlicher und technischer Bildung" verankert sind. Vielmehr ist man damit auf das gesamte Spektrum kindlicher und jugendlicher Lebenswelten verwiesen, die unter einer bildungsbezogenen Perspektive betrachtet werden können. Dies bedarf jedoch eines erweiterten Blickes auf die soziale und strukturelle Konstitution dieser außerschulischen Erfahrungsräume, die nicht allein aufgrund ihrer häufig vorhandenen spezifischen Sachorientierung (z.B. in Vereinen, Verbänden etc.) zum Lernen beitragen.

Lebensweltbezug von Bildung

Eine so gefasste Bildungsforschung muss deutlich über das Messen kognitiver schulorientierter Leistungen, schulbezogenen Wissens oder domänenspezifischer Kompetenzen hinausgehen, wenn sie die Potentiale außerschulischer Handlungsfelder für Lern- und Bildungsprozesse von Kindern und Jugendlichen systematisch ausloten will. Bislang sind solche systematischen Studien jedoch eher selten.

2   Außerschulische Bildung als Forschungsthema

Erst in den letzten Jahren lassen sich vermehrt Forschungsbemühungen erkennen, die sich deutlich auf die Bildungsangebote, die pädagogischen Handlungsformen und vor allem die Lern- und Bildungspotentiale und -prozesse in außerschulischen Handlungsfeldern richten. Während sich Forschungen zu den Bildungsangeboten primär um die Träger-, Finanzierungs-, Teilnehmer- und Personalstrukturen institutionalisierter außerschulischer Bildung ranken (BMFSFJ, 2005b), fragen Projekte, die sich auf pädagogische Handlungsformen beziehen, vor allem nach der institutionellen pädagogischen Praxis und den Spezifika dieser Handlungslogiken (Müller et al., 2005). Primär aus einer adressatenbezogenen Perspektive geht es um die Frage nach der Verfasstheit von individuellen Lern- und Bildungsprozessen sowohl in institutionalisierten als auch nicht-institutionalisierten außerschulischen Handlungsfeldern (Düx et al., 2009).

▷ **Definition**

Forschung zu Bildungsangeboten betrachtet Strukturen. Forschung zu pädagogischen Handlungsformen untersucht die pädagogische Praxis. Adressatenforschung analysiert individuelle Lern- und Bildungsprozesse.

Während die beiden ersten Forschungsbereiche primär in die Jugendhilfeforschung und die pädagogische Professionsforschung eingebettet sind, lässt sich der dritte Bereich dem breiten Feld der Kindheits- und Jugendforschung zuordnen, wenngleich hier die Übergänge fließend sind und Abgrenzungen nicht immer eindeutig getroffen werden können.

Zunehmende Bedeutung außerschulischer Bildungsforschung   Wenngleich die Kindheitsforschung seit den 1990er Jahren zunehmend auch die kindliche Alltagsorganisation und die kinderkulturellen Praxisformen auch außerhalb schulischer Strukturen in den Blick nimmt (Zeiher & Zeiher, 1994), fragt sie – ebenso wie die Jugendforschung – erst in den letzten Jahren verstärkt nach den Lern- und Bildungspotentialen außerschulischer Handlungsfelder (Krüger & Grunert, 2010). So sind es auf dem Gebiet der Jugendforschung etwa Studien, die sich mit der Bildungsrelevanz oder dem berufsorientierenden Gehalt jugendkultureller Selbstinszenierungen befassen (Stauber, 2004), Studien, die nach Bildungsprozessen in der offenen Jugendarbeit fragen (Müller et al., 2005) oder Untersuchungen, die

erste Versuche unternehmen, Kompetenzen systematisierend herauszuar-
beiten, die etwa im Freiwilligen Engagement von Jugendlichen erworben
werden (Düx et al., 2009; Reinders, 2009). In der Kindheitsforschung ist
es vor allem der Bereich der medial verbrachten (Fuhs, 2007) sowie der
institutionell verankerten (Rohlfs, 2006) Freizeit, der im Hinblick auf statt-
findende Lernprozesse beleuchtet wird.

3   Theoretische Perspektiven auf das Forschungsfeld

Theoretisch erscheint das Feld der außerschulischen Bildung bislang nur
rudimentär und wenig systematisch bearbeitet. Deutlich wird, dass die
meisten der vereinzelt vorliegenden Forschungsprojekte kaum bildungs-
theoretisch eingebunden sind (Lüders & Behr-Heintze, 2009). Gleichwohl
zeigen sich in den aktuellen Forschungsbemühungen durchaus Versuche
einer bildungstheoretischen Verankerung von Forschungsdesign und Forschungsergebnissen, die jedoch in ihrer Stringenz graduelle Unterschiede
aufweisen (Düx et al., 2009; Müller, Schulz & Schmidt, 2005; Delmas,
Reichert & Scherr, 2005).

3.1   Das Bildungsverständnis

Beim Diskurs um die außerschulische Bildung muss grundsätzlich zwischen
pädagogischen Zielen, Absichten sowie damit verbundenen Handlungen
und der produktiven Aneignung durch das Individuum unterschieden werden. Im Prozess von Bildung als tätiger Leistung des Individuums stellen
pädagogische Angebote und Institutionen lediglich Gelegenheitsstrukturen unter vielen anderen dar, in denen sich das Selbst- und Weltverhältnis
des Individuums entwickeln oder verändern kann. Sie können Bildung in
diesem Sinne nicht nur nicht bewirken, sondern haben auch keine Mono-
polstellung als Orte inne, an denen Bildungsprozesse stattfinden. Vielmehr
können als Bildungsorte potentiell alle Lebensbereiche gefasst werden, die
eine produktive Auseinandersetzung des Individuums mit sich selbst und
der Welt ermöglichen. Bildung ist damit nicht an Schulfächer oder Wis-
senschaftsdisziplinen gebunden, sondern verweist auf das Verhältnis des
Individuums zur Welt in ihrer ganzen Bedeutungsfülle und seine darauf
bezogenen Wahrnehmungs-, Deutungs- und Handlungsmuster.

Bildung als aktive Leistung des Individuums

> ▷ **Merksatz**
>
> Bildung ist in diesem Sinne „sozial, zeitlich und räumlich nicht ein-
> grenzbar, sondern geschieht der Möglichkeit nach immer dann, wenn
> Individuen an Kommunikations- und Handlungszusammenhängen
> teilnehmen, die dazu geeignet sind, Veränderungen im Individuum
> auszulösen" (Scherr, 2004, S. 90).

3.2   Formelles und informelles Lernen

Zur Differenzierung des sich so ergebenden Spektrums an potenziellen Lerngelegenheiten wird in der aktuellen Literatur häufig auf den Begriff des informellen Lernens bzw. auf die Unterscheidung zwischen informellem und formalem Lernen verwiesen (BMFSFJ, 2005a; Düx et al., 2009; du Bois-Reymond, 2004).

▷ **Definition**

Informelles Lernen wird häufig subjektbezogen als Prozess betrachtet, der vornehmlich außerhalb formaler Bildungsinstitutionen vom Individuum selbst gesteuert und an subjektiven Interessen orientiert stattfindet (Dohmen, 2001). Demgegenüber ist der Begriff des *formalen Lernens* vornehmlich auf Bildungs- und Ausbildungseinrichtungen bezogen, in denen Lernen geplant, strukturiert, ergebnisorientiert und zertifizierungsgebunden stattfindet.

3.3   Formale und non-formale Bildungssettings

Eine solche Unterscheidung vermischt jedoch zu sehr Subjekt- und Kontextebene, so dass etwa im 12. Kinder- und Jugendbericht zusätzlich zwischen den formalen und non-formalen Settings als Bildungsorte unterschieden wird, in denen sowohl formales als auch informelles Lernen stattfinden kann (BMFSFJ 2005a, S. 96). Die in diesem Kontext verwendeten Begriffe sind jedoch häufig nicht eindeutig definiert (Overwien, 2008).

▷ **Merksatz**

Als formale und damit strukturierte und auf die *systematische Initiation von Lern- und Bildungsprozessen ausgerichtete Lernorte* können im außerschulischen Bereich etwa die Kinder- und Jugendhilfe, aber auch Einrichtungen der Nachhilfe und schulähnliche Angebote, wie Musikschulen, Computer- oder Fremdsprachenkurse betrachtet werden. *Non-formale Bildungsorte* wären dann etwa die Medien, Peer-Groups oder auch die Familie.

3.4   Kompetenzen

Erweiterter Kompetenzbegriff

Während Lernen eine grundlegende Funktion von Bildung ist, lassen sich Kompetenzen als Produkte oder Ergebnisse von Bildungsprozessen fassen (vgl. Kap. VI-5). In diesem Sinne fragen eine Reihe von Forschungsprojekten zum Teil systematisch (Düx et al., 2009), zum Teil eher implizit nach den Kompetenzen, die in außerschulischen Handlungskontexten erworben werden. Dabei wird der Kompetenzbegriff zum einen auf vermittelbare kognitive Kenntnisse, Fertigkeiten und Strategien bezogen. Er orientiert sich somit am Wissen und Können innerhalb ausgewählter Domänen und kann als funktional und eher fachbezogen charakterisiert werden (Klieme & Hartig, 2007, S. 12). Zum anderen orientieren sich einige Projekte eher an einem weiter gefassten Verständnis von Kompetenz und fassen diese als das über die tätige und reflexive Auseinandersetzung des Individuums mit seiner Umwelt in ihrer Gesamtheit ausgebildete oder modifizierte Wissen und Können, das auch auf andere Handlungssituationen übertragen werden kann (Düx et al., 2009).

4   Außerschulische Handlungsfelder von Kindern und Jugendlichen als Lernkontexte

Kindheit und Jugend können als Lebensphasen gefasst werden, die bildungsbiographisch vor allem durch die zunehmende Bedeutung von Peer-Groups, Vereinen oder Medien gekennzeichnet sind. Diese Bildungskontexte sind Möglichkeitsräume zur Auseinandersetzung der Heranwachsenden mit sich selbst, ihrer symbolisch-dinglichen und sozialen Umwelt und können damit als potenzielle Felder betrachtet werden, in denen Lern- und Bildungsprozesse stattfinden können. Vor dem Hintergrund vorliegender Forschungen lassen sich die in den nachfolgenden Abschnitten dargestellten Lebensbereiche systematisieren.

Möglichkeitsräume für Lernprozesse in Kindheit und Jugend

4.1   Organisierte, nicht-kommerzielle Handlungsfelder als Lernkontexte

Dieser Bereich ist auf außerschulische Bildung im engeren Sinne bezogen, wie sie etwa als Aufgabe der Jugendhilfe im KJHG (§11) verankert ist.

▷   **Definition**

Zu den organisierten, nicht-kommerziellen Lernkontexten werden sowohl Vereins- oder Verbandsaktivitäten als auch Angebote der offenen Jugendarbeit gerechnet.

Dabei liegen zu den Vereinen und Verbänden sowohl quantitative Überblicke zu Teilhabe, Motivation oder Inhalten (Furtner-Kallmünzer et al., 2002; Jugendwerk der Deutschen Shell, 2000; Deutsche Shell, 2006) als auch qualitativ orientierte Arbeiten zur biographischen Einbettung verbandlicher Aktivitäten (Lehmann & Mecklenburg, 2006; Fauser et al., 2006) vor. Darüber hinaus finden sich bereits einige Studien, die sich auf die Frage beziehen, wie sich Bildungsprozesse in diesen außerschulischen Handlungsfeldern gestalten und welche Kompetenzen dabei erworben werden. Die Befunde aus diesen Studien können wie folgt zusammengefasst werden:

Vereine, Verbände und offene Jugendarbeit

○ *Sportvereine* besitzen nach der quantitativen Studie von Brettschneider und Kleine (2001) zumeist einen nur schwachen, wenngleich in einigen Bereichen positiven Einfluss auf die Entwicklung Heranwachsender (bspw. in Bezug auf das Selbstwertgefühl oder die sozialen Netzwerke). In anderen Bereichen (z.B. motorische Leistungsfähigkeit) hingegen ließ sich kein Einfluss nachweisen. Wenngleich die genannte Studie einige methodische Mängel aufweist (Gogoll & Kurz, 2001), wird zum einen deutlich, dass Sportvereine nicht per se eine Form außerschulischer Bildungsangebote darstellen, die zu Entwicklungsvorteilen bei den Heranwachsenden führen. Zum anderen eröffnet sich damit ein deutliches Forschungsdefizit, das auf bislang fehlende systematische Untersuchungen dieser Handlungskontexte von Kindern und Jugendlichen verweist (Landessportbund NRW, 2001).

○ Positive Einflüsse *ehrenamtlichen Engagements* lassen sich im subjektiv erlebten Kompetenzzuwachs aufzeigen (Düx et al., 2009) sowie in querschnittlichen Zusammenhängen zwischen Engagement, sozialem Bewusstsein und politischer Beteiligungsbereitschaft (Reinders, 2009). Ehrenamtliches Engagement erscheint darüber hinaus aufgrund der für die Jugendlichen bestehenden Möglichkeit, auf freiwilliger Basis Verantwortung zu übernehmen, die Arbeit an ihren eigenen Interessen zu orientieren sowie in Gruppenprozesse eingebunden zu sein, besondere Gelegenheitsstrukturen für den Aufbau von Sach- und Methodenkompetenzen wie auch von Selbst- und Sozialkompetenzen zu bieten.

○ In den letzten Jahren geraten zunehmend auch die *Angebote der offenen Jugendarbeit* als Orte von Bildungsprozessen in den Fokus empirischer Forschung (Cloos, 2007; Bimschas & Schröder, 2003; Pluto et al., 2007). Die Untersuchung von Müller et al. (2005) macht deutlich, dass offene Jugendarbeit nicht per se, aber aufgrund ihrer spezifischen Struktur und Qualität einen potenziellen Rahmen für individuelle Bildungsprozesse bietet (Delmas et al., 2004). Dabei liegen die Spezifika in der besonderen pädagogischen Beziehungskonstellation, die als Mischform aus Erziehungs-, Beratungs-, Dienstleistungs- und Freundschaftsbeziehung charakterisiert wird und in der eben diese Mischung aufrechterhalten und immer wieder neu ausbalanciert werden muss. Diese unbestimmte Beziehungssituation in der offenen Jugendarbeit bietet den Jugendlichen ein Lernfeld für den Erwerb sozialer und personaler Kompetenzen und kann gerade durch seine eigentümliche Struktur der sozialen Beziehungen als „Probebühne für erfolgreiches Rollen(ver)handeln" (ebda., S. 155) betrachtet werden.

4.2 Organisierte, kommerzielle Handlungsfelder als Lernkontexte

In einem weiter gefassten Verständnis von außerschulischer Bildung schließt diese auch das Spektrum kommerziell organisierter Felder ein. Dabei versprechen Lernangebote, wie Nachhilfe-, Sprach- oder Computerkurse schon qua definitionem Kompetenzzuwächse. Im Fokus stehen hier also die kognitiven Fähigkeiten der Heranwachsenden, die in Konkurrenz bzw. in Ergänzung zur Schule gefördert werden sollen. In den letzten Jahren hat sich hier ein breiter Markt an Angeboten entwickelt, der bislang jedoch kaum zu einem Feld systematischer wissenschaftlicher Analysen avanciert ist.

▷ **Definition**

Organisierte, kommerzielle Lernkontexte umfassen den Bereich der Nachhilfe, die zahlreichen Kursangebote in Musik-, Sprach- oder Computerschulen sowie Angebote von Museen oder Science Centern.

So liegen für den Bereich der Nachhilfe nur vereinzelte Studien vor, die sich primär anhand von quantitativen Daten auf die Faktoren der Teilnahme an Nachhilfe beziehen (Rudolph, 2002; Schneider, 2004; Schlemmer, 2000). Studien, die differenziert auch nach den Effekten dieser Form des außerschulischen Unterrichtes fragen, gibt es bislang kaum. Eine Ausnahme bildet hier die Untersuchung von Jürgens und Diekmann (2007), die anhand einer quantitativen Querschnittsbefragung von Nachhilfeschülern eines kommerziellen Anbieters und deren Eltern nach den Auswirkungen von Nachhilfe auf die schulischen Leistungen sowie nach den Qualifikationen der Nachhilfelehrkräfte fragt. Die festgestellten Leistungsverbesserungen bei den meisten Schülern lassen sich hier über die Einschätzung der professionellen Kompetenzen der Nachhilfelehrer durch die Schüler und Eltern zumindest teilweise erklären. Diesen werden, im Vergleich zu schulischen Lehrern, deutlich höhere diagnostische sowie psychosoziale Kompetenzen bescheinigt, die sich in einem größeren Interesse am Lernerfolg und einer höheren Unterstützungsbereitschaft ausdrücken.

Trotz dieser Untersuchung muss die gegenwärtige Datenlage als ungenügend charakterisiert werden. Zu fragen wäre hier vor allem danach, wie dieses Feld im Hinblick auf strukturelle Bedingungen und intersubjektive Beziehungen konstituiert ist, wie die beteiligten Kinder und Jugendlichen darin eingebunden sind und wie ein solches Arrangement zu individuellen Lernprozessen beiträgt. Gleiches gilt für den Bereich der erlebnisorientierten Handlungsfelder, wie Zoos, Museen oder Science Center, die immer mehr auch auf selbstgesteuertes informelles Lernen setzen, jedoch in der deutschen Forschungslandschaft noch kaum eine Rolle spielen.

Unklare Wirkung von Nachhilfe

4.3   Nicht-organisierte Handlungsfelder als Lernkontexte

Bezieht man den Begriff der außerschulischen Bildung nicht lediglich auf institutionelle Einbindungen, dann eröffnet sich ein breites und bislang kaum systematisiertes Feld von Handlungsfeldern, die potenziell als Lernkontexte für Kinder und Jugendliche betrachtet werden können. Damit eröffnet sich ein sehr diffuses Forschungsfeld, das bislang erst in Teilbereichen untersucht wurde und in dem das informelle Lernen ein stärkeres Gewicht erhält. Befunde liegen dabei vereinzelt etwa für den Bereich der Gleichaltrigenbeziehungen vor, denen durch ihre Freiwilligkeit und der symmetrischen Beziehungsstruktur ein wichtiger Beitrag zur Herausbildung sozialer Kompetenzen (Youniss, 1994; Krappmann, 2001) wie auch inhaltlicher Interessen (Furtner-Kallmünzer et al., 2002) bescheinigt wird.

> **Merksatz**

Gelegenheitsstrukturen für Bildungsprozesse können sich grundsätzlich in allen nicht-organisierten Handlungsfeldern, wie der Peer-Group, der Familie, der Medienwelt oder anderen außerinstitutionellen Handlungsfeldern ergeben.

Peer-Groups als Lernkontext — Studien zeigen, dass durch den Umgang mit und in Peer-Groups eine spezifische ‚Netzwerkkompetenz' und kulturelle Offenheit entwickelt wird, die nur innerhalb der Peergroup und nicht in der Beziehung zu Eltern oder Lehrern erworben werden kann (Schmidt-Denter, 2005; Reinders et al., 2006). Als soziale Anerkennungsbeziehungen haben Peer-Kontakte aber auch Einfluss auf das Wohlbefinden und das Selbstbild der Heranwachsenden (Büchner, 1998; Krüger et al., 2008). Intakte Netzwerkbeziehungen wirken sich positiv auf die Schulfreude und die aktive und vielfältige Freizeitgestaltung von Kindern und Jugendlichen aus. Kontinuierlich von Diskriminierung betroffene Heranwachsende neigen zu sozialer Resignation sowie Defiziten im Bereich der gemeinsamen Konfliktlösungs- und Aushandlungsstrategien. Risikogruppen bilden hier in erster Linie von Armut betroffene Kinder sowie Flüchtlings- und Aussiedlerkinder (Chassé et al., 2003; Holzapfel, 1999).

4.4 Zum Verhältnis von Bildung im außerschulischen Bereich und in der Familie

Familie als Lernkontext — Die bisher erfassten Bereiche außerschulischer Bildung bewegen sich immer auch außerhalb des familialen Kontextes. Dennoch soll am Ende dieses skizzenhaften Überblicks über die Forschungsfelder in einem weiter gefassten Begriffsverständnis außerschulischer Bildung darauf verwiesen werden, dass Bildung und Kompetenzentwicklung trotz starker Veränderungen in den Familienstrukturen und Familienformen immer noch in der Familie beginnen und hier einen zentralen Platz haben (Brake & Büchner, 2003). Familie wird dabei in erster Linie hinsichtlich der Ausbildung von Sozial- und Selbstkompetenzen der Heranwachsenden als bildungsrelevant betrachtet (Richter, 2000). Kinder erwerben hier soziale Kompetenzen, die die Grundlage aller weiteren außerfamilialen Sozialbeziehungen bilden. Unumstritten ist auch, dass die Familie eine zentrale Rolle im Hinblick auf die Entwicklung von Normen, Werten und Verhaltensmustern spielt (Eickhoff, 2000). Mit den Transmissionsprozessen von Bildung und Kultur

innerhalb familialer Generationsbeziehungen befasst sich etwa die Studie
von Brake und Büchner (2003) und fokussiert dabei auf die Wissensfor-
men, die Lernstrategien sowie die Formen der Weitergabe von Bildung und
Kultur in Familien aus unterschiedlichen sozialen Milieus.

5   Fazit

Im Gegensatz zur deutschen Forschung ist das Themenfeld der außerschulischen Bildung vor allem in der US-amerikanischen Forschung viel deutlicher im Fokus. Während sich hier zum einen eher entwicklungspsycho-
logisch orientierte und primär mit standardisierten Forschungsmethoden
arbeitende Studien mit den Effekten institutionalisierter extracurricularer
Angebote beschäftigen (Barber, Eccles & Stone, 2001; Larson et al., 2006),
sind qualitative Studien vor allem auf die sozialen und diskursiven Praktiken in diesen Feldern bezogen (Heath, 1999; Roberts & Treasure, 1992).
Darüber hinaus bildet der Bereich des Lernens in Museen, Science Centern
etc. ein wichtiges Feld zur Erforschung von Lernprozessen in informellen
Settings, das in seinen theoretischen Konsequenzen Anregungen auch für
die deutsche Forschung bieten kann (Falk & Dierking, 2000; Paris, 2002).
Was bislang in der deutschen Forschungslandschaft fehlt, sind breiter an-
gelegte Untersuchungen, die theoretisch begründet zum einen die Breite
und Intensität der Einbindung von Kindern und Jugendlichen in außerschulischen Handlungsfelder erfassen. Zum anderen Studien, die sowohl
die Perspektive des einzelnen Subjekts als auch dessen Einbettung in die
jeweiligen Kontexte als sozial konstituierte Erfahrungsräume und Ermög-
lichungsstrukturen von Lern- und Bildungsprozessen systematisch in den
Blick nehmen. Gelingen kann dies nur in einem triangulativen Vorgehen,
das sowohl die Mikroprozesse als auch übergreifende Aspekte der Teilhabe
an außerschulischen Aktivitäten in den Fokus der Aufmerksamkeit stellt.

Internationaler
Forschungsbezug

> ▷ **Weiterführende Literatur**

Harring, M., Rohlfs, C. & Palentien, C. (Hrsg.). (2007), Perspektiven
    der Bildung: Kinder und Jugendliche in formellen, nicht-formel-
    len und informellen Bildungsprozessen. Wiesbaden: VS Verlag.
Krüger, H.-H. & Grunert, C. (Hrsg.). (2010), Handbuch Kindheits- und
    Jugendforschung. Wiesbaden: VS Verlag.
Reinders, H. (2009). Bildung und freiwilliges Engagement im Jugend-
    alter. Schriftenreihe Empirische Bildungsforschung, Band 10.
    Würzburg: Universität Würzburg.

Literaturverzeichnis

Barber, B. L., Eccles, J. S. & Stone, M. R. (2001). Whatever happened to the jock, the brain, and the princess? Young adult pathways linked to adolescent activity involvement and social identity. Journal of Adolescent Research, 16, 429-455.

Bimschas, B. & Schröder, A. (2003). Beziehungen in der Jugendarbeit. Untersuchung zum reflektierten Handeln in Profession und Ehrenamt. Opladen: Leske + Budrich.

BMFSFJ (Hrsg.). (2005a). 12. Kinder- und Jugendbericht. Berlin: BMFSFJ.

BMFSFJ (Hrsg.). (2005b). Freiwilliges Engagement in Deutschland 1999–2004. Ergebnisse der repräsentativen Trenderhebung zu Ehrenamt, Freiwilligenarbeit und bürgerschaftlichem Engagement. Berlin: BMFSFJ.

Brake, A. & Büchner, P. (2003). Bildungsort Familie: Die Transmission von kulturellem und sozialem Kapital im Mehrgenerationenzusammenhang. Überlegungen zur Bildungsbedeutsamkeit der Familie. Zeitschrift für Erziehungswissenschaft 6, 618-638.

Brettschneider, W.-D. & Kleine, T. (2001). Jugendarbeit in Sportvereinen. Anspruch und Wirklichkeit. Abschlussbericht. Paderborn: Hofmann.

Büchner, P (1998). ‚Die woll'n irgendwie nich...'. Wenn Kinder keinen Anschluss finden. In P. Büchner et al. (Hrsg.), Teenie-Welten. Aufwachsen in drei europäischen Regionen (S. 261-272). Opladen: Leske + Budrich.

Chassé, K. A., Zander, M. & Rasch, K. (2003). Meine Familie ist arm. Wie Kinder im Grundschulalter Armut erleben und bewältigen. Opladen: Leske + Budrich.

Cloos, P. (2007). Die Inszenierung von Gemeinsamkeit. Eine vergleichende Studie zu Biografie, Organisationskultur und beruflichem Habitus von Teams in der Kinder- und Jugendhilfe. Weinheim: Juventa.

Delmas, N., Reichert, J. & Scherr, A. (2004). Bildungsprozesse in der Jugendarbeit. Evaluation von Praxiseinrichtungen der Jugendarbeit. Akademie der Jugendarbeit Baden-Württemberg e.V. (Hrsg.), Jugendarbeit ist Bildung! Die Offensive Jugendbildung in Baden-Württemberg 2003-2004 (S. 86-107). Stuttgart.

Deutsche Shell (Hrsg.). (2006). Jugend 2006. Hamburg: Fischer.

Dohmen, G. (2001). Das informelle Lernen. Die internationale Erschließung einer bisher vernachlässigten Grundform menschlichen Lernens für das lebenslange Lernen aller. Bonn: BMBF.

du Bois-Reymond, M. (2004). Lernfeld Europa. Wiesbaden: VS Verlag.

Düx, W., Prein, G., Sass, E. & Tully, C. (2009). Kompetenzerwerb im freiwilligen Engagement. Eine empirische Studie zum informellen Lernen im Jugendalter, Wiesbaden: VS Verlag.

Eickhoff, C. (2000). Partner- und Konfliktfamilien. In A. Herlth, A. Engelbert, J. Mansel & C. Palentien (Hrsg.), Spannungsfeld Familienkindheit. Neue Anforderungen, Risiken und Chancen (S. 167-175). Opladen: Leske + Budrich.

Falk, J. H. & Dierking, L. D. (Hrsg.). (2000). Learning from museums: Visitor experiences and the making of meaning. Walnut Creek: Alta Mira.

Fauser, K., Fischer, A. & Münchmeier, R. (2006). Jugendliche als Akteure im Verband. Ergebnisse einer empirischen Untersuchung der evangelischen Jugend. Opladen: Verlag Barbara Budrich.

Fischer, C. (2002). Mobilisierung von Jugendlichen aus den neuen Bundesländern zum Engagement in einem Umweltverband. Chemnitz: TU Chemnitz.

Fuhs, B. (2007). Kinderkultur und Internet. Überlegungen aus Sicht der Kindheitsforschung. In R. Rosenstock, C. Schubert & K. Beck (Hrsg.), Medien im Lebenslauf. Demographischer Wandel und Mediennutzung (S. 163-180). München: kopaed.

Furtner-Kallmünzer, M., Hössl, A., Janke, D., Kellermann, D. & Lipski, J. (2002). In der Freizeit für das Leben lernen. Eine Studie zu den Interessen von Schulkindern. München: DJI.

Gogoll, A. & Kurz, D. (2001). Gutachterliche Stellungnahme. In Landessportbund Nordrhein-Westfalen (Hrsg.), Jugendarbeit in Sportvereinen. Anspruch und Wirklichkeit. Expertenmaterial zur Brettschneider-Studie (S. 48-57). Duisburg: Landessportbund NRW.

Grunert, C. (2005). Kompetenzerwerb von Kindern und Jugendlichen in außerunterrichtlichen Sozialisationsfeldern. In Sachverständigenkommission Zwölfter Kinder- und Jugendbericht (Hg.), Kompetenzerwerb von Kindern und Jugendlichen im Schulalter. Materialien zum Zwölften Kinder- und Jugendbericht (Bd. 3, S. 9-174). München: DJI.

Heath, S. B. (1999). Dimensions of language development: Lessons from older children. In A. S. Masten (Hrsg.), Cultural processes in child development: The Minnesota symposium on child psychology 29 (S. 59-75), Mahwah: Psychology Press.

Holzapfel, R. (1999). Kinder aus asylsuchenden und Flüchtlingsfamilien: Lebenssituation und Sozialisation. In B. Dietz & R. Holzapfel (Hrsg.), Kinder aus Familien mit Migrationshintergrund. Kinder in Aussiedlerfamilien und Asylbewerberfamilien (S. 53-233). München: DJI.

Jürgens, E. & Diekmann, M. (2007). Wirksamkeit und Nachhaltigkeit von Nachhilfeunterricht. Frankfurt am Main: Peter Lang.

Jugendwerk der Deutschen Shell (Hrsg.). (2000). Jugend 2000. Opladen: Leske + Budrich.

Klieme, E. & Hartig, J. (2007). Kompetenzkonzepte in den Sozialwissenschaften. In M. Prenzel, I. Gogolin & H.-H. Krüger (Hrsg.), Kompetenzdiagnostik. Sonderheft der Zeitschrift für Erziehungswissenschaft 8, 11-29.

Krappmann, L. (2001). Die Sozialwelt der Kinder und ihre Moralentwicklung. In W. Edelstein, F. Oser & P. Schuster (Hrsg.), Moralische Erziehung in der Schule (S. 155-173). Weinheim: Beltz.

Krüger, H.-H. & Grunert, C. (2010). Geschichte und Perspektiven der Kindheits- und Jugendforschung. In H.-H. Krüger & C. Grunert (Hrsg.), Handbuch Kindheits- und Jugendforschung (S. 11-40). Wiesbaden: VS Verlag.

Krüger, H.-H. et al.. (2008). Kinder und ihre Peers - Freundschaftsbeziehungen und schulische Bildungsbiographien. Opladen: Verlag Barbara Budrich.

Landessportbund Nordrhein-Westfalen (Hrsg.). (2001). Jugendarbeit in Sportvereinen. Anspruch und Wirklichkeit. Expertenmaterial zur Brettschneider-Studie. Duisburg: Landessportbund NRW.

Larson, R. W., Hansen, D. M. & Moneta, G. (2006). Differing profiles of developmental experiences across types of organized youth activities. Developmental Psychology, 42, 849-863.

Lehmann, T. & Mecklenburg, K. (2006). Jugendverbände als biografisch bedeutsame Lernorte. Baltmannsweiler: Schneider Verlag Hohrengehren.

Lüders, C. & Behr-Heintze, A. (2009). Außerschulische Jugendbildung. In R. Tippelt & B. Schmidt (Hrsg.), Handbuch Bildungsforschung (S. 445-466). Wiesbaden: VS Verlag.

Lüders, C., Kade, J. & Hornstein, W. (2002). Entgrenzung des Pädagogischen. In H.-H. Krüger & W. Helsper (Hrsg.), Einführung in Grundbegriffe und Grundfragen der Erziehungswissenschaft. Opladen: Leske + Budrich.

Müller, B., Schulz, M. & Schmidt, S. (2005). Offene Jugendarbeit als Ort informeller Bildung. deutsche jugend, 53, 151-160.

Overwien, B. (2008). Informelles Lernen. In H.-U. Otto & T. Coelen (Hrsg.), Grundbegriffe der Ganztagsbildung. Das Handbuch. Wiesbaden: VS Verlag.

Paris, S. G. (Hrsg.). (2002). Perspectives on object-centered learning in museums. Mahwah: LEA Publishers.

Pluto, L., Gragert, N., van Santen, E. & Seckinger, M. (2007). Kinder- und Jugendhilfe im Wandel. Eine empirische Strukturanalyse. München: DJI.

Reinders, H. (2009). Bildung und freiwilliges Engagement im Jugendalter. Expertise für die Bertelsmann-Stiftung. Schriftenreihe Empirische Bildungsforschung, Band 10. Würzburg: Universität Würzburg.

Reinders, H., Greb, K. & Grimm, C. (2006). Entstehung, Gestalt und Auswirkungen interethnischer Freundschaften im Jugendalter. Diskurs Kindheits- und Jugendforschung, 1, 39-58.

Richter, I. (2000). Kompetenzerwerb in den Lebenswelten junger Menschen. In Arbeitsstab Forum Bildung (Hrsg.), Expertenberichte des Forum Bildung (S. 27-33). Bonn: Bund-Länder-Kommission für Bildungsplanung und Forschungsförderung.

Roberts, G. C. & Treasure, D. C. (1992). Children in sport. Sport Science Review, 1, 46-64.

Rohlfs, C. (2006). Freizeitwelten von Grundschulkindern. Eine qualitative Sekundäranalyse von Fallstudien. Weinheim: Juventa.

Rudolph, M. (2002). Nachhilfe - gekaufte Bildung? Empirische Untersuchung zur Kritik der außerschulischen Lernbegleitung. Eine Erhebung bei Eltern, LehrerInnen und Nachhilfeinstituten. Bad Heilbrunn: Klinkhardt.

Scherr, A. (2004). Subjektbildung. In H.-U. Otto & T. Coelen (Hrsg.), Grundbegriffe der Ganztagsbildung. Beiträge zu einem neuen Bildungsverständnis in der Wissensgesellschaft (S. 85-98). Opladen: VS Verlag.

Schlemmer, E. (2000). Pädagogischer Familienalltag und Schule. In A. Herlth et al. (Hrsg.), Spannungsfeld Familienkindheit. Neue Anforderungen, Risiken und Chancen (S. 78-91). Opladen: Leske + Budrich.

Schmidt-Denter, U. (2005). Soziale Beziehungen im Lebenslauf. Weinheim: Beltz.

Schneider, T. (2004). Nachhilfe als Strategie zur Verwirklichung von Bildungszielen. Eine empirische Untersuchung mit Daten des Sozioökonomischen Panels (SOEP). Berlin: DIW.

Schwab, J. (2006). Bildungseffekte ehrenamtlicher Tätigkeit in der Jugendarbeit. deutsche jugend, 54, 320-328.

Stauber, B. (2004). Junge Frauen und Männer in Jugendkulturen: Selbstinszenierungen und Handlungspotentiale. Wiesbaden: VS Verlag.

Youniss, J. (1994). Soziale Konstruktion und psychische Entwicklung. Frankfurt am Main: Suhrkamp.

Zeiher, H. & Zeiher, H. J. (1994). Orte und Zeiten der Kinder. Soziales Leben im Alltag der Großstadtkinder. Weinheim: Juventa.

Bernhard Schmidt & Rudolf Tippelt

Weiterbildungsforschung

▷ **Zusammenfassung**

Die besondere Struktur des Weiterbildungssektors zeigt sich in den
Themen der Weiterbildungsforschung. Zunächst werden Geschichte
und Struktur des Weiterbildungssektors dargestellt. Sodann wird ein
Einblick in das Spektrum von Forschungsthemen und -methoden gegeben und auf methodische Zugänge eingegangen.

1   Struktur des Forschungsgegenstands

Die Weiterbildungsforschung unterscheidet sich thematisch von anderen
Bereichen der Bildungsforschung, was insbesondere mit den Besonderhei-
ten des Weiterbildungssektors im Bildungssystem zusammenhängt. Der
Weiterbildungsbereich – auch quartärer Bildungssektor genannt – ist weit
weniger strukturiert als andere Bereiche des Bildungssystems und staatli-
che Einflussnahme findet hier meist indirekt – z.B. über Bezuschussungen
– statt (vgl. Kap. V-1, V-2). Die Gründe für die eher an marktwirtschaftli-
chen Prinzipien ausgerichtete und sich durch ein hohes Maß an Pluralität
der Angebote und Träger auszeichnende Struktur des Weiterbildungsbe-
reichs sind zum Teil schon in dessen historischer Genese verankert.

1.1   Weiterbildungsbegriff und historische Wurzeln

Die historischen Wurzeln der Erwachsenenbildung und Weiterbildung
– zwei Begriffe die heute weitgehend synonym verwendet werden – gehen zurück bis in das 18. Jahrhundert und die damals neu gegründeten
Lesegesellschaften, deren Idee des gebildeten und mündigen Bürgers bis
heute richtungsweisend für große Bereiche des Weiterbildungssektors ist.
Parallel dazu entwickelte sich mit der zunehmenden Industrialisierung
im 19. Jahrhundert die berufliche Fortbildung als ein zweiter schnell bedeutsam werdender Bereich der Weiterbildung. Die Differenzierung von
allgemeiner und beruflicher Weiterbildung, mit ihren jeweiligen Zielsetzungen bestimmt bis heute auch große Teile der Weiterbildungsforschung,
wenngleich eine entsprechende Unterscheidung international – z.B. in der

Idee des gebildeten und mündigen Bürgers

europäischen Diskussion – nicht vollzogen wird. Zu Beginn des 20. Jahrhunderts zeichnete sich bereits die Ausdifferenzierung der Trägerstrukturen ab, die sich zunächst in den Bildungsprogrammen von kirchlichen, gewerkschaftlichen, arbeitgebernahen, politischen und staatlichen Trägern manifestiert, und sich durch ein seit den 1950er Jahren wachsendes Spektrum privater Träger weiter ausdifferenziert. Die Vielfalt von Trägern und Bildungseinrichtungen, die mit einem breiten Angebotsspektrum an Fort- und Weiterbildungen einhergeht, ist erwünscht und gesetzlich verankert. Die Aufgaben des Staates konzentrieren sich dabei im Wesentlichen auf die Förderung von Angeboten und die Sicherstellung einer ausreichend breiten Angebotspalette für alle Bevölkerungsteile und in allen Regionen.

Ausdifferenzierung der Trägerstrukturen Die angebotenen Weiterbildungsmaßnahmen decken zwar – schon durch die ganz unterschiedlichen Anbieter und Zielgruppen – ein breites Spektrum von Inhalten und Organisationsformen ab, variieren aber hinsichtlich des Umfangs der Maßnahmen und der damit verbundenen Zertifikate erheblich. Gerade angesichts teilweise selbstorganisierter Bildungsmaßnahmen und verschiedener Angebote, die unmittelbar an Schul- oder Berufsausbildung anknüpfen, ist die Grenze zwischen schulischer und beruflicher Erstausbildung, Weiterbildung und anderen Lernformen gar nicht so einfach zu ziehen. Gemäß der Definition der Kultusministerkonferenz gehören auch Formen selbstgesteuerten Lernens zur Weiterbildung, die Abgrenzung zu anderen informellen Lernformen bleibt allerdings unscharf.

▷ **Definition**

„Weiterbildung ist die Fortsetzung oder Wiederaufnahme organisierten Lernens nach Abschluss einer unterschiedlich ausgedehnten ersten Bildungsphase und in der Regel nach Aufnahme einer Berufs- oder Familientätigkeit. Weiterbildung in diesem Sinne liegt auch vor, wenn die Einzelnen ihr Lernen selbst steuern. Weiterbildung umfasst die allgemeine, politische, kulturelle und wissenschaftliche Weiterbildung. Weiterbildung kann in Präsenzform, in der Form der Fernlehre, des computergestützten Lernens, des selbst gesteuerten Lernens oder in kombinierter Form stattfinden." (KMK, 2001, S. 4)

1.2   Weiterbildungsformen

Drei Formen der Weiterbildung In der europäischen Bildungsforschung hat sich eine Unterscheidung von drei Weiterbildungsformen hinsichtlich des Grades der Institutionalisierung und Organisation durchgesetzt. Es wird zwischen

- *formaler Weiterbildung* – also allen Kursen und Bildungsprogrammen, die zu einem anerkannten Abschluss führen – und

- *non-formaler Weiterbildung* – also allen organisierten Bildungsmaßnahmen, die nicht mit einem anerkannten Abschluss verbunden sind – sowie

∘ *informeller Weiterbildung* unterschieden. Letztere umfasst Formen der Wissensaneignung, die abseits organisierter Bildungsveranstaltungen stattfinden, wie z.b. der Austausch mit Kollegen direkt am Arbeitsplatz oder die selbstgesteuerte Informationssuche im Internet oder in der Fachliteratur.

Alle drei Formen von Weiterbildung sind Gegenstand empirischer Forschung, wobei gerade die formale und non-formale Weiterbildung häufig gemeinsam untersucht werden, während informellen Bildungsprozessen eher ein Sonderstatus zukommt, da sie ungleich schwerer zu operationalisieren und zu erfassen sind.

Empirische Daten und Ergebnisse zum Bereich der formalen Weiterbildung werden z.b. in dem 1976 gesetzlich verankerten und seit 1977 jährlich erscheinenden Berufsbildungsbericht gesammelt. Dieser legt zwar traditionell einen Schwerpunkt auf die berufliche Erstausbildung, der Weiterbildungsbereich hat innerhalb des Berichts in den letzten Jahren aber eine deutliche Aufwertung erfahren. Der Berufsbildungsbericht stützt sich dabei auf Daten aus nationalen und internationalen Studien, wie das IAB-Betriebspanel und den ‚Continuing Vocational Training Survey (CVTS)‘. Den größten Anteil formaler Weiterbildungsmaßnahmen machen dabei berufliche Fortbildungen (z.b. Meisterkurse) aus, die in den Prüfungsstatistiken der jeweiligen Ausbildungs- bzw. Prüfungsinstitutionen erfasst werden.

Berufsbildungs-bericht

Quantitativ wesentlich bedeutender und deshalb wohl auch im Fokus vieler Studien der empirischen Weiterbildungsforschung, sind non-formale Bildungsaktivitäten. Die wichtigste nationale Studie zur Erfassung der Weiterbildungsteilnahme der Erwachsenen in Deutschland war von 1979 bis 2007 das ‚Berichtssystem Weiterbildung (BSW)‘, das im Abstand von drei Jahren auf Basis einer repräsentativen Stichprobe der 19 bis 64-jährigen Deutschen deren Weiterbildungsverhalten untersuchte. Das BSW wurde 2007 zum letzten Mal erhoben und in eine europaweit koordinierte Studie übergeführt, den ‚Adult Education Survey (AES)‘ (Rosenblatt & Bilger, 2008). Die Ergebnisse des AES für Deutschland zeigen, dass innerhalb von zwölf Monaten 43% der Deutschen zwischen 19 und 64 Jahren an non-formaler Weiterbildung teilgenommen haben. Elf Prozent nahmen im gleichen Zeitraum an formaler Weiterbildung teil.

Berichtssystem Weiterbildung

Mit dem AES wurde auch versucht, informelles Lernen abzubilden. Allerdings konnte – wie in allen standardisierten Befragungen – nur ein Set an vorab definierten Formen informellen Lernens abgefragt werden, was keine erschöpfende Erfassung informeller Lernformen darstellt. Damit bleiben Aussagen zu informellen Lernaktivitäten bei standardisierten Erhebungen immer begrenzt. Verschiedentlich wird informelles Lernen daher mit anderen methodischen Zugängen untersucht, wie z.b. von Kirchhöfer (2000), der den Alltag von Erwachsenen und die darin eingebetteten Lerngelegenheiten mit Hilfe von Tagesverlaufsprotokollen untersuchte. Die Studie zeigt u.a., dass eine Trennung beruflichen und außerberuflichen Lernens sich – zumindest für informelle Lernformen – kaum aufrechterhal-

Aussagen zu informellen Lernaktivitäten

ten lässt, da sich die Sphären Privatleben und Beruf hinsichtlich Lernzeit (Freizeit/Arbeitszeit), Lernort (Zuhause/Arbeitsplatz) und Verwendung der Lernergebnisse (im Privaten/im Beruf) durchmischen.

Jenseits der Differenzierung der genannten Lernformen lassen sich verschiedene Felder der empirischen Weiterbildungsforschung identifizieren, die im nächsten Teilkapitel näher beschrieben werden.

2 Forschungsfelder

Forschungsbereiche der Erwachsenenbildung

Die bedeutendsten Forschungsfelder innerhalb der Weiterbildungsforschung lassen sich in fünf Teilbereiche einordnen, die jeweils unterschiedliche Perspektiven und Fragestellungen beschreiben.

1. So stehen im Rahmen der *Teilnehmer- und Adressatenforschung* die Personen im Vordergrund, die an Weiterbildung teilnehmen oder angesprochen werden sollen.
2. In der *Angebots- und Programmforschung* dagegen fragen Studien nach den bestehenden Angeboten im Weiterbildungssektor.
3. Die *Institutions- und Professionsforschung* nimmt die Akteure im Weiterbildungssektor – also die Anbieter und Lehrenden – in den Blick.
4. Die *Evaluationsforschung* untersucht die Qualität und den Erfolg von Bildungsmaßnahmen.
5. Sie ist dabei u.a. auf die *Erwachsenendidaktik* verwiesen, die als fünftes Gebiet der Weiterbildungsforschung Aussagen zur Gestaltung von Lernumgebungen für Erwachsene generiert.

In allen Bereichen werden deutliche Anknüpfungspunkte zu benachbarten Forschungsfeldern und Disziplinen deutlich, wie z.B. der Lehr-Lernforschung, der pädagogischen Psychologie, der Bildungs- und Arbeitssoziologie oder der Betriebswirtschaft.

2.1 Teilnehmer- und Adressatenforschung

> **Merksatz**
>
> Eines der umfangreichsten Felder empirischer Weiterbildungsforschung bilden Studien, die sich mit den Zielgruppen der Erwachsenenbildung auseinandersetzen und deren Bildungsverhalten, -interessen, -barrieren und -motive untersuchen.

Dabei kann zwischen Teilnehmern und Adressaten bzw. Zielgruppen unterschieden werden. Während sich Studien aus dem Bereich der Teilnehmerforschung z.B. für die soziodemografischen Hintergründe, Einstellungen, Erwartungen oder Bildungsmotive von Teilnehmern interessieren oder auch für die Rendite von Weiterbildungsaktivitäten für die Teilnehmer, nimmt die Adressatenforschung auch Personen in den Blick, die bislang

(noch) nicht an Weiterbildung teilnehmen, von den Angeboten der Erwachsenenbildung aber angesprochen werden sollen. Die Teilnehmer- und Adressatenforschung hat innerhalb der Erwachsenenbildungsforschung eine
lange Tradition, die bis in die 1920er Jahre zurückreicht.

Zu einer der auch heute noch häufig zitierten frühen Arbeiten gehört
die sogenannte ‚Göttinger Studie' von Strzelewicz, Raapke und Schulenberg (1966), die im Rahmen ihrer Adressatenbefragung zeigen konnten,
dass Volkshochschulkurse vor allem von Personen mit höherer schulischer Grundbildung in Anspruch genommen werden. Diese Arbeit gilt als
wegweisend für viele spätere Studien, die sich bis heute vor allem auf die
Befragung von Zielgruppen stützen, sowie auf Daten zu Weiterbildungs-
teilnehmern z.b. aus den von einigen Trägern geführten Teilnehmerstatis-
tiken. Aktuell interessiert sich die Weiterbildungsforschung aber auch für
die Kompetenzprofile Erwachsener, wie sie in der internationalen PIAAC-
Studie (‚Program for the International Assessment of Adult Competencies') erhoben werden sollen.

In Anlehnung an die intensiv diskutierten PISA-Studien für den schulischen Bereich, sollen mit PIAAC die Lesekompetenz, die alltagsmathema-
tische Kompetenz und die Problemlösefähigkeiten in technologiegestütz-
ten Umgebungen (Internet) von Erwachsenen in über 30 OECD-Staaten
gemessen werden. Aus den Daten erhoffen sich Wissenschaftler u.a. Ansatzpunkte für die Gestaltung zukünftiger Weiterbildungsprogramme.

Göttinger Studie

Kompetenzprofile Erwachsener

2.2   Angebots- und Programmforschung

▷ **Merksatz**

Die Forschungsarbeiten zu Angebotsstrukturen und Programmen in
der Weiterbildung rücken die Frage nach der Passung zwischen Bildungsinteressen und -bedarfen – wie sie die Adressatenforschung erfasst – einerseits und den verfügbaren Bildungsangeboten andererseits
in den Mittelpunkt.

Dabei wird u.a. untersucht, welche Themenbereiche an Bedeutung gewinnen und verlieren, ob das Angebot verschiedener Träger wächst oder
schrumpft, inwieweit sich eine Verbreiterung bzw. Einengung des Angebotsspektrums oder eine Fokussierung auf bestimmte Themen und Angebotsformen feststellen lässt, wie sich die Finanzierung der Angebote
darstellt, welche Zielgruppen angesprochen werden und ob diese erreicht
werden. Die Angebots- und Programmforschung versucht insgesamt einen
Überblick über Entwicklungen und Trends auf der Angebotsseite zu geben,
was aber immer nur für Teile des Weiterbildungssektors möglich ist, da
die unübersichtliche Trägerlandschaft und die unüberschaubar zahlreichen
Weiterbildungseinrichtungen keine vollständige Erfassung des Angebots
zulassen. Insbesondere kleinere privatwirtschaftliche Anbieter und Angebote von Selbsthilfegruppen sind für die empirische Weiterbildungs-

Trends auf Angebotseite

forschung nur unvollständig und mit sehr großem Aufwand zu erfassen. Dagegen können Informationen zu betrieblichen Weiterbildungsangeboten über Betriebsbefragungen erhoben werden und große Weiterbildungsträger oder -verbände, wie der Volkshochschulverband, führen eigene Statistiken über die Angebote ihrer Mitglieder. Zu den Gegenständen der Angebots- und Programmforschung gehören auch die mit den Angeboten verbundenen Planungs- und Marketingstrategien, die aber ebenso auf Ebene der Institutionsforschung angesiedelt sein können.

2.3   Institutions- und Professionsforschung

Die empirische Erfassung der Angebotsstrukturen einzelner Bildungseinrichtungen und Träger kann auch Bestandteil von Institutionsforschung im Bereich der Weiterbildungsforschung sein.

▷ **Merksatz**

Innerhalb der Institutionsforschung stehen die Träger und Einrichtungen im Weiterbildungssektor im Mittelpunkt, also deren Geschichte, Organisation, Finanzierung und Teilnehmerstruktur, aber auch Maßnahmen zur Qualitätssicherung, die Kooperation mit anderen Einrichtungen und Akteuren sowie das in der Einrichtung tätige Personal.

Programm ‚Lernende Regionen' Die drei letztgenannten Themenfelder waren in den letzten Jahren für verschiedene große Studien und Initiativen handlungsleitend. So wurden in nahezu allen Bereichen des Weiterbildungssystems Qualitätsmanagementmodelle und andere Maßnahmen zur institutionellen Qualitätssicherung eingeführt und von der Europäischen Union und dem Bundesministerium für Bildung und Forschung mit dem Programm ‚Lernende Regionen' ein sehr umfangreiches Förderprogramm zum Aufbau regionaler Bildungsnetzwerke durchgeführt. Innerhalb der 70 beteiligten Netzwerke, die auf verschiedenen Ebenen auch wissenschaftlich begleitet wurden, nahmen die Erwachsenenbildungseinrichtungen vielfach eine Schlüsselstellung ein (Tippelt et al., 2009a). Die Qualifikation des in diesen Einrichtungen beschäftigten pädagogischen Personals ist ein zentrales Feld der Professionsforschung, die sich darüber hinaus auch der Untersuchung von Bildungswegen, Einstellungen zur beruflichen Tätigkeit, Arbeitsbedingungen und Entlohnung von in der Weiterbildung Tätigen widmet. Die starke Deregulierung innerhalb des Weiterbildungssektors hat u.a. dazu geführt, dass sich Arbeitsverhältnisse, Qualifikationen und berufliches Selbstverständnis unter den Erwachsenenbildnern, Trainern und anderem pädagogischen Personal in der Weiterbildung erheblich unterscheiden. Insbesondere ist der quartäre Bildungsbereich geprägt durch einen sehr hohen Anteil ehrenamtlicher, neben- und freiberuflicher Mitarbeiter gegenüber nur einem kleinen Teil festangestellter Voll- oder Teilzeitkräfte. Entsprechend unterschiedlich sind die Eingangsqualifikationen und der Fortbildungsbedarf bei diesen Personen, was auch Gegenstand aktueller Forschungsprojekte ist (von Hippel & Tippelt, 2009).

2.4 Evaluationsforschung

Viele Fragestellungen der Institutions- oder der Programmforschung werden durch Begleitforschungsprojekte bearbeitet, d.h. Bildungsprogramme und Bildungseinrichtungen werden durch formative Evaluation begleitet oder durch summative Evaluation beurteilt (Schmidt & Tippelt, 2005; vgl. Kap. IV). Aus den daraus resultierenden, zunächst eng an die jeweilige Maßnahme oder Einrichtung gekoppelten Forschungsergebnissen, lassen sich auch allgemeinere Aussagen zu Möglichkeiten und Grenzen, Erfolgsbedingungen und Barrieren, Eignung oder Nicht-Eignung von methodischen, strukturellen und inhaltlichen Innovationen treffen. Ebenso lassen sich Erkenntnisse zu günstigen und ungünstigen Rahmenbedingungen von Maßnahmen und Institutionen formulieren bzw. verallgemeinerte Erkenntnisse zu Fragestellungen der Organisationsentwicklung im Weiterbildungsbereich.

Aussagen durch Evaluationen

Die Evaluations- oder auch Begleitforschung stellt einen quantitativ bedeutenden Teil der Erwachsenenbildungforschung dar und verbindet Anwendungsforschung mit anwendungsorientierter Grundlagenforschung. Das Ziel der einzelnen Forschungsprojekte kann dabei ganz unterschiedlich definiert sein und sich auf die Evaluation des jeweiligen Programms bzw. der jeweiligen Maßnahme beschränken, die Generierung über den Untersuchungskontext hinausgehender Erkenntnisse anvisieren oder sich als induktive Form der Grundlagenforschung verstehen. Ansatzpunkt für die empirischen Erhebungen können Einzelmaßnahmen (z.B. eine Fortbildungsveranstaltung) ebenso sein, wie Weiterbildungsprogramme (z.B. ein berufsbegleitender Studiengang), bildungspolitische Projekte (z.B. die Einführung eines Systems zur Zertifizierung informell erworbener Kompetenzen) oder internationale Förderprogramme (z.B. das europäische Programm zur Förderung ,Lernender Regionen').

Unterschiedliche Zielsetzungen

2.5 Forschung zur Erwachsenendidaktik

Angrenzend zur Lehr-Lernforschung und zur allgemeinen Didaktik stellt sich die empirische Weiterbildungsforschung auch der Frage nach der didaktischen Gestaltung von Lernarrangements für Erwachsene, die bisweilen auch als „Kunst" (Meueler, 2009) bezeichnet wird. Grundlegend hierfür ist wiederum die Frage wie Erwachsene lernen und inwiefern sich deren Wissenerwerb vom Lernen bei Kindern und Jugendlichen unterscheidet. Theoretisch wie empirisch lassen sich didaktische Prinzipien zur Gestaltung von Bildungsangeboten für Erwachsene festhalten, wie z.B. die Zieloffenheit oder die Teilnehmerorientierung.

Lernformen Erwachsener

Allerdings leitet sich gerade aus der letztgenannten didaktischen Forderung die Notwendigkeit einer Anpassung des didaktischen Designs an Vorwissen, Interessen und Lerngewohnheiten der Lernenden und damit

eine Abkehr von generellen didaktischen Prinzipien ab. Neben den verschiedenen Methoden und Sozialformen des Lehrens und Lernens, die im
Kontext didaktischer Fragestellungen zu untersuchen sind, gehören auch
die Rahmung von Bildungsprozessen (Raum, Zeit, Teilnehmer, Dozenten
etc.) und deren Vorbereitung (Programmplanung, Marketing etc.) zu den
didaktischen Handlungsfeldern und damit zu den Themen empirischer Forschung zur Erwachsenendidaktik.

3   Methodische Zugänge

Die dargestellten Forschungsfelder werden mit unterschiedlichen methodischen Zugängen bearbeitet. Hier wird nicht näher auf die einzelnen Methoden eingegangen (vgl. Kap. III), sondern die mit verschiedenen Methoden
verbundenen Möglichkeiten und Grenzen der empirischen Weiterbildungsforschung werden anhand ausgewählter Studien verdeutlicht.

3.1   Quantitative Untersuchungen

Verbund
Weiterbildungs-
statistik

Repräsentative Daten zur Partizipation an den Angeboten der Erwachse-
nen- und Weiterbildung werden seit 1979 durch das Berichtssystem Weiterbildung in dreijährigem Turnus erhoben, aber auch zahlreiche andere
Studien setzen auf Repräsentativbefragungen zu Erfassung von Weiterbildungsverhalten, -interessen, -einstellungen usw. (Feller, 2006). Quantitative Studien liegen aber auch zur Angebotsanalyse vor, wobei auf das Projekt
‚Weiterbildungsstatistik im Verbund' hinzuweisen ist, in dessen Rahmen
seit 2002 eine jährliche Auswertung von Trägerstatistiken erfolgt. Der Verbund Weiterbildungsstatistik unter Federführung des Deutschen Instituts
für Erwachsenenbildung (DIE) bündelt die Daten zu Weiterbildungsangebot und -teilnahmen der großen Trägerverbände in der außerbetrieblichen
Weiterbildung. Der Deutsche Volkshochschulverband, der Arbeitskreis
deutscher Bildungsstätten, der Bundesarbeitskreis Arbeit und Leben, die
Deutsche Evangelische Arbeitsgemeinschaft für Erwachsenenbildung und
die Katholische Bundesarbeitsgemeinschaft für Erwachsenenbildung liefern die Rohdaten aus den ihnen angehörenden Bildungseinrichtungen, die
dann zusammengeführt und ausgewertet werden. Im Gegensatz zu anderen
quantitativen Forschungsprojekten – wie z.B. einer von Chisholm, Larson
und Mossoux (2005) durchgeführten europäischen Studie zu Einstellungen
der Bürger zum lebenslangem Lernen – steht für die Verbundstatistik nicht
die Beantwortung spezifischer Forschungsfragen im Vordergrund, sondern
ein kontinuierliches Weiterbildungsmonitoring aus Perspektive der Bil-
dungsanbieter.

Durch die Regelmäßigkeit der Berichtslegung können mittel- und langfristige Entwicklungen auf dem Weiterbildungsmarkt identifiziert werden,
wie Veränderungen in der Trägerlandschaft, thematische Schwerpunktset-
zungen oder Trends hinsichtlich der Angebotsformen, Finanzierung und

personeller Ressourcen (Weiland & Weiß, 2009). Ausgewählte Ergebnisse gehen auch in den nationalen Bildungsbericht ein (Konsortium Bildungsberichterstattung, 2008).

3.2   Qualitative Untersuchungen

Qualitative Forschungsansätze haben national wie international eine lange Tradition in der Erwachsenenbildungsforschung und sind auch aktuell von großer Bedeutung. Im Wesentlichen lassen sich nach Dörner und Schäffer (2009) zwei inhaltliche Stränge qualitativer Weiterbildungsforschung identifizieren. Zum einen Projekte, die den Lebenslauf, die *Biografie* oder die Sozialisation Erwachsener in den Blick nehmen und zum anderen Studien zu *Lernprozessen* und Wissensaneignung im Erwachsenenalter. In beiden Bereichen kommt das gesamte Spektrum qualitativer sozialwissenschaftlicher Methoden zum Einsatz, wobei qualitative Längsschnittstudien, Gruppendiskussionsverfahren und Videografie zu den in den letzten Jahren verstärkt von der Erwachsenenbildungsforschung verwendeten Methoden gehören.

Zwei inhaltliche Stränge qualitativer Forschung

Die Verknüpfung qualitativer und quantitativer Daten – sei es im Sinne einer Methodentriangulation oder lediglich als Nebeneinander mehrerer methodischer Zugänge – wird gerade in der Weiterbildungsforschung zunehmend häufig genutzt. Ein Beispiel hierfür ist die EdAge-Studie zu Bildungsverhalten und -interessen der 45- bis 80-Jährigen in Deutschland (Tippelt et al., 2009b). In der Studie wurde ein komplexes methodisches Design realisiert, das auch für eigenständige Sonderauswertungen genutzt wurde (z.B. Schmidt, 2009). Im Rahmen der Studie wurden, nach vorgeschalteten hypothesengenerierenden Experteninterviews, eine standardisierte Repräsentativbefragung und qualitative Gruppendiskussionen parallel durchgeführt. Während die quantitative Befragung Rückschlüsse auf die Verteilung von Untergruppen mit spezifischem Bildungsverhalten in der Gesamtbevölkerung zuließ, ermöglichten die Gruppendiskussionen vertieftes Wissen über die Bildungsinteressen spezifischer Gruppen, die in der Repräsentativbefragung so nicht mehr identifizierbar waren (z.B. türkische Migrantinnen). Abschließend wurden noch qualitative Interviews mit Älteren durchgeführt, die Rückschlüsse auf die biografische Verankerung von Bildungsinteressen und -motiven zuließen.

EdAge-Studie

3.3   Längsschnittstudien

Bisher liegen in der Weiterbildungsforschung – wie in anderen Bereichen der Bildungsforschung – nur wenige Längsschnittdaten vor. Zwar lassen sich aus wiederholt und mit nur wenig veränderten Instrumenten durchgeführten Replikationsstudien (wie dem BSW) auch Aussagen zu Veränderungen zwischen Generationen, Epochen oder im Lebenslauf ableiten, dabei bleiben aber methodische Probleme und Grenzen bestehen (Eckert & Schmidt, 2007). Echte Längsschnittstudien, die Personen über einen gewissen Zeitraum begleiten und diese mehrfach befragen, sind aufwendig

Wenige Längsschnittdaten

und gerade für längere Zeiträume schwer zu realisieren. In Deutschland liegen erste quantitative Längsschnittstudien vor, sowie überfachliche Längsschnitterhebungen, die auch Analysen zu Fragen der Weiterbildung zulassen, wie z.b. das Sozioökonomische Panel (SOEP).

Rendite von
Weiterbildung Ein besonders interessantes Beispiel in England sind die Daten des Institute for Research on the Wider Benefits of Learning in London. Dort werden insbesondere die Wirkungen und Erträge von Bildungsprozessen im Lebenslauf untersucht und zwar durch zwei Längsschnittstudien. In beiden Fällen wurden alle innerhalb einer Woche in England Geborenen bzw. deren Eltern von Geburt an mit regelmäßigen Befragungen begleitet, wodurch sich nicht nur die berufliche und finanzielle Rendite von Weiterbildungsteilnahmen bestätigen ließ, sondern auch deren positiver Einfluss auf Gesundheit und soziale Kontakte (Bynner, Schuller & Feinstein, 2003)

4   Fazit

Methodische und
thematische Vielfalt Das Feld der empirischen Weiterbildungsforschung stellt sich methodisch plural dar und deckt eine Vielfalt an Themen ab, die sich nicht eindeutig in eine Systematik fassen lassen. Entsprechend sind die dargestellten zentralen Themenfelder keineswegs trennscharf oder überschneidungsfrei, verdeutlichen aber die thematische Breite in der sich die Erwachsenenbildungsforschung bewegt und verweisen deutlich auf Bezugspunkte zu benachbarten (Sub-)Disziplinen. In einem gemeinsamen Projekt des Vorstands der Sektion Erwachsenenbildung und des Deutschen Instituts für Erwachsenenbildung (DIE) werden aktuell Daten zu allen Forschungsprojekten im Bereich der Erwachsenenbildungsforschung gesammelt und systematisiert. Erste Erfahrungen aus diesem Projekt ‚Forschungslandkarte Erwachsenen- und Weiterbildung' liegen bereits vor (Ludwig, 2008) und die weiteren Ergebnisse könnten zukünftig zu einer besseren Übersicht über das Forschungsfeld und zur Identifizierung von Forschungslücken führen. Ob daraus auch eine klarere Systematik der Forschungsbereiche erwächst, bleibt offen.

▷ Weiterführende Literatur

Eckert, T. (2009). Methoden und Ergebnisse der quantitativ orientierten Erwachsenenbildungsforschung. In R. Tippelt & A. von Hippel (Hrsg.), Handbuch Erwachsenenbildung/Weiterbildung (S. 263-278). Wiesbaden: VS Verlag.
Schrader, J. & Berzbach, F. (2005). Empirische Lernforschung in der Erwachsenenbildung. Bonn: DIE.

Literaturverzeichnis

Bynner, J., Schuller, T. & Feinstein, L. (2003). Wider benefits of education: Skills, Higher Education and civic engagement. Zeitschrift für Pädagogik 49, 341-361.

Chisholm, L., Larson, A. & Mossoux, A.-F. (2005). Lebenslanges Lernen: Die Einstellungen der Bürger in Nahaufnahme. Ergebnisse einer Eurobarometer-Umfrage. Luxemburg: Amt für Amtliche Veröff. der Europ. Gemeinschaften.

Dörner, O. & Schäffer, B. (2009). Neuere Entwicklungen in der qualitativen Erwachsenenbildungsforschung. In R. Tippelt & A. von Hippel (Hrsg.), Handbuch Erwachsenenbildung/Weiterbildung (S. 243-262). Wiesbaden: VS Verlag.

Eckert, T. & Schmidt, B. (2007). Entwicklung der Weiterbildungsbeteiligung in Deutschland. Expertise im Rahmen des vom Rat für Sozial- und Wirtschaftsdaten geförderten Programms ‚Bildung im Erwerbsleben'. Verfügbar unter www.ratswd.de/download/workingpapers2007/06_07.pdf; Stand: 30.06.10.

Feller, G. (2006). Weiterbildungsmonitoring ganz öffentlicher Entwicklungen, Ergebnisse und Instrumente zur Darstellung lebenslangen Lernens. Bielefeld: Bertelsmann.

von Hippel, A. & Tippelt, R. (Hrsg.). (2009). Fortbildung der WeiterbildnerInnen. Eine Analyse der Interessen und Bedarfe aus verschiedenen Perspektiven. Weinheim: Beltz.

Kirchhöfer, D. (2000). Informelles Lernen in alltäglichen Lebensführungen - Chance für berufliche Kompetenzentwicklung. Unveröffentlichte Studie. Berlin: Arbeitsgemeinschaft Betriebliche Weiterbildungsforschung beim MBWF.

Kultusministerkonferenz (2001). Vierte Empfehlung der Kultusministerkonferenz zur Weiterbildung. Verfügbar unter http://www.kmk.org/fileadmin/veroeffentlichungen_beschluesse/2001/2001_02_01-4-Empfehlung-Weiterbildung.pdf; Stand: 30.06.10.

Konsortium Bildungsberichterstattung (Hrsg.). (2008). Bildung in Deutschland. Ein indikatorengestützter Bericht mit einer Analyse zu Bildung und Migration. Bielefeld: Bertelsmann.

Ludwig, J. (2008). Die Forschungslandkarte Erwachsenen- und Weiterbildung als neues Steuerungsmedium. Hessische Blätter für Volksbildung, 2, 105-113.

Meueler, E. (2009). Didaktik der Erwachsenenbildung. Weiterbilddung als offenes Projekt. In R. Tippelt & A. von Hippel (Hrsg.), Handbuch Erwachsenenbildung/Weiterbildung (S. 973-988). Wiesbaden: VS Verlag.

von Rosenbladt, B. & Bilger, F. (2008). Weiterbildungsverhalten in Deutschland. Band 1: Berichtssystem Weiterbildung und Adult Education Survey 2007. Bielefeld: Bertelsmann.

Schmidt, B. (2009). Weiterbildung und informelles Lernen älterer Arbeitnehmer: Bildungsverhalten. Bildungsinteressen. Bildungsmotive. Wiesbaden: VS Verlag.

Schmidt, B. & Tippelt, R. (2005). Lehrevaluation. In I. Gogolin, H.-H. Krüger, D. Lenzen & T. Rauschenbach (Hrsg.), Standards und Standardisierung in der Erziehungswissenschaft. Beiheft der Zeitschrift für Erziehungswissenschaft, S. 227-242.

Strzelewicz, W., Raapke, H.-D. & Schulenberg, W. (1966). Bildung und gesellschaftliches Bewusstsein. Eine mehrstufige soziologische Untersuchung in Westdeutschland. Stuttgart: Enke.

Tippelt, R., Reupold, A., Strobel, C., Kuwan, H., Pekince, N., Fuchs, S., Abicht, L. & Schönfeld, P. (Hrsg.). (2009a). ‚Lernende Regionen - Netzwerke gestalten'. Teilergebnisse zur Evaluation des Programms ‚Lernende Regionen - Förderung von Netzwerken'. Bertelsmann: Bertelsmann.

Tippelt, R., Schmidt, B., Schnurr, S., Sinner, S., & Theisen, C. (Hrsg.). (2009b). Bildung Älterer – Chancen des demografischen Wandels. Bielefeld: Bertelsmann.

Weiland, M. & Weiß, C. (2009). Weiterbildungsstatistik im Verbund 2007 – Kompakt. Verfügbar unter http://www.die-bonn.de/doks/weiland0901.pdf; Stand: 30.06.10.

Kapitel VIII
Soziale Ungleichheit im Bildungswesen

Burkhard Gniewosz & Cornelia Gräsel

Überblick Soziale Ungleichheit

▷ **Zusammenfassung**

Das Kapitel wird anhand einer Beispieluntersuchung in die Begriffe der sozialen Ungleichheit einführen. Wichtige Konzepte, die in den nachfolgenden Kapiteln Verwendung finden, werden erklärt und in einen übergeordneten Zusammenhang gestellt.

1 Empirische Befunde zu sozialer Ungleichheit

Im Jahr 2009 wurde eine landesweite Erhebung zu sprachlichen Kompetenzen in Deutsch und Englisch bei Schülern der neunten Jahrgangsstufe der allgemeinbildenden Schulen durchgeführt (Köller et al., 2010). Ca. 35.000 Schüler aus allen Bundesländern nahmen an der Studie teil. Die Leistungstests orientierten sich an den Bildungsstandards der Kultusministerkonferenz (vgl. Kap. V-4). Sie umfassten Aufgaben zum Hör- und Leseverstehen sowie zur Orthografie. Wie auch in der PISA-Studie war der

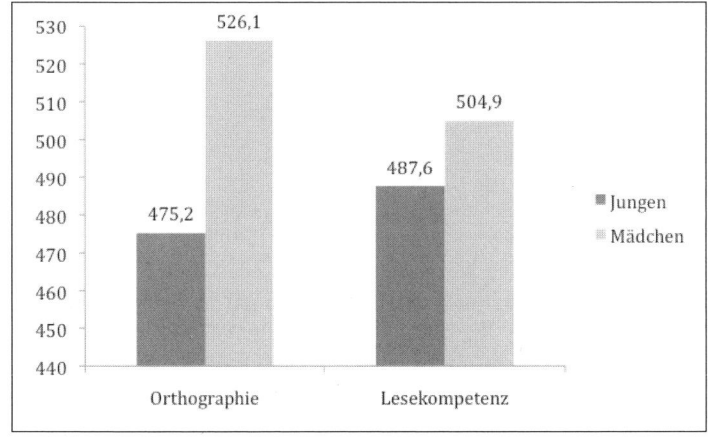

Abbildung 1: Testergebnisse in Orthografie und Leseverständnis im Fach Deutsch nach Geschlecht (Köller et al., 2010)

Test so normiert, dass der Mittelwert 500 Punkte und die Standardabweichung (durchschnittliche Streuung) 100 Punkte betrugen (vgl. Kap. V-4). Die Ergebnisse dieses Ländervergleichs weisen auf deutliche Unterschiede in den Leistungen in Abhängigkeit vom Geschlecht, vom Migrationsstatus, vom familialen Hintergrund und vom Bundesland hin.

Unterschiede nach Geschlecht

Werden die Orthografie und die Lesekompetenz im Fach Deutsch als Beispieldimensionen herausgegriffen, zeigt sich bundesweit im Leistungsvorsprung der Mädchen (vgl. Abb. 1). Wie die Autoren schreiben, lassen sich diese Unterscheide teilweise durch die unterschiedliche Bildungsbeteiligung der Mädchen erklären. Mädchen besuchen häufiger ein Gymnasium als Jungen und profitieren dort von einem lernfreundlichen Umfeld.

Unterschiede nach ethnischer Herkunft

Vergleicht man die Testergebnisse in den Kompetenzbereichen Orthografie und Leseverständnis nach dem Migrationshintergrund der untersuchten Schüler, schneiden Jugendliche ohne Migrationshintergrund deutlich besser ab (vgl. Abb. 2). Ist bereits ein Elternteil im Ausland geboren, fallen die Leistungen schlechter aus. Jugendliche der zweiten Generation, die selbst in Deutschland geboren wurden, deren Eltern aber beide im Ausland geboren sind, schneiden wiederum schlechter ab. Die geringsten Testergebnisse fanden die Autoren bei Jugendlichen der ersten Migrationsgeneration, bei denen beide Eltern und die Jugendlichen selbst im Ausland geboren sind.

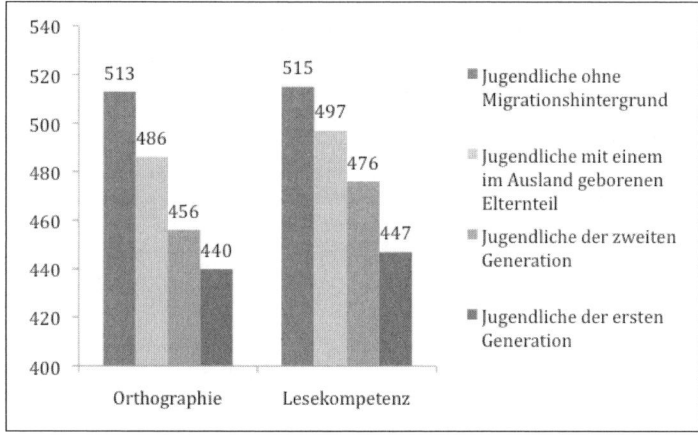

Abbildung 2: Testergebnisse in Orthografie und Leseverständnis im Fach Deutsch nach Migrationshintergrund (Köller et al., 2010)

Unterschiede nach sozialer Herkunft

In der gleichen Studie wurde untersucht, inwieweit die Testleistungen von der sozialen Herkunft der Eltern abhängen. Ein Maß für die soziale Herkunft ist der HISEI, der den höchsten sozioökonomischen Status in der Familie angibt (‚International Socio-Economic Index of Occupational Status‘). Das Einkommen und der soziale Status von Berufen werden hier in einer Skala, die international vergleichbar angelegt ist, ausgedrückt. 9,7% der Varianz der orthografischen Kompetenz gehen auf den sozialen Status zurück, für die Lesekompetenz sind es 12,2%. Das heißt, dass die Leistungen in diesen Kompetenzbereichen relativ stark durch den sozialen Status der Eltern bestimmt sind. Wenn die Eltern Berufen mit höherem Einkommen und Status nachgehen, erzielen die 15-jährigen Kinder bessere Leistungen als Kinder aus sozial schwächeren Familien.

Da die Untersuchung bundesweit durchgeführt wurde, ist es auch möglich, die Leistungen zwischen verschiedenen Regionen in der Bundesrepublik zu vergleichen. Auch hier zeigten sich zum Teil deutliche Unterschiede in den Leistungen der Schüler. In Abbildung 3 sind jeweils der Bundesdurchschnitt und die Leistungen der Bundesländer mit den besten und schlechtesten Ergebnissen dargestellt.

Unterschiede nach regionaler Herkunft

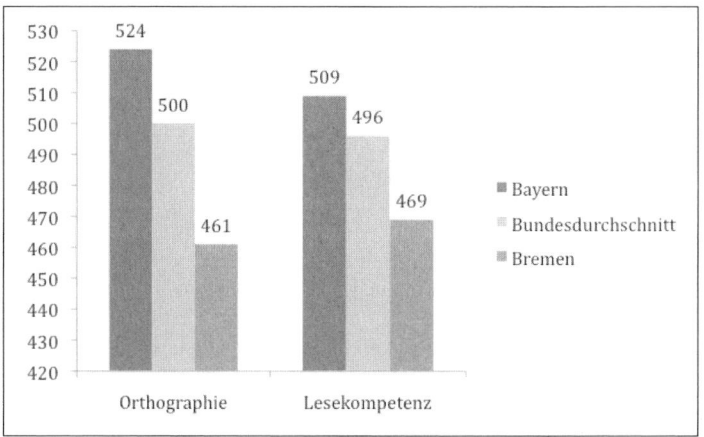

Abbildung 3: Testergebnisse in Orthografie und Leseverständnis im Fach Deutsch nach ausgewählten Bundesländern (Köller et al., 2010)

2   Soziale Ungleichheit

Zusammenfassend zeigen die Ergebnisse, dass sich Bildungserträge, im Sinne von erworbenen Kompetenzen, zwischen sozialen Gruppen unterscheiden. Mit dem Begriff der sozialen Gruppe wird eine Menge von Individuen mit geteilten Merkmalen bezeichnet. Im vorliegenden Fall sind das: das Geschlecht, der Migrationshintergrund, der Sozialstatus sowie die regionale Herkunft.

Kompetenzen und Bildungszertifikate

▷   **Definition**

„Soziale Ungleichheit liegt dann vor, wenn Menschen aufgrund ihrer Stellung in sozialen Beziehungsgefügen von den ‚wertvollen Gütern‘ einer Gesellschaft regelmäßig mehr als andere erhalten." (Hradil, 2001, S. 30)

Ein anderer Begriff, der für Ungleichheit in den kommenden Kapiteln Verwendung findet, ist Disparität. Die Stellung in ‚sozialen Beziehungsgefügen' kann durch verschiedene Merkmale bestimmt sein. Die in der Beispieluntersuchung betrachteten Variablen sind die sozialen Merkmale, die in der Bildungsforschung am häufigsten beforscht werden. In Hradils Definition wird von ‚wertvollen Gütern' gesprochen. Im Kontext der Bildungsforschung finden zwei ‚wertvolle Güter' in den theoretischen und empirischen Analysen besondere Beachtung: Die erworbenen Kompetenzen und die erworbenen Bildungszertifikate (Abschlusszeugnisse, formale Qualifikationen).

Treten systematische oder ‚regelmäßige' Unterschiede zwischen Gruppen in einer Gesellschaft daraufhin auf, welche Kompetenzen und Bildungszertifikate erworben werden, kann von *sozialer Ungleichheit des Bildungssystems* gesprochen werden. Ein zentrales Ergebnis der Bildungsforschung ist, dass die Entstehung sozialer Ungleichheit sowohl im Hinblick auf *Kompetenzen* als auch im Hinblick auf *Zertifikate* für die Übergänge im Schulsystem eine zentrale Rolle einnimmt. Bei gleicher Leistung erhalten Schüler aus Familien mit einem höheren Sozialstatus häufiger eine Gymnasialempfehlung als Schüler mit einem geringerem Sozialstatus (Ditton et al., 2005). Aber nicht nur im Bildungssystem, sondern auch im Beschäftigungssystem treten soziale Disparitäten auf. Beispielsweise gibt es zahlreiche Studien, die für Mädchen und Frauen konsistente Leistungsvorteile zeigen. Auch in Bezug auf den Erwerb von Zertifikaten dominieren die Frauen bei den höheren Abschlüssen. Bisher ist es aber noch nicht gelungen, diese Bildungsvorteile im Beschäftigungssystem zur Geltung zu bringen. Je höher die berufliche Hierarchie, desto geringer ist der Frauenanteil – und dieser Befund ist international gültig (World Economic Forum, 2009).

3   Überblick

Im folgenden Kapitel über soziale Ungleichheit wird der interdisziplinäre Charakter der Empirischen Bildungsforschung besonders deutlich. Theorien aus der Pädagogik, der Soziologie und der Psychologie finden hier ihre Anwendung. Die folgenden Beiträge werden soziale Disparitäten bzgl. des Geschlechtes (vgl. Kap. VIII-2), des Migrationshintergrundes (vgl. Kap. VIII-3), des sozioökonomischen Status (vgl. Kap. VIII-4) und der regionalen Herkunft (vgl. Kap. VIII-5) detaillierter beschreiben. In den einzelnen Kapiteln wird der Forschungsstand zu der Frage, für welche ‚wertvollen Güter' der Gesellschaft soziale Disparitäten bestehen, dargelegt. Theoretische Modelle und Erklärungen für das Zustandekommen dieser Ungleichheiten werden berichtet. Schließlich werden die Auswirkungen der Disparitäten auf individuelle Kognitionen und Entscheidungen beleuchtet und Ansätze zur Reduktion von sozialer Ungleichheit angesprochen.

▷ **Weiterführende Literatur**

Allmendinger, J., Ebner, C. & Nikolai, R. (2009). Soziologische Bildungs-
forschung. In R. Tippelt & B. Schmidt (Hrsg.), Handbuch Bildungsfor-
schung (S. 47-70). Wiesbaden: VS Verlag.
Baumert, J., Stanat, P. & Watermann, R. (Hrsg.). (2006). Herkunftsbedingte
Disparitäten im Bildungswesen. Wiesbaden: VS Verlag.
Ditton, H., Krüsken, J. & Schauenberg, M. (2005). Bildungsungleichheit. Der
Beitrag von Familie und Schule. Zeitschrift für Erziehungswissenschaft,
8, 285-304.

Literaturverzeichnis

Ditton, H., Krüsken, J. & Schauenberg, M. (2005). Bildungsungleichheit. Der Bei-
trag von Familie und Schule. Zeitschrift für Erziehungswissenschaft, 8, 285-
304.
Hradil, S. (2001). Soziale Ungleichheit in Deutschland. Wiesbaden: VS Verlag.
Köller, O., Knigge, M. & Tesch, B. (2010). Sprachliche Kompetenzen im Länder-
vergleich. Münster: Waxmann.
World Economic Forum. (2009). The Global Gender Gap Report 2009. Geneva:
World Economic Forum.

Bettina Hannover

Geschlecht und soziale Ungleichheit

▷ **Zusammenfassung**

Mädchen sind heute schulisch erfolgreicher als Jungen, in der Berufs-
welt jedoch weiterhin benachteiligt. Zur Kompensation geschlechts-
abhängiger sozialer Ungleichheit müssen Jungen im Lesen und im
selbstgesteuerten Lernen gefördert werden. Mädchen brauchen Unterstützung ihres Interesses an Naturwissenschaft und bei der Umsetzung
ihres Schulerfolgs in entsprechend qualifizierte Berufstätigkeiten.

1 Geschlecht, Bildungsergebnisse und Berufserfolg

Zum Ende des Jahres 2006 wurden die Ergebnisse der Internationalen
Grundschul-Lese-Untersuchung 2006 (IGLU) der deutschen Öffentlichkeit
präsentiert (Bos et al., 2007). IGLU testet im internationalen Vergleich das
Leseverständnis von Schülern der vierten Jahrgangsstufe. Eine getrennte
Auswertung nach Geschlecht der Kinder ergab für sämtliche Teilnehmer-
staaten, dass Mädchen in der vierten Grundschulklasse besser lesen können
als Jungen. In Deutschland erreichten sie auf der Gesamtskala Lesen im
Mittel 551 Punkte (Kompetenzstufe IV), die Jungen hingegen einen signifikant geringeren Wert von 544 Punkten (Kompetenzstufe III). Deutliche
Geschlechtsunterschiede zeigten sich auch in der Motivation zu lesen. So
gab z.B. in Deutschland fast jedes zehnte Mädchen und jeder fünfte Junge
an, niemals außerhalb der Schule zum Vergnügen zu lesen.

Mädchen zeigen bessere Leseleistungen

In der Vorläuferuntersuchung IGLU 2001 waren in der nationalen Erwei-
terungsstudie IGLU-E auch Leistungen in den Naturwissenschaften und in
Mathematik erfasst worden (Bos et al., 2004). Eine getrennte Auswertung
nach Geschlecht zeigte, dass die deutschen Schülerinnen in den Naturwissenschaften 15 Punkte schlechter und in Mathematik 24 Punkte schlechter
abschnitten als ihre männlichen Klassenkameraden.

Jungen zeigen bessere Leistungen in Mathe und Naturwissenschaft

Betrachtet man empirische Studien über die Entwicklung von Mädchen
und Jungen im Verlauf der weiteren Schulzeit, so lässt sich das Gesamtbild
wie folgt charakterisieren (Hannover, 2004): Die Kompetenzunterschiede
zwischen den Geschlechtern verstärken sich über die Sekundarstufen I und

II hinweg. So zeigten die Ergebnisse der PISA-Studie 2006 (Prenzel et al., 2007) für das Ende der Pflichtschulzeit (mit 15 Jahren), dass an deutschen Schulen Mädchen mit 517 Punkten auf der Gesamtskala Lesen ihren männlichen Klassenkameraden, die 475 Punkte erzielten, weit überlegen waren, während umgekehrt die Jungen in der Mathematik mit einem Wert von 513 Punkten (vergleichsweise weniger stark) höhere Kompetenzen nachweisen konnten als ihre weiblichen Klassenkameraden mit 494 Punkten. In den Naturwissenschaften wurde ebenfalls ein leichter Vorsprung der Jungen (591 Punkte gegenüber 512 Punkten für die Mädchen) deutlich, der allerdings für die deutsche PISA-Stichprobe statistisch nicht signifikant war.

▷ **Merksatz**

Zusammengefasst zeigen Befunde für den schulischen Kompetenzerwerb von Mädchen und Jungen sowohl für die vierte Jahrgangsstufe als auch für das Ende der Pflichtschulzeit ein geschlechtstypisiertes Bild: Mädchen weisen bessere Lesekompetenzen auf, Jungen sind im Bereich von Mathematik und Naturwissenschaften überlegen.

Bildungsbeteiligung von Mädchen und Jungen

Betrachtet man Bildungserfolg nicht in Form von Kompetenzen, sondern in Form der Bildungsbeteiligung und im Erwerb von Zertifikaten, so belegen aktuelle Zahlen ein Zurückbleiben der Jungen hinter den Mädchen. Wie die in Abbildung 1 dargestellte Anzahl der Lernenden an allgemeinbildenden Schulen (Sekundarstufe I) in Deutschland im Schuljahr 2007/2008 (Statistisches Bundesamt, 2008) zeigt, sinkt mit steigendem Niveau des Bildungsgangs der Anteil der Jungen. Abbildung 2 zeigt ein analoges Bild bei den erzielten Schulabschlüssen.

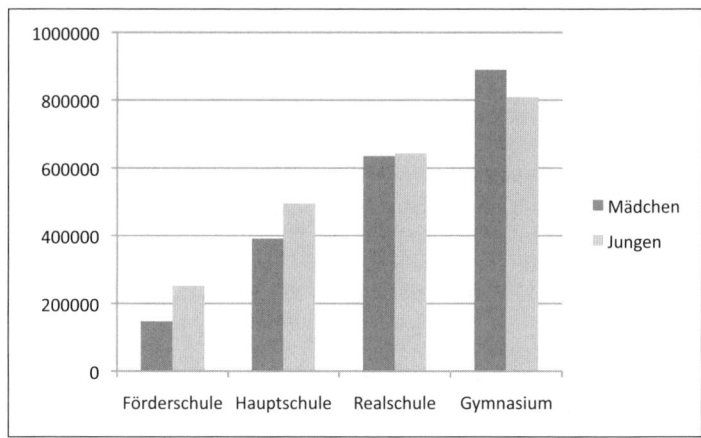

Abbildung 1: Anzahl der Schüler an allgemeinbildenden Schulen (Sek I) in Deutschland, Schuljahr 2007/2008 (Daten: Statistisches Bundesamt, 2008)

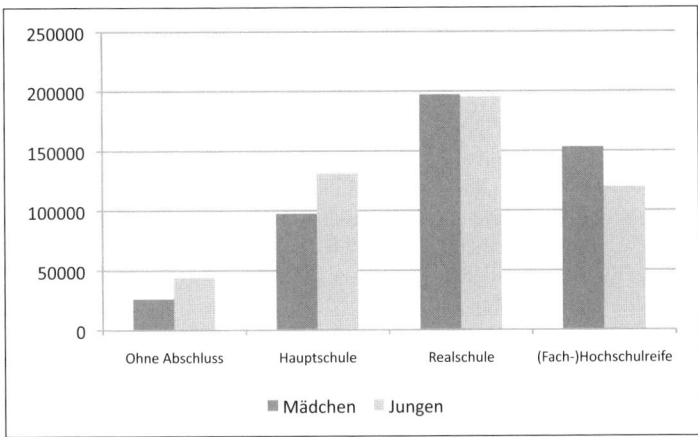

Abbildung 2: Anzahl der von Schülern erworbenen Abschlusszertifikate an allgemeinbildenden Schulen in Deutschland, Schuljahr 2007/2008 (Daten: Statistisches Bundesamt, 2008)

Betrachtet man den Erwerb von Bildungszertifikaten über die vergangenen Dekaden hinweg, so zeigt sich für beide Geschlechter ein seit 1950 in allen westlichen Industrienationen anhaltender kontinuierlicher Trend zu einer verstärkten Partizipation an höherer Bildung (Allbus, 2000). Bei einem Vergleich der Abschlüsse verschiedener Alterskohorten wird eine Umkehrung der Geschlechterverhältnisse deutlich. So zeigen beispielsweise Daten aus dem Mikrozensus 2006 (Statistisches Bundesamt, 2007, S. 8), dass im Jahre 2006 von den 60- bis 65-Jährigen 67,8% der Männer gegenüber 74,7% der Frauen einen Hauptschulabschluss und 17,0% der Männer gegenüber 6,6% der Frauen die Hochschulreife als höchsten Schulabschluss vorweisen konnten. In der Gruppe der 20- bis 25-Jährigen hingegen hatten 26% der Männer gegenüber 16,8% der Frauen einen Hauptschulabschluss und 33,4% der Männer gegenüber 41,8% der Frauen die Hochschulzugangsberechtigung.

Umkehrung der Geschlechterverhältnisse

Obwohl also junge Frauen heute die Schule im Mittel mit höheren Abschlüssen verlassen als Jungen, zeigt ein Blick in die Geschlechterverteilung in verschiedenen beruflichen Tätigkeitsfeldern, dass es den Schulabsolventinnen nicht gelingt, ihre höhere Qualifikation in entsprechende berufliche Positionierungen umzusetzen. Vielmehr sinkt im beruflichen Sektor mit steigendem Qualifikationsniveau oder steigender Position in der betrieblichen Hierarchie der Frauenanteil (World Economic Forum, 2007). Frauen sind in den entwickelten Industrienationen und in der Europäischen Union in Dienstleistungsberufen (im Unterschied zu Fertigungsberufen) deutlich überrepräsentiert (Autorengruppe Bildungsbericht, 2008; BMBF, 2009). Zudem sind Frauen weltweit mehr von Arbeitslosigkeit betroffen und verdienen weniger als Männer (International Labour Organization, 2009; World Economic Forum, 2007). So berichtet das World Economic Forum

Qualifikation und berufliche Position

(2007, S. 75) beispielsweise für Deutschland, dass bei einer Erwerbstätig-
keitsbeteiligung der Frauen von 69% (gegenüber 79% der Männer) Frauen
ein durchschnittliches Einkommen von 20.851 US-Dollar haben, wohingegen Männer 36.114 US-Dollar verdienen (Female-Male-Ratio = 0.58, wobei 0 totale Ungleichheit und 1 totale Gleichheit bedeuten würde). Frauen
nehmen in Deutschland nur 35% der beruflichen Positionen mit Führungs-
verantwortung (‚legislators, senior officials, and managers') ein und stellen
nur 32% der Abgeordneten im Parlament (World Economic Forum, 2007,
S. 75). Auch in statusniedrigeren beruflichen Tätigkeiten sind Frauen seltener in Führungspositionen vertreten als Männer. So waren beispielsweise
in Deutschland im Jahre 2005 nur 15% der Arbeiterinnen gegenüber 61%
der Arbeiter als Fachkräfte tätig (Statistisches Bundesamt, 2006a).

▷ **Merksatz**

Mädchen weisen fachliche Defizite in den Bereichen Mathematik und
Naturwissenschaften auf, durchlaufen aber insgesamt erfolgreicher die
schulischen Bildungssysteme als Jungen. Auf dem Arbeitsmarkt sind
sie dennoch struktureller Benachteiligung ausgesetzt. Für Jungen bzw.
Männer zeigen sich fachliche Defizite in der Lesekompetenz. Im generellen Bildungserfolg zeigt sich, dass Jungen in der Gruppe der Jugendlichen ohne einen Schulabschluss deutlich überrepräsentiert sind,
gleichzeitig aber diejenigen jungen Männer, die die Schule erfolgreich
absolvieren, im späteren Berufsleben höhere Positionen einnehmen
und mehr verdienen als ihre weiblichen Altersgenossen.

2   Mögliche Erklärungen der mit Geschlecht verbundenen sozialen Ungleichheiten

2.1   Psychologische Erklärungen der geringeren Kompetenzen von Mädchen in Mathematik und Naturwissenschaften

Unterschätzung
eigener Fähigkeiten

Das geringe Interesse von Mädchen an Mathematik und Naturwissenschaften ist wesentlich auf die folgenden Faktoren zurückführbar:
∘ Motivational ungünstig wirkt sich für Mädchen aus, dass sie ihre *Fähigkeiten* insbesondere in solchen Bereichen *unterschätzen*, die maskulin konnotiert sind (Dickhäuser & Stiensmeier-Pelster, 2003; Skaalvik
   & Skaalvik, 2004). Solche maskulin konnotierten Bereiche sind beispielsweise Mathematik, Physik oder Technik. Die negativeren Selbst-
   einschätzungen von Mädchen und Frauen können dabei nur teilweise
   durch tatsächlich geringere Kompetenzen erklärt werden. So waren z.B.
   in der PISA-2006-Studie die Unterschiede in der naturwissenschaftli-
   chen Kompetenz von Mädchen und Jungen in deutschen Schulen sehr

viel geringer als die Unterschiede im naturwissenschaftsbezogenen Fähigkeitsselbstkonzept (Prenzel et al., 2007).

○ Hannover und Kessels (2004; Kessels & Hannover, 2004, 2007) zeigten auf, dass die *Entwicklung von Interessen bzw. Abneigungen* gegenüber einzelnen Schulfächern mit der Identitätsentwicklung im Jugendalter zusammenhängt. Jugendliche nutzen das schulische Lern- und Interaktionsangebot, um ihr gewünschtes Selbstbild herzustellen und zu demonstrieren. Dabei ist die Wahrnehmung des schulischen Lern- und Interaktionsangebots durch die Jugendlichen wesentlich von sozial geteilten Annahmen über typische Merkmale verschiedener Schulfächer (Image) sowie typische Vertreter dieser Fächer (Prototypen) beeinflusst. In verschiedenen Studien konnten Hannover und Kessels zeigen, dass die mathematisch-naturwissenschaftlichen Fächer an deutschen Schulen im Vergleich zu den sprachlich-geisteswissenschaftlichen Fächern ein spezifisches, eher negatives Image haben, so dass sich Schüler, die sich für diese Fächer begeistern, negativen Vorurteilen ausgesetzt sehen: Der/die prototypische Schüler/-in, der/die sich für Mathematik und Naturwissenschaften begeistert, gilt zwar als intelligent und schulisch hoch motiviert, aber gleichzeitig als physisch wenig attraktiv, als sozial inkompetent, arrogant und wenig kreativ. In der Folge ist nicht nur bei Mädchen, sondern auch bei Jungen die Bereitschaft, sich mit diesen Fächern auseinander zu setzen, gering. Das Interesse von Mädchen an diesen Fächern wird nun aber noch spezifisch dadurch beeinträchtigt, dass die Fächer maskulin konnotiert sind, so dass ein fachliches Engagement nicht geeignet ist, das eigene ‚Mädchensein' zu demonstrieren. In der Folge haben Mädchen, die sich geschlechtsrollenuntypisch verhalten, mit sozialen Nachteilen zu rechnen.

Typische Merkmale verschiedener Schulfächer

▷ **Beispielstudie zum Fach-Image**

Eine beispielhafte Studie ist die von Kessels (2005). Sie fragte 198 Acht- und Neuntklässlerinnen danach, wie sie Mädchen und Jungen beurteilen, die Physik oder aber Musik als Lieblingsfach haben. Die Ergebnisse zeigen, dass den Jugendlichen, die Physik präferieren, von ihren Peers mehr maskuline und weniger feminine Personeneigenschaften zugeschrieben wurden als den Jugendlichen, die Musik präferieren. Weiter wurden die Versuchsteilnehmenden gebeten, Mädchen und Jungen mit guten Physikleistungen danach einzuschätzen, wie beliebt sie wohl bei ihren Peers sein würden. Die Ergebnisse zeigen, dass die Versuchsteilnehmenden der Meinung waren, Mädchen, die in Physik sehr leistungsfähig sind, wären bei ihren männlichen Klassenkameraden weniger beliebt als Jungen mit extrem guten Physikleistungen. Weiter zeigen die Befragungsergebnisse, dass Mädchen, die extrem gute Physikleitungen hatten, sich selbst als bei Jungen weniger beliebt einschätzten als dies ihre Klassenkameradinnen taten, die in Physik durchschnittliche oder schlechte Leistungen vorzuweisen hatten.

2.2 Psychologische Erklärungen des geringeren Bildungserfolgs von Jungen

Für den geringeren Bildungserfolg von Jungen werden derzeit viele mögliche Erklärungen diskutiert. Nur einige wenige können hier angesprochen werden.

Unterschiedliches Verhalten von Mädchen und Jungen in der Schule

Die Überrepräsentanz an höheren Bildungsgängen und der Erwerb höherer Abschlusszertifikate der Mädchen gehen auf ihre besseren Schulnoten zurück, da diese im deutschen Bildungssystem Grundlage für Übergangsempfehlungen auf die weiterführenden Schulen sind. In Schulnoten fließen einerseits Einschätzungen der Kompetenzen des Lernenden durch die Lehrperson ein, andererseits aber auch Bewertungen des Verhaltens des Lernenden (Ditton, 2007). Letztere dürften wesentlich davon bestimmt sein, inwieweit ein Schüler bzw. ein Lernender in der Lage ist, selbstgesteuert zu lernen (vgl. Kap. VI-3). So erledigt beispielsweise ein Lernender, der eine hohe Kompetenz zu selbstgesteuertem Lernen hat, regelmäßig die Hausarbeiten, verfolgt gewissenhaft auch längerfristige Aufgabenstellungen (z.B. Wochenplanarbeit), verhält sich kooperativ und arbeitet kontinuierlich im Unterricht auch dann mit, wenn er sich durch ein Thema nicht besonders angesprochen fühlt.

Jungen zeigen geringere Selbstregulation

Duckworth und Seligman (2006) konnten zeigen, dass Mädchen eine höhere Kompetenz zum selbstgesteuerten Lernen haben als Jungen und dass ihre vergleichsweise besseren Noten sich dann vollständig erklären lassen, wenn – neben mit standardisierten Leistungstests gemessenen Kompetenzen – Maße für Selbststeuerung als Prädiktoren berücksichtigt werden. Dies verweist darauf, dass der Vorsprung in den Noten der Mädchen möglicherweise auf eine höhere Selbststeuerungskompetenz oder Selbstdisziplin in der Schule zurückgeht. In dieser Sichtweise reflektiert dann der abnehmende Bildungserfolg von Jungen vielleicht eine Veränderung von Unterricht, der in der Folge der Veröffentlichung der Ergebnisse der internationalen Schulvergleichsstudien stärker auf die Förderung selbstgesteuerten Lernens abhebt (Baumert et al. 2003; Prenzel et al. 2007).

Qualitativ orientierte Forscher führen den geringeren Bildungserfolg von Jungen darauf zurück, dass das tradierte Bild von Männlichkeit – der Mann als Oberhaupt der Familie, der wegen seiner spezifisch männlichen Fähigkeiten (Körperkraft) der Alleinernährer ist und zu sein hat – in der Wissensgesellschaft nicht mehr angemessen ist.

„Die Analyse, dass Männlichkeit Zugriff auf Privilegien heißt und Männer deswegen die Profiteure im Geschlechterverhältnis sind, verträgt sich zunehmend weniger mit aktuellen gesellschaftlichen Transformationen, welche die Dominanz hegemonialer Männlichkeit zunehmend in Frage stellen" (Budde & Mammes, 2009, S. 16).

Für gering qualifizierte Männer gibt es in der Wissensgesellschaft nur noch wenige Beschäftigungsangebote, da Tätigkeiten, die Körperkraft (als spezifisch männliche Eigenschaft) erfordern, kaum noch benötigt werden. Zwar haben diese Veränderungen auf dem Arbeitsmarkt nach Budde und Mammes (2009) nicht zu einer Umkehrung der Geschlechterverhältnisse geführt, da auch heute Frauen beruflich häufiger in untergeordneten und seltener in hohen Statuspositionen zu finden sind als Männer, so dass „männliche Hegemonie nach wie vor existent ist" (Budde und Mammes, 2009, S. 19). Die Schwierigkeit für die Jungen ergibt sich jedoch daraus, dass zuvor ausschließlich männlich besetzte Domänen nun zumindest theoretisch auch dem weiblichen Geschlecht offen stehen. Somit können diese Felder – z.B. eben auch das Reüssieren im schulischen Bereich – von Jungen nicht mehr dafür genutzt werden, Männlichkeit her- oder darzustellen. So verbleiben die Jungen in dem tradierten männlichen Habitus, der nun aber als zunehmend unangemessen (weil nicht mehr zeitgemäß) wahrgenommen wird und negative Reaktionen bei anderen auslösen kann.

So können Jungen in der Schule von Lehrkräften negativ bewertet werden und in eine ungünstige Entwicklung geraten, wenn sie ‚Männlichkeit inszenieren'. Als Beispiele für dieses ‚doing masculinity' nennen Budde und Mammes (2009) das Betonen der eigenen Heterosexualität (und die Abwertung von Homosexuellen), das Sporttreiben, den Umgang mit Technik, den Austausch humorvoller (bis hin zu verletzenden) Bemerkungen und das Sprechen über Mädchen in der männlichen Gleichaltrigengruppe.

Männlicher Habitus im schulischen Kontext

Wenngleich Jungen mit dem Erwerb eines männlichen Habitus nach wie vor durchaus erfolgreich sein können – wenn es z.B. darum geht, sich durchzusetzen oder gegen andere zu konkurrieren (was nach Budde und Mammes (2009) z.B. seinen Niederschlag darin findet, dass junge Männer beim Übergang von der Schule in den Beruf gegenüber den jungen Frauen nach wie vor einen Vorteil haben),– so kann der männliche Habitus im schulischen Kontext also den Jungen zum Nachteil gereichen.

Die Überrepräsentanz von Frauen im Bildungswesen

Eine derzeit populäre Annahme besteht darin, dass Jungen benachteiligt werden, weil in Vorschule und Schule überwiegend Frauen beschäftigt sind. Auf wissenschaftlicher Seite wird diese Sichtweise durch eine Studie von Diefenbach und Klein (2002) propagiert, in der Zusammenhänge zwischen Aggregatdaten-Variablen wie Zusammenhänge auf der Individualebene interpretiert werden (ökologischer Fehlschluss). Die Autoren berichten, dass der Anteil männlicher Grundschullehrer mit R = -.53 mit der Überrepräsentation von Jungen gegenüber Mädchen, die im Schuljahr 1999/2000 ohne einen Hauptschulabschluss die Sekundarstufe abgeschlossen haben, korreliert und mit R = .75 mit der Unterrepräsentation von Jungen gegenüber Mädchen unter denjenigen, die im Schuljahr 1999/2000 eine Hochschulreife erworben haben. Sie leiten aus diesen Zusammenhängen auf Aggregatebene unzulässigerweise ab, dass ein männlicher Grundschullehrer bei einem Jungen wahrscheinlicher den Erwerb eines hochwertigen Schulabschlusses fördern könnte als ein weiblicher (Individualebene).

Funktion pädagogischer Vorbilder

Interessanterweise lassen sich jedoch aus Studien, die auf der Individualebene Daten zur Prüfung der Frage erhoben haben, ob sich das Geschlecht
der Lehrperson auf die Interessen- und Leistungsentwicklung der Lernenden auswirkt, keinerlei empirische Anhaltspunkte für die oben genannte
These ableiten. Weder fand sich in der PIRLS-Studie 2006 (für Deutschland: IGLU-Studie; Bos et al., 2007) ein konsistenter Zusammenhang zwischen der Lesekompetenz von Mädchen und Jungen und dem Geschlecht
der Lehrkraft, noch konnte in der längsschnittlich angelegten PISA-I-Plus-
Studie 2003 ein Zusammenhang zwischen dem Geschlecht der Lehrperson
in der Mathematik und der Kompetenzentwicklung der Lernenden in diesem Schulfach festgestellt werden (Schöps et al., 2006). Ähnlich fanden
Martin und Marsh (2005) in einer australischen Stichprobe keinen Zusammenhang zwischen dem Geschlecht der Lehrkraft in Mathematik und der
Lernmotivation oder dem Engagement auf Seiten der Lernenden. Es zeigte
sich lediglich, dass die Mädchen ihr Verhältnis zu Lehrerinnen als besser
beschrieben als das zu Lehrern, während das Geschlecht des Lehrers für
die Einschätzung der Jungen keine Rolle spielte. Auch in einer in England
durchgeführten Studie von Carrington et al. (2008) zeigten sich keine dif-
ferenziellen Wirkungen männlicher bzw. weiblicher Lehrer auf Leistungen
oder Einstellungen, die Schüler des gleichen oder anderen Geschlechts
gegenüber verschiedenen Schulfächern hatten. Lehrerinnen erzeugten allerdings bei Mädchen und Jungen gleichermaßen eine wesentlich positive-
re Einstellung zur Schule insgesamt. Zusammengefasst gibt es also keine
wissenschaftliche Evidenz für die These, dass Lehrkräfte Lernende des
eigenen Geschlechts besser fördern oder motivieren würden als Lernende
des jeweils anderen Geschlechts. Die Überrepräsentanz von Frauen kann
somit nicht für den abnehmenden Bildungserfolg von Jungen verantwortlich gemacht werden.

Selbstregulation, Selbstkonzept, Image und Bildungserfolg

Zusammengefasst werden in der Psychologie unter anderem die folgenden Erklärungen für Geschlechtsunterschiede diskutiert:

- ◦ Mädchen weisen *Defizite im Bereich von Mathematik und Naturwissenschaften* auf, weil sie insbesondere in maskulin konnotierten Inhalts-
  domänen ein geringeres Selbstkonzept eigener Fähigkeiten haben und
  weil sie die Auseinandersetzung mit diesen Fächern als nicht kompatibel mit ihrer Geschlechtsrollenidentität als junge Frauen erleben.

- ◦ Jungen haben einen *geringeren Bildungserfolg* als Mädchen,

- ◦ weil sie in der Schule *weniger Selbststeuerungskompetenzen* und
  Selbstdisziplin an den Tag legen. Dies schlägt sich darin nieder, dass
  sie auch bei gleichen Leistungen von Lehrkräften negativer bewertet
  werden als Mädchen;

- ◦ weil sie mit dem Ziel der Entwicklung ihrer *Geschlechtsrollenidentität*
  in der Schule ‚Männlichkeit inszenieren' und dabei Verhaltensweisen
  zeigen (z.B. sexistische Bemerkungen machen), die zu negativen Reaktionen führen.

2.3 Soziologische Erklärungsansätze des geringeren Berufserfolgs von Frauen

Die Differenz zwischen stärkerer Bildungsbeteiligung und höherem Bildungserfolg von Mädchen auf der einen Seite und der schlechteren beruflichen Positionierung und dem geringeren Einkommen von Frauen auf der anderen Seite kann wesentlich auf folgende Ursachfaktoren zurückgeführt werden:

Berufsrollen und weibliche Stereotype

○ Frauen erreichen weniger wahrscheinlich hohe Positionen, weil sie nach wie vor den größten Teil der Haus- und Familienarbeit leisten und somit im Beruf zeitlich und örtlich weniger flexibel sind als Männer und weil es in aller Regel die Frauen sind, die bei der Geburt des ersten Kindes ihre Arbeitszeit reduzieren oder sich ganz aus dem Berufsleben zurückziehen (Autorengruppe Bildungsbericht, 2008; Blossfeld et al., 2009).

○ Frauen streben typischerweise in berufliche Domänen, die ein geringes Verdienstniveau aufweisen und wenig Aufstiegschancen bieten (sog. horizontale Segregation). Als eine Folge der Wahl von kurzen und gering qualifizierenden Ausbildungsgängen sind Frauen im Dienstleistungssektor überrepräsentiert, in dem sie ganz überwiegend untergeordnete ‚dienende' Tätigkeiten ausüben (z.b. Arzthelferin, Rechtsanwaltsgehilfin, Hotelfachfrau) (Autorengruppe Bildungsbericht, 2008; Blossfeld et al., 2009). Auch in den akademischen Berufen konzentrieren sich Frauen auf die Bereiche, in denen vergleichsweise geringe Aufstiegschancen und Verdienstmöglichkeiten bestehen (Gesundheits- und Sozialarbeit, Erziehung und Ausbildung; International Labour Organization, 2009).

○ Auch bei identischer oder ähnlicher Tätigkeit werden Frauen schlechter entlohnt als Männer (sog. vertikale Segregation; World Economic Forum, 2007). Wenn der Einfluss der Art der beruflichen Tätigkeit auf den Verdienst statistisch kontrolliert wird, bestand beispielsweise im Jahre 2005 in Deutschland für die Arbeiterinnen noch immer ein Verdienstabstand von 19% und für weibliche Angestellten von 17% gegenüber ihren männlichen Kollegen (Statistisches Bundesamt, 2006b).

3 Ausblick

Um mit dem Geschlecht einhergehende soziale Ungleichheiten aufzuheben, erscheinen die folgenden Maßnahmen sinnvoll:

○ Jungen müssen in ihrer *Lesekompetenz unterstützt* werden, indem sie im Unterricht und in der Freizeit stärker zum Lesen motiviert werden.

○ Jungen müssen in ihrer *Kompetenz zu selbstgesteuertem und selbstdiszipliniertem Lernverhalten* gefördert werden.

○ Eine *Aktivierung von Geschlechterstereotypen* im schulischen Kontext muss vermieden werden, damit Mädchen Interesse und Engagement in Mathematik und Naturwissenschaften nicht als ‚unweiblich' erleben und damit für Jungen die ‚Inszenierung von Männlichkeit' nicht gleichbedeutend mit der Abkehr von schulischem Engagement ist.

○ Mädchen müssen in der Vorstellung unterstützt werden, dass sie genauso wie Jungen einen Anspruch darauf haben, eine *berufliche Karriere mit einer eigenen Familie zu verbinden.*

▷ **Weiterführende Literatur**

Blossfeld, H.-P., Bos, W., Hannover, B., Lenzen, D., Müller-Böling, D., Prenzel, M. & Wößmann, L. (2009). Geschlechterdifferenzen im Bildungssystem. Jahresgutachten 2009 des Aktionsrats Bildung. Wiesbaden: VS Verlag.
Hannover, B. (2008). Vom biologischen zum psychologischen Geschlecht: Die Entwicklung von Geschlechtsunterschieden. In A. Renkl (Hrsg.), Lehrbuch Pädagogische Psychologie (S. 339-388). Bern: Huber.
Ruble, D. N., Martin, C. L., & Berenbaum, S. (2006). Gender development. In W. Damon, R. Lerner & N. Eisenberg (Hrsg.), Handbook of Child Psychology (Bd. 3, S. 858-932). New York: Wiley.

Literaturverzeichnis

Allbus (2000). Allgemeine Bevölkerungsumfrage der Sozialwissenschaften: ZA-Studien Nr. 3452. Köln: Zentralarchiv.
Autorengruppe Bildungsbericht (Hrsg.). (2008). Bildung in Deutschland 2008. Bielefeld: Bertelsmann.
Baumert, J., Artelt, C., Klieme, E., Neubrand, M., Prenzel, M., Schiefele, U., Schneider, W., Tillmann, K.-J., & Weiß, M. (Hrsg.). (2003). PISA 2000 - Ein differenzierter Blick auf die Länder der Bundesrepublik Deutschland. Opladen: Leske + Budrich.
BMBF (2009). Berufsbildungsbericht 2009. Bonn: BMBF.
Blossfeld, H.-P., Bos, W., Hannover, B., Lenzen, D., Müller-Böling, D., Prenzel, M. & Wößmann, L. (2009). Geschlechterdifferenzen im Bildungssystem. Jahresgutachten 2009 des Aktionsrats Bildung. Wiesbaden: VS Verlag.
Bos, W., Hornberg, S., Arnold, K.-H., Faust, G., Fried, L., Lankes, E.-M., Schwippert, K. & Valtin, R. (Hrsg.). (2007). IGLU 2006. Lesekompetenzen von Grundschulkindern in Deutschland im internationalen Vergleich. Münster: Waxmann.
Bos, W., Lankes, E.-M., Prenzel, M., Schwippert, K., Valtin, R. & Walther, G. (Hrsg.). (2004). IGLU: Einige Länder der Bundesrepublik Deutschland im nationalen und internationalen Vergleich. Münster: Waxmann.

Budde, J. & Mammes, I. (2009). Positionen und Perspektiven von Jungenforschung. In J. Budde & I. Mammes (Hrsg.), Jungenforschung empirisch. Zwischen Schule, männlichem Habitus und Peerkultur (S. 15-23). Wiesbaden: VS Verlag.

Carrington, B., Tymms, P. & Merrell, C. (2008). Role models, school improvement and the ‚gender gap‘. Do men bring out the best in boys and women the best in girls? British Educational Research Journal, 34, 315-327.

Dickhäuser, O. & Stiensmeier-Pelster, J. (2003). Gender differences in the choice of computer courses: Applying an expectancy-value model. Social Psychology of Education, 6, 173-189.

Diefenbach, H. & Klein, M. (2002). ‚Bringing boys back in‘. Soziale Ungleichheit zwischen den Geschlechtern im Bildungssystem zuungunsten von Jungen am Beispiel der Sekundarschulabschlüsse. Zeitschrift für Pädagogik, 48, 938-958.

Ditton, H. (2007). Kompetenzdiagnostik bei Übergangsentscheidungen. In M. Prenzel, I. Gogolin & H. Krüger (Hrsg.), Kompetenzdiagnostik. Sonderheft der Zeitschrift für Erziehungswissenschaft (S. 187-199). Wiesbaden: VS Verlag.

Duckworth, A. L. & Seligman, M. E. P. (2006). Self-discipline gives girls the edge: Gender in self-discipline, grades, and achievement test scores. Journal of Educational Psychology, 98, 198-208.

Hannover, B. (2004). Gender revisited. Konsequenzen aus PISA für die Geschlechterforschung. Zeitschrift für Erziehungswissenschaft, Beiheft 3, 81-99.

Hannover, B. & Kessels, U. (2004). Why German school students don't like math and sciences. A self-to-prototype matching approach. Learning and Instruction, 14, 51-67.

Kessels, U. (2005). Fitting into the stereotype: How gender-stereotyped perceptions of prototypic peers relate to liking for school subjects. European Journal of Psychology of Education, 20, 309-323.

Kessels, U. & Hannover, B. (2004). Entwicklung schulischer Interessen als Identitätsregulation. In J. Doll & M. Prenzel (Hrsg.), Bildungsqualität von Schule. Lehrerprofessionalisierung, Unterrichtsentwicklung und Schülerförderung als Strategien der Qualitätsverbesserung (S. 398-412). Münster: Waxmann.

Kessels, U. & Hannover, B. (2007). How the image of math and science affects the development of academic interests. In M. Prenzel (Hrsg.), Studies on the educational quality of schools (S. 283-297). Münster: Waxmann.

International Labour Organization (2009). Global employment trends for women 2009. Geneva: International Labour Office.

Martin, A. & Marsh, H. (2005). Motivating boys and motivating girls: Does teacher gender really make a difference? Australian Journal of Education, 49, 320-334.

Prenzel, M., Artelt, C., Baumert, J., Blum, W., Hammann, M., Klieme, E. & Pekrun, R. (Hrsg.). (2007). PISA 2006. Die Ergebnisse der dritten internationalen Vergleichsstudie. Münster: Waxmann.

Schöps, K., Walter, O., Zimmer, K. & Prenzel, M. (2006). Disparitäten zwischen Jungen und Mädchen in der mathematischen Kompetenz. In M. Prenzel, J. Baumert, W. Blum, R. Lehmann, D. Leutner, M. Neubrand, R. Pekrun, J. Rost & U. Schiefele (Hrsg.), PISA 2003. Untersuchungen zur Kompetenzentwicklung im Verlauf eines Schuljahres (S. 209-224). Münster: Waxmann.

Skaalvik, S. & Skaalvik, E. M. (2004). Gender differences in math and verbal self-concept, performance expectations, and motivation. Sex Roles, 50, 241-252.

Statistisches Bundesamt (2006a). Frauenverdienste stiegen 2005 um 2,3%, Männerverdienste um 1,8%. Pressemitteilung Nr. 100 vom 07.03.2006. Verfügbar unter http://www.destatis.de/jetspeed/portal/cms/Sites/destatis/Internet/DE/Presse/pm/2006/03/PD06__100__623,templateId=renderPrint.psml; Stand: 22.10.2009.

Statistisches Bundesamt (2006b). Verdienstabstand zwischen Männern und Frauen März 2006. Verfügbar unter http://www.destatis.de/jetspeed/portal/cms/Sites/destatis/Internet/DE/Content/Statistiken/VerdiensteArbeitskosten/Themenkasten Verdienstabstand,property=file.pdf; Stand: 22.10.2009.

Statistisches Bundesamt (2007). Bildungsstand der Bevölkerung. Wiesbaden: Statisches Bundesamt.

Statistisches Bundesamt (2008). Bildung und Kultur. Allgemeinbildende Schulen, Schuljahr 2007/2008. Wiesbaden: Statistisches Bundesamt.

World Economic Forum (2007). The global gender gap report 2007. Genf: World Economic Forum.

Petra Stanat & Aileen Edele

Migration und soziale Ungleichheit

▷ **Zusammenfassung**

Es wird die Stellung von Kindern und Jugendlichen mit Migrationshintergrund im deutschen Bildungssystem skizziert und es werden Ansätze der Erklärung ihrer Benachteiligung dargestellt. Schließlich wird
auf die Frage eingegangen, was über die Effektivität von Sprachför-
dermaßnahmen für Schüler mit eingeschränkten Deutschkenntnissen
bekannt ist.

1 Einleitung

Mittlerweile hat etwa jeder Fünfte in Deutschland einen Migrationshintergrund; bei Kindern und Jugendlichen ist der Anteil sogar noch höher.
Die Integration dieser Heranwachsenden in das Bildungssystem gelingt
allerdings nur unzureichend. Studien zeigen, dass Kinder und Jugendliche
aus zugewanderten Familien im Durchschnitt geringere schulische Kompetenzen erwerben und weniger qualifizierte Schulabschlüsse erreichen als
Gleichaltrige aus Familien ohne Migrationserfahrung. Um diese herkunfts-
bezogenen Ungleichheiten, die auch als ethnische Disparitäten bezeichnet
werden, einzuordnen, ist es hilfreich, sich zunächst einen Überblick über
die Zuwanderungsgeschichte der letzten Jahrzehnte in Deutschland zu ver-
schaffen.

Herkunftsbezogene
Ungleichheit

2 Migration in Deutschland

▷ **Definition**

Als Menschen mit Migrationshintergrund werden – unabhängig vom
Besitz der deutschen Staatsbürgerschaft – sowohl Personen bezeichnet,
die selbst nach Deutschland zugewandert sind, als auch Menschen, die
zwar in Deutschland geboren sind, deren Eltern oder Großeltern aber
aus einem anderen Land stammen.

Das entscheidende Kriterium ist also das Geburtsland der Person und ihrer Vorfahren. Als Ausländer bezeichnet man dagegen Menschen, die nicht deutsche Staatsbürger sind, sondern die Staatsangehörigkeit eines anderen Landes besitzen oder staatenlos sind.

Unterscheidung verschiedener Generationen von Zuwanderern

In der Vergangenheit erfasste sowohl die amtliche Statistik als auch die sozialwissenschaftliche Forschung in Deutschland fast ausschließlich die Staatsbürgerschaft. Deutsche Staatsbürger mit Migrationshintergrund waren nicht identifizierbar, so dass der tatsächliche Anteil von Zuwanderern stark unterschätzt wurde. Inzwischen wird zunehmend dazu übergegangen den Migrationshintergrund umfassender anhand des Herkunftslands zu bestimmen. Es wird zwischen verschiedenen Generationen unterschieden:

▷ **Definition**

Selbst zugewanderte Personen werden der ersten Generation zugerechnet. Personen, die in Deutschland geboren sind, die aber mindestens ein im Ausland geborenes Elternteil haben, zählen zur zweiten Generation. Bei der dritten Generation sind die Person selbst und ihre Eltern in Deutschland geboren, die Großeltern jedoch im Ausland.

In diesem Zusammenhang stellt sich die Frage, wie weit die Generationen zurück verfolgt werden sollten und welcher Anteil der Vorfahren im Ausland geboren sein muss, damit noch sinnvoll von einem Migrationshintergrund gesprochen werden kann. Mit anderen Worten: Wann hört man auf, ein Zuwanderer zu sein? Wie viele der Großeltern im Ausland geboren sein müssen, um zur dritten Generation zu gehören, lässt sich nicht objektiv begründen und wird entsprechend uneinheitlich festgelegt.

Im Jahr 2007 lebten in der Bundesrepublik Deutschland insgesamt 15,4 Mio. (19%) Menschen mit Migrationshintergrund. Von diesen waren 7,3 Mio. (9%) Ausländer und 8,1 Mio. (10%) Deutsche aus zugewanderten Familien (Statistisches Bundesamt, 2009). Nach den Daten der Schulleistungsstudien IGLU (Internationale Grundschul-Lese-Untersuchung) und PISA (Programme for International Student Assessment) hatten im Jahr 2006 26% der Kinder in der vierten Klassenstufe und 19% der Jugendlichen in der neunten Klassenstufe einen Migrationshintergrund (Schwippert et al., 2007; Walter & Taskinen, 2007). Der größte Teil dieser Heranwachsenden, nämlich jeweils etwa ein Viertel, stammt aus Familien, die aus der ehemaligen Sowjetunion bzw. der Türkei zugewandert sind.

Vier Hauptgruppen in Deutschland lebender Migranten

Unter den in Deutschland lebenden Migranten und ihren Nachkommen können vier Hauptgruppen unterschieden werden:

1. *Arbeitsmigranten*, die zwischen 1956 und 1973 zur Behebung des Arbeitskräftemangels von der Bundesrepublik Deutschland aus Süd- und Südosteuropa angeworben wurden (sog. ‚Gastarbeiter‘);

2. *Flüchtlinge und Asylanten*, die überwiegend vor der 1993 erlassenen Verschärfung des Asylrechts in die Bundesrepublik kamen;

3. *Aussiedler bzw. Spätaussiedler*, die als Angehörige deutscher Minderheiten aus der ehemaligen Sowjetunion oder Osteuropa in die Bundesrepublik Deutschland zuwanderten;

4. *Zuwanderer aus EU-Staaten*, denen es aufgrund des Rechts auf freien Personenverkehr erlaubt ist, sich in Deutschland niederzulassen.

Weder für die Arbeitsmigranten der 1950er bis 1970er Jahre noch für Flüchtlinge und Asylanten war ein dauerhafter Aufenthalt in Deutschland vorgesehen. Entsprechend wurden kaum systematische Bemühungen unternommen, um diese Gruppen zu integrieren. Dass sich Deutschland innerhalb der letzten 40 Jahre zu einem Einwanderungsland entwickelt hat, wurde nur zögerlich anerkannt. Erst um die letzte Jahrtausendwende setzte ein allgemeiner Einstellungswandel ein, der unter anderem darauf zurückzuführen ist, dass die tatsächliche Anzahl von Mitbürgern mit Migrationshintergrund bekannt wurde. Seitdem wird zunehmend die Frage diskutiert, wie erfolgreiche Integration gestaltet werden sollte.

Deutschland als Einwanderungsland

3   Ethnische Disparitäten im deutschen Bildungswesen

Bildungserfolg kann anhand von verschiedenen Indikatoren bestimmt werden. Ethnische Disparitäten werden zunächst in Bezug auf die Bildungsbeteiligung und sodann in Bezug auf den Kompetenzerwerb dargestellt.

3.1   Bildungsbeteiligung von Heranwachsenden mit Migrationshintergrund

Sekundarschulbesuch

Schüler mit Migrationshintergrund befinden sich in Bezug auf die Bildungsbeteiligung in der Sekundarstufe in einer stark benachteiligten Situation (vgl. Tab. 1). Sie haben eine deutlich geringere Chance, ein Gymnasium und eine deutlich höhere Chance, eine Hauptschule zu besuchen. Sie sind zudem häufiger von Klassenwiederholungen betroffen als Heranwachsende ohne Migrationshintergrund (Ditton, 2007; Autorengruppe Bildungsberichterstattung, 2008; Walter & Taskinen, 2008). Dass die Benachteiligung der zweiten Generation nicht, wie man erwarten würde, geringer ausgeprägt ist als die der ersten Generation kann auf Unterschiede in der Zusammensetzung der beiden Gruppen zurückgeführt werden (s.u.).

Bei differenzierter Betrachtung zeigt sich, dass große Unterschiede zwischen den verschiedenen Herkunftsgruppen der in Deutschland lebenden Migranten bestehen (Segeritz et al., 2010). Heranwachsende türkischer und italienischer Herkunft sind am stärksten benachteiligt. Dagegen unterscheiden sich die Muster der Bildungsbeteiligung von Jugendlichen aus griechischen und polnischen Familien kaum von denen der Jugendlichen ohne

Benachteiligung verschiedener Herkunftsgruppen

Tabelle 1: Bildungsbeteiligung nach Migrationshintergrund (in Prozent)

Schulform	Migrationsstatus			
	Ohne Migrations-hintergrund	1. Generation (mit eigener Migrations-erfahrung)	2. Generation (ohne eigene Migrations-erfahrung)	Ein Elternteil im Ausland geboren
Hauptschule	15,2 (64,9)	37,1 (13,2)	36,9 (15,0)	23,2 (6,9)
Realschule	25,4 (80,0)	24,0 (6,3)	27,4 (8,2)	25,2 (5,5)
Gymnasium	34,6 (86,9)	18,2 (3,8)	17,5 (4,2)	29,1 (5,1)
Integrierte Gesamtschule	7,5 (78,9)	5,7 (5,0)	9,3 (9,3)	9,4 (6,9)
Schule mit mehreren Bildungsgängen	11,5 (95,8)	3,5 (2,4)	-	3,0 (1,7)
Andere	5,7 (69,9)	11,6 (11,5)	8,9 (10,1)	10,2 (8,5)
Insgesamt	100	100	100	100

Anmerkungen: Die Zahlen vor den Klammern geben an, welcher prozentuale Anteil der jeweiligen Migrationsstatusgruppe eine bestimmte Schulform besucht (z.b. 37,1% der 1. Generation besuchen die Hauptschule). Die Zahlen in den Klammern geben an, welcher prozentuale Anteil von Schülern einer bestimmten Schulform der jeweiligen Migrationsstatusgruppe zuzuordnen ist (z.b. 13,2% der Hauptschüler sind Migranten der 1. Generation). Dabei handelt es sich um grobe Schätzungen, die insbesondere in den schwach besetzten Zellen mit Unsicherheit behaftet sind.

Quelle: PISA 2006-I. Wir danken Päivi Taskinen, Timo Ehmke und Manfred Prenzel vom Leibniz-Institut für die Pädagogik der Naturwissenschaften und Mathematik (IPN) für die Bereitstellung der Daten.

Migrationshintergrund. Die Bildungsbeteiligung von Kindern aus Aussied-lerfamilien liegt zwischen diesen Extremen. Solche Befunde machen deutlich, dass Vergleiche, die sich auf Migranten und Nicht-Migranten beziehen, ohne zwischen verschiedenen ethnischen Gruppen zu unterscheiden, irreführend sein können.

Berufsausbildung

Ausbildungschancen von Migranten

Die Bildungsbenachteiligung von Jugendlichen aus zugewanderten Familien setzt sich beim Übergang in die Berufsausbildung fort. Die Ausbildungsquote von Schulabgängern, die im Jahr 2006 eine betriebliche Ausbildung anstrebten, lag bei Jugendlichen ohne Migrationshintergrund ein Jahr nach dem Schulabschluss bei 61%, bei Jugendlichen mit Migrationshintergrund dagegen nur bei 41%. Junge Menschen mit Migrationshintergrund sind folglich wesentlich häufiger von Ausbildungslosigkeit betroffen als Jugendliche aus nicht zugewanderten Familien. Unter den Ausbildungslosen im Alter von 20 bis 24 Jahren, die keine Studienberechtigung besitzen, sind junge Erwachsene aus zugewanderten Familien mit 39% deutlich überrepräsentiert (Bundesinstitut für Berufsbildung, 2009).

3.2 Schulleistungen von Schülern mit Migrationshintergrund

Eine Benachteiligung von Schülern mit Migrationshintergrund zeigt sich nicht nur in der Bildungsbeteiligung, sondern auch im schulischen Kompetenzerwerb. Anders als die Muster der Bildungsbeteiligung, die wegen der unterschiedlichen Schulsysteme international nicht vergleichbar sind, lässt sich anhand der Leistungstests der Schulleistungsstudien PISA und IGLU der Kompetenzerwerb in verschiedenen Staaten vergleichen. PISA erfasst den Leistungsstand von 15-Jährigen auf einer kontinuierlichen Kompetenzskala (vgl. Kap. V-4), wobei im Laufe eines Schuljahres ein Kompetenzzuwachs von etwa 25 Punkten zu erwarten ist (Ehmke et al., 2006).

In PISA 2006 wies die erste Generation in Deutschland im Vergleich zu Jugendlichen ohne Migrationshintergrund einen Rückstand von 73 Punkten in der Lese- und von 67 Punkten in der mathematischen Kompetenz auf (Autorengruppe Bildungsberichterstattung, 2008). Diese Disparitäten ähneln den Befunden in anderen europäischen Staaten: die Leistungen von selbst zugewanderten Jugendlichen liegen in Europa durchschnittlich etwas weniger als drei Jahre hinter den Leistungen von Jugendlichen ohne Migrationshintergrund zurück (OECD, 2007). Der Leistungsrückstand der zweiten Generation ist in Deutschland dagegen besonders ausgeprägt. Er beträgt im Mittel 84 Punkte in der Lesekompetenz und 80 Punkte in der mathematischen Kompetenz, entspricht also einem mehr als dreijährigen Rückstand. In den meisten anderen europäischen Staaten ist der Leistungsnachteil in der zweiten Generation dagegen deutlich geringer.

Benachteiligung der ersten und zweiten Generation

Diese Befunde implizieren jedoch nicht, dass sich die Bildungsbenachteiligung der Migranten von Generation zu Generation in gleichem Maße fortsetzt oder gar vergrößert. Vielmehr sind die besonders schwachen Leistungen der zweiten Generation auf die Zusammensetzung dieser Gruppe zurückzuführen. In der zweiten Generation sind viele Kinder von Arbeitsmigranten vertreten, die überwiegend aus der Türkei stammen und besonders stark benachteiligt sind. Die erste Generation setzt sich dagegen zu einem erheblichen Anteil aus Spätaussiedlern zusammen, die im Durchschnitt höhere Leistungen erzielen. Insbesondere bei Einwanderern aus Polen oder der ehemaligen Sowjetunion verbessern sich die Leistungen der zweiten Generation gegenüber der ersten Generation deutlich. Dagegen scheint der Rückstand bei Migranten aus der Türkei, aus Italien und dem ehemaligen Jugoslawien über die Generationen relativ groß zu bleiben (Segeritz et al., 2010; Walter et al., im Druck).

4   Erklärungsansätze für ethnische Disparitäten in Deutschland

Die Bildungsbenachteiligung von Heranwachsenden mit Migrationshintergrund kann nicht anhand eines einzelnen Faktors erklärt werden. Es werden einige der Erklärungsansätze, die in der Empirischen Bildungsforschung diskutiert und untersucht werden, skizziert (Stanat, 2008).

4.1   Merkmale der Familie

Ethnische Disparitäten können auch durch Merkmale der Familie erklärt werden. Humankapitaltheoretische Ansätze führen Bildungsnachteile von Migranten im Wesentlichen darauf zurück, dass ihre Familien oft über weniger sozioökonomische, kulturelle und soziale Ressourcen verfügen, die sie in die Bildung ihrer Kinder investieren können, als Familien ohne Migrationshintergrund (Bourdieu, 1983; Esser, 2006). Bei sozioökonomischen Ressourcen handelt es sich um den Besitz von materiellen Gütern und den sozialen Status der Familie. Als Indikatoren dienen z.b. das Einkommen und der ausgeübte Beruf. Kulturelles Kapital umfasst dagegen nicht-monetäre, bildungsbezogene Ressourcen (vgl. Kap. VIII-4). Entsprechende Indikatoren sind z.b. der höchste Bildungsabschluss der Eltern oder die Anzahl der Bücher in der Familie. Als soziales Kapital werden Ressourcen bezeichnet, die auf dem Netz sozialer Beziehungen basieren, auf die eine Person zurückgreifen kann. Ethnische Disparitäten werden in humankapitaltheoretischen Erklärungsansätzen also in weiten Teilen auf dieselben Mechanismen zurückgeführt wie soziale Ungleichheit im Allgemeinen (vgl. Kap. VIII-1). Darüber hinaus werden jedoch auch spezifische Wirkmechanismen für die Benachteiligung von Migranten angenommen. Hierzu zählen die Beherrschung der Verkehrssprache, die häufig als Schlüssel für Integration betrachtet wird, die ethnische Segregation, also der Anteil der Menschen im sozialen Umfeld, die aus demselben Herkunftsland stammen, und das Wissen über das deutsche Bildungssystem (Esser, 2006).

Empirische Befunde zum Einfluss familiärer und individueller Hintergrundmerkmale

In Übereinstimmung mit humankapitaltheoretischen Modellen zeigen verschiedene Studien, dass sich ethnische Disparitäten zu einem großen Teil auf den oft relativ niedrigen sozioökonomischen Status und Bildungsstand zugewanderter Familien zurückführen lassen (Stanat, 2008). Aber auch bei Berücksichtigung dieser Faktoren bleibt in der Regel eine Benachteiligung von Heranwachsenden mit Migrationshintergrund bestehen.

Ein weiterer Einflussfaktor, der in erheblichem Maße zur Erklärung von ethnischen Disparitäten beiträgt, ist die Beherrschung der Unterrichtssprache Deutsch (Baumert & Schümer, 2001; Müller & Stanat, 2006). Anhand von Daten aus IGLU-2006 konnte gezeigt werden, dass Kinder ohne Migrationshintergrund eine mehr als zweimal höhere Chance auf eine Gymnasialempfehlung haben als Kinder mit Migrationshintergrund (Arnold et al., 2007). Vergleicht man jedoch mit Hilfe von geeigneten statistischen Verfahren Kinder mit und ohne Migrationshintergrund, die über dasselbe Niveau der Lesekompetenz und kognitiven Grundfähigkeiten verfügen, so verringern sich die Disparitäten in den Sekundarschulempfehlungen deut-

lich. Dies bedeutet, dass die Unterschiede in den Sekundarschulempfehlungen zum großen Teil auf Unterschiede in der Lesekompetenz (als Indikator für deutsche Sprachkenntnisse) und in den allgemeinen kognitiven
Grundfähigkeiten (als Indikator für Vorwissen) zurückzuführen sind.

Für den Erwerb von Lesekompetenz in Deutsch, aber auch von Mathematikkompetenz, spielt wiederum die Familiensprache eine entscheidende
Rolle. Kinder und Jugendliche aus Migrantenfamilien, in denen Deutsch
gesprochen wird, erreichen deutlich höhere Kompetenzniveaus als Kinder
und Jugendliche aus Familien, in denen die Herkunftssprache gesprochen
wird (Kristen, 2008; Müller & Stanat, 2006; Stanat, 2008; Segeritz et al.,
2010). Bildungseinrichtungen scheinen diesen Mangel an familiären Lerngelegenheiten nicht hinreichend zu kompensieren. Lerngelegenheiten zum
Erwerb der deutschen Sprache können auch herangezogen werden, um Unterschiede im Bildungserfolg verschiedener Herkunftsgruppen zu erklären.
So weisen Jugendliche aus der ehemaligen Sowjetunion keine Leistungs-
nachteile gegenüber Nicht-Migranten mehr auf, wenn man ihr Alter bei der
Zuwanderung statistisch kontrolliert (Müller & Stanat, 2006). Der Leistungsrückstand von Jugendlichen türkischer Herkunft bleibt dagegen auch
nach Kontrolle des Zuwanderungsalters und weiterer Hintergrundmerkma-
le, wie etwa dem Bildungsstand der Eltern, erheblich. Über die Ursache
dieser persistenten Benachteiligung von türkischstämmigen Jugendlichen
besteht nach wie vor Unklarheit (Kristen, 2006, 2008).

Familiensprache

Fehlende Anstrengungsbereitschaft scheint jedenfalls nicht für die Bildungsnachteile von Migranten verantwortlich zu sein. So hat sich gezeigt,
dass Schüler mit Migrationshintergrund über eine besonders hohe Lernmotivation in Mathematik verfügen. Zudem legen sowohl die Schüler als auch
ihre Eltern viel Wert auf einen qualifizierten Schulabschluss, haben also
hohe Bildungsaspirationen (Stanat & Christensen, 2006; Walter & Taskinen, im Druck).

Lernmotivation und Bildungsaspiration

4.2   Kulturelle Orientierung und Akkulturation

Einige Erklärungsansätze gehen davon aus, dass in manchen Kulturen
Werteinstellungen existieren, die einer erfolgreichen Bildungslaufbahn
von Migranten entgegenstehen (Leenen et al., 1990). So wird zum Beispiel
gelegentlich argumentiert, dass in manchen Herkunftsgruppen traditionelle
Geschlechtsrollenbilder vorherrschen, die sich negativ auf die Bildungsverläufe von Mädchen und Frauen auswirken könnten (Boos-Nünning,
2005). Solche Annahmen, die sich auf mit spezifischen Kulturen verbundene Einstellungen und Erwartungen beziehen, wurden bislang jedoch kaum
systematisch geprüft.

Kulturspezifische Werte

4.3   Zusammensetzung der Schülerschaft in
    Schulen und Klassen

Vielfach wird auch die Frage diskutiert, inwieweit der Kontext des schulischen Lernens für Bildungsnachteile von Migranten verantwortlich ist. So

wird häufig angenommen, dass es in Schulen mit hohem Migrantenanteil schwieriger ist, gute Schulleistungen zu erzielen (Esser, 2006). Die aktuelle Befundlage spricht tatsächlich dafür, dass ein hoher Migrantenanteil in Schulen bzw. Klassen mit geringeren Bildungserfolgen einhergeht. Allerdings verschwindet dieser Effekt wenn man die sozioökonomische Zusammensetzung der Schulklasse und die früheren Leistungen der Schüler berücksichtigt (Stanat et al., 2010). Es handelt sich also nicht um einen eigenständigen Effekt der ethnischen Zusammensetzung der Schülerschaft, sondern um den Einfluss des im Durchschnitt niedrigeren sozioökonomischen Status von Familien mit Migrationshintergrund und das geringere Vorwissen der Kinder (vgl. Kap. VIII-4).

4.4   Diskriminierung

Diskriminierung beim Übergang in den Beruf

Sowohl in öffentlichen als auch in wissenschaftlichen Debatten wird häufig die Annahme vertreten, dass durch Schulen, Lehrkräfte, Behörden oder Ausbildungsbetriebe Entscheidungen getroffen werden, die Migranten systematisch benachteiligen (Gomolla & Radtke, 2002). Insbesondere an Schnittstellen der Bildungslaufbahn könnten solche diskriminierenden Entscheidungspraktiken auftreten. In der jüngsten IGLU-Studie zeigte sich, dass Kinder ohne Migrationshintergrund bei gleichen kognitiven Fähigkeiten und Leseleistungen eine geringfügig höhere Chance haben, eine Gymnasialempfehlung zu erhalten, als Kinder, deren Eltern beide im Ausland geboren sind (Arnold et al., 2007). Andere Studien konnten dagegen keine Hinweise darauf identifizieren, dass der Migrationsstatus von Grundschülern die Übergangsempfehlung von Lehrern beeinflusst (Kristen, 2006; Stahl, 2007). Für den Übergang in die Berufsausbildung weist die Befundlage dagegen relativ eindeutig auf Diskriminierungsprozesse hin: Bei vergleichbaren Schulleistungen und vergleichbarem familiärem Hintergrund haben Bewerber ohne Migrationshintergrund eine deutlich höhere Chance, eine voll qualifizierende Berufsausbildung aufzunehmen, als Bewerber mit Migrationshintergrund (Bundesinstitut für Berufsbildung, 2009; Lehmann et al., 2005).

5   Förderung von Schülern mit Migrationshintergrund

Unklare Befundlage zur Wirksamkeit von Förderungen

Der Bildungserfolg von Schülern mit Migrationshintergrund hängt, wie bereits beschrieben, maßgeblich von ihrer Sprachkompetenz in der Unterrichtssprache ab. Folglich ist es für die Überwindung ethnischer Disparitäten zentral, die Deutschkenntnisse von Migranten zu fördern. Über die Notwendigkeit einer Förderung von Deutschkenntnissen besteht weitgehend Einigkeit. Umstritten ist jedoch, wie dabei am besten vorzugehen ist (zusammenfassend Limbird & Stanat, 2006).

In deutschen Schulen ist die Sprachförderung in den letzten Jahren deutlich intensiviert worden. So führen mittlerweile die meisten Bundesländer vor der Einschulung Sprachstandsmessungen durch und Kinder mit unzureichenden Deutschkenntnissen werden entweder in Kindertageseinrichtungen oder in Grundschulen gezielt sprachlich gefördert. Allgemein ist die Sprachförderung für Schüler mit unzureichenden Deutschkenntnissen aktuell im Umbruch. Über die Validität der Sprachstandsmessungen und die Effektivität der verschiedenen Maßnahmen der Zweitsprachförderung ist allerdings wenig bekannt. Auch die besonders kontrovers diskutierte Frage, welche Rolle die Förderung von Kompetenzen in der Erstsprache für den Erwerb der Zweitsprache spielt, wurde bislang nicht systematisch untersucht (Limbird & Stanat, 2006). In dieser Debatte scheint zudem oft vergessen zu werden, dass eine flächendeckende zweisprachige Förderung für alle Migrantengruppen aus praktischen und finanziellen Gründen gar nicht möglich ist und es deshalb immer auch notwendig sein wird, einsprachige Förderansätze umzusetzen. Eine der wenigen belastbaren Studien im deutschsprachigen Raum, die solche Ansätze untersucht haben, ist das ,Jacobs Sommercamp'-Projekt, das erste Hinweise auf die Gestaltung effektiver Zweitsprachförderung liefern konnte (Stanat et al., 2005; Stanat et al., eingereicht). Insgesamt besteht aber zur Frage, welche Förderkonzepte zur Überwindung ethnischer Disparitäten am besten geeignet sind, noch erheblicher Forschungsbedarf.

▷ **Weiterführende Literatur**

Baumert, J., Stanat, P. & Watermann, R. (Hrsg.). (2006). Herkunftsbedingte Disparitäten im Bildungswesen. Wiesbaden: VS Verlag.
Esser, H. (2006). Sprache und Integration: Die sozialen Bedingungen und Folgen des Spracherwerbs von Migranten. Frankfurt am Main: Campus.
Stanat, P. (2008). Heranwachsende mit Migrationshintergrund im deutschen Bildungswesen. In K. S. Cortina et al. (Hrsg.), Das Bildungswesen in der Bundesrepublik Deutschland: Strukturen und Entwicklungen im Überblick (S. 691-705). Hamburg: Rowohlt.

Literaturverzeichnis

Arnold, K.-H., Bos, W., Richert, P. & Stubbe, T. (2007). Schullaufbahnpräferenzen am Ende der vierten Klassenstufe. In W. Bos, S. Hornberg, K.-H. Arnold, G. Faust, L. Fried, E.-M. Lankes, K. Schwippert & R. Valtin (Hrsg.), IGLU 2006. Lesekompetenzen von Grundschulkindern in Deutschland im internationalen Vergleich (S. 271-299). Münster: Waxmann.
Autorengruppe Bildungsberichterstattung (Hrsg.). (2008). Bildung in Deutschland 2008: Ein indikatorengestützter Bericht mit einer Analyse zu Übergängen im Anschluss an den Sekundarbereich I. Bielefeld: Bertelsmann.

Baumert, J. & Schümer, G. (2001). Familiäre Lebensverhältnisse, Bildungsbeteiligung und Kompetenzerwerb. In Deutsches PISA-Konsortium (Hrsg.), PISA 2000. Basiskompetenzen von Schülerinnen und Schülern im internationalen Vergleich (S. 323-410). Opladen: Leske + Budrich.

Boos-Nünning, U. (2005). Viele Welten leben: Zur Lebenssituation von Mädchen und jungen Frauen mit Migrationshintergrund. Münster: Waxmann.

Bourdieu, P. (1983). Ökonomisches Kapital, kulturelles Kapital, soziales Kapital. In R. Kreckel (Hrsg.), Soziale Ungleichheit (S. 183-198). Göttingen: Schwartz.

Bundesinstitut für Berufsbildung (2009). Datenreport zum Berufsbildungsbericht 2009: Informationen und Analysen zur Entwicklung der beruflichen Bildung. Bielefeld: Bertelsmann.

Diefenbach, H. (2007). Kinder und Jugendliche aus Migrantenfamilien im deutschen Bildungssystem: Erklärungen und empirische Befunde. Wiesbaden: VS Verlag.

Ditton, H. (2007). Schulübertritte, Geschlecht und soziale Herkunft. In H. Ditton (Hrsg.), Kompetenzaufbau und Laufbahnen im Schulsystem (S. 63-87). Münster: Waxmann.

Ehmke, T., Blum, W., Neubrand, M., Jordan, A. & Ulfig, F. (2006). Mathematische Kompetenz in Deutschland: Veränderungen von der 9. zur 10. Jahrgangsstufe. In Deutsches PISA-Konsortium (Hrsg.), PISA 2003: Untersuchungen zur Kompetenzentwicklung im Verlauf eines Schuljahres (S. 63-86). Münster: Waxmann.

Esser, H. (2006). Sprache und Integration: Die sozialen Bedingungen und Folgen des Spracherwerbs von Migranten. Frankfurt am Main: Campus.

Gomolla, M. & Radtke, F.-O. (2002). Institutionelle Diskriminierung: Die Herstellung ethnischer Differenz in der Schule. Opladen: Leske + Budrich.

Kristen, C. (2006). Ethnische Diskriminierung in der Grundschule? Die Vergabe von Noten und Bildungsempfehlungen. Kölner Zeitschrift für Soziologie und Sozialpsychologie, 58, 79-97.

Kristen, C. (2008). Schulische Leistungen von Kindern in türkischen Familien am Ende der Grundschulzeit: Befunde aus der IGLU-Studie. Kölner Zeitschrift für Soziologie und Sozialpsychologie, Sonderheft 48, 230-251.

Leenen, W. R., Grosch, H. & Kreidt, U. (1990). Bildungsverständnis, Platzierungsverhalten und Generationenkonflikt in türkischen Migrantenfamilien: Ergebnisse qualitativer Interviews mit ‚bildungserfolgreichen‘ Migranten der zweiten Generation. Zeitschrift für Pädagogik, 36, 753-771.

Lehmann, R. H., Ivanov, S., Hunger, S. & Gänsfuß, R. (Hrsg.). (2005). ULME I. Untersuchung der Leistungen, Motivation und Einstellungen zu Beginn der beruflichen Ausbildung. Hamburg: Behörde für Bildung und Sport, Amt für Bildung.

Limbird, C. & Stanat, P. (2006). Sprachförderung bei Schülerinnen und Schülern mit Migrationshintergrund: Ansätze und ihre Wirksamkeit. In J. Baumert, P. Stanat & R. Watermann (Hrsg.), Herkunftsbedingte Disparitäten im Bildungswesen (S. 257-307). Wiesbaden: VS Verlag.

Müller, A. G. & Stanat, P. (2006). Schulischer Erfolg von Schülerinnen und Schülern mit Migrationshintergrund: Analysen zur Situation von Jugendlichen aus der ehemaligen Sowjetunion und der Türkei. In J. Baumert, P. Stanat & R. Watermann (Hrsg.), Herkunftsbedingte Disparitäten im Bildungswesen (S. 221-256). Wiesbaden: VS Verlag.

OECD (2007). PISA 2006: Science Competencies for Tomorrow's World Volume 2: Data. Paris: OECD.

Schwippert, K., Hornberg, S., Freiberg, M. & Stubbe, T. (2007). Lesekompetenzen von Kindern mit Migrationshintergrund im internationalen Vergleich. In W. Bos, S. Hornberg, K.-H. Arnold, G. Faust, L. Fried, E.-M. Lankes, K. Schwippert & R. Valtin (Hrsg.), IGLU 2006: Lesekompetenz von Grundschulkindern in Deutschland im internationalen Vergleich (S. 249-269). Münster: Waxmann.

Segeritz, M., Walter, O. & Stanat, P. (2010). Muster des schulischen Erfolgs von jugendlichen Migranten in Deutschland: Evidenz für segmentierte Assimilation? Kölner Zeitschrift für Soziologie und Sozialpsychologie, 62, 113-138.

Stahl, N. (2007). Schülerwahrnehmung und Beurteilung durch Lehrkräfte. In H. Ditton (Hrsg.), Kompetenzaufbau und Laufbahnen im Schulsystem: Ergebnisse einer Längsschnittuntersuchung an Grundschulen (S. 171-199). Münster: Waxmann.

Stanat, P. (2008). Heranwachsende mit Migrationshintergrund im deutschen Bildungswesen. In K. S. Cortina, J. Baumert, A. Leschinsky, K. U. Mayer & L. Trommer (Hrsg.), Das Bildungswesen in der Bundesrepublik Deutschland: Strukturen und Entwicklungen im Überblick (S. 691-705). Hamburg: Rowohlt.

Stanat, P., Baumert, J. & Müller, A. G. (2005). Förderung von deutscher Sprachkompetenz bei Kindern aus zugewanderten und sozial benachteiligten Familien. Evaluationskonzept für das ,Jacobs Sommercamp'-Projekt. Zeitschrift für Pädagogik, 51, 856-875.

Stanat, P., Becker, M., Baumert, J., Lüdtke, O. & Eckhardt, A. G. (eingereicht). Improving second language skills of immigrant students: A randomized field trial evaluating the effects of a summer learning program. Manuscript submitted for publication.

Stanat, P. & Christensen, G. (2006). Where immigrant students succeed: A comparative review of performances and engagement in PISA 2003. Paris: OECD.

Stanat, P., Schwippert, K. & Gröhlich, C. (2010). Der Einfluss des Migrantenanteils in Schulklassen auf den Kompetenzerwerb: Längsschnittliche Überprüfung eines umstrittenen Effekts. In C. Allemann-Ghionda, P. Stanat, K. Göbel & C. Röhner (Hrsg.), Migration, Identität Sprache und Bildungserfolg. Zeitschrift für Pädagogik, 55. Beiheft, 147-164.

Statistisches Bundesamt. (2009). Bevölkerung mit Migrationshintergrund. Ergebnisse des Mikrozensus 2007: Bevölkerung und Erwerbstätigkeit. Wiesbaden: Statistisches Bundesamt.

Walter, O., Stanat, P. & Segeritz, M. (im Druck). Schulbezogene Kompetenzen, motivationale Orientierungen und Bildungsaspirationen von Jugendlichen mit Migrationshintergrund in Deutschland: Differenzierte Analysen zu PISA 2003. In W. Lauterbach & R. Becker (Hrsg.), Integration durch Bildung? Bildungserwerb von jungen Migranten in Deutschland. Wiesbaden: VS Verlag.

Walter, O. & Taskinen, P. (2007). Kompetenzen und bildungsrelevante Einstellungen von Jugendlichen mit Migrationshintergrund in Deutschland: Ein Vergleich mit ausgewählten OECD-Staaten. In Deutsches PISA-Konsortium (Hrsg.), PISA 2006: Die Ergebnisse der dritten internationalen Vergleichsstudie (S. 337-366). Münster: Waxmann.

Walter, O. & Taskinen, P. (2008). Der Bildungserfolg von Jugendlichen mit Migrationshintergrund in den deutschen Ländern. In Deutsches PISA-Konsortium (Hrsg.), PISA 2006 in Deutschland: Die Kompetenzen der Jugendlichen im dritten Ländervergleich (S. 343-374). Münster: Waxmann.

Hartmut Ditton & Kai Maaz

Sozioökonomischer Status und soziale Ungleichheit

▷ **Zusammenfassung**

Nach einer Darstellung grundlegender Begriffe, Konzepte und Erhebungsverfahren werden Ansätze zur Erklärung der Beziehung zwischen sozioökonomischem Status und Bildungserfolg sowie Bildungsteilhabe besprochen. Dem folgt ein Überblick zu vorliegenden Ergebnissen aus nationalen und internationalen empirischen Untersuchungen. Im Ausblick wird auf Forschungsdesiderate hingewiesen.

1 Begriffe und Erhebungsverfahren

▷ **Definition**

Mit dem Begriff *Sozialer Status* wird die Position bezeichnet, die eine Person innerhalb einer Rangordnung der gesellschaftlich vorhandenen Positionen einnimmt. Die Einordnung in die gesellschaftliche Hierarchie bezieht sich auf die Wertschätzung, die einer Position hinsichtlich gesellschaftlich relevanter Merkmale (z. B. Einkommen, Besitz, Macht) beigemessen wird.

Häufig verwendet man in der Empirischen Bildungsforschung allerdings nicht einzelne, sondern Bündelungen mehrerer Merkmale, um die Platzierung in der gesellschaftlichen Hierarchie zu bestimmen. Der Sozioökonomische Status (SES; engl. ‚socio-economic status') wird dabei in der Regel über den Beruf, das Einkommen und das Bildungsniveau definiert.

Die Einteilung in soziale Positionen kann sich auf unterschiedliche Modelle der Gliederung einer Gesellschaft beziehen. Die traditionell wichtigsten Ansätze hierbei sind Klassen- und Schichtungstheorien. Als Klassen können Gruppierungen von Menschen verstanden werden, deren Angehörige bestimmte ökonomische Merkmale gemeinsam haben. Für die Klassentheorie von besonderer Bedeutung sind die Arbeiten von Karl Marx

Klassentheorien

(1818-1883) und Max Weber (1864-1920). Nach Marx ist die Klassenzugehörigkeit durch die Struktur der Eigentumsordnung an den Produktionsmitteln bestimmt. Grundlage ist ein dichotomes Klassenmodell, das nach Besitzenden (Kapitalisten) und Besitzlosen (Arbeiter/Proletariat) unterscheidet. Auch im Klassenmodell von Max Weber spielt die Unterscheidung nach Besitz vs. Besitzlosigkeit und Erwerbsinteresse eine bedeutende Rolle und führt zu einer Einteilung in Erwerbsklassen (Besitzlose bzw. Besitzarme, die arbeiten müssen) und Besitzklassen (ohne Notwendigkeit zur Erwerbsarbeit). Anders als Marx sieht Weber allerdings innerhalb der Erwerbsklassen durch die individuell erworbenen Qualifikationen variable Lebenschancen gegeben und bezweifelt, dass sich über die Klassenlage per se auch eine soziale Gemeinschaft bildet. Somit ist der Zusammenhang zwischen objektiver Klassenlage und subjektivem Klassenverhalten nicht theoretisch entscheidbar, sondern eine empirisch zu klärende Frage.

Schichtungstheorien　　Eine erste Schichtungstheorie zur Sozialstrukturanalyse des Deutschen Reiches, die in Auseinandersetzung mit dem Klassenbegriff erfolgte, entwickelte Theodor Geiger (1932). Weitere bekannte Schichtmodelle für Deutschland stammen von Ralf Dahrendorf (1965) und Karl Martin Bolte (Bolte et al., 1966). Schichtungstheorien gehen von einer *vertikalen (hierarchischen) Gliederung* der Gesellschaft aus. Die Einteilung im Sinne von höher vs. tiefer, mehr vs. weniger kann nach einem oder mehreren der oben genannten Statusmerkmale (Beruf, Einkommen, Bildung) erfolgen. Einteilungen in soziale Schichten gehen davon aus, dass Menschen, die unter ähnlichen Lebensbedingungen leben, ähnliche Lebenserfahrungen machen und dass die Lebensbedingungen einen Einfluss auf das Verhalten, die Entwicklung und die Lebenschancen haben. Für empirische Untersuchungen können zur Bestimmung des sozioökonomischen Status kontinuierliche Maße oder Einteilungen in soziale Schichten bzw. Klassen verwendet werden. Nachfolgend wird auf Maße eingegangen, die in der Empirischen Bildungsforschung häufig verwendet werden.

ISEI als Index für den sozioökonomischen Status　　ISEI (Ganzeboom et al., 1992) steht als Abkürzung für ‚International Socio-Economic Index of Occupational Status'. Dieser Index wurde auf der Basis umfangreicher Erhebungen von Ganzeboom et al. (1992) entwickelt und vor allem in international vergleichenden Schulleistungsstudien wie PISA oder IGLU verwendet. Die Definition des ISEI basiert auf Angaben zu Beruf, Einkommen und Bildungsniveau. Die Konstruktion des ISEI geht von der Annahme aus, dass jede berufliche Tätigkeit einen bestimmten Bildungsstand erfordert und bestimmte Chancen eröffnet (Einkommen, Einflussnahme, Erringen von Privilegien). Der ISEI ist ein kontinuierliches Maß und kann Werte zwischen 16 (landwirtschaftliche Hilfskräfte, Reinigungskräfte) und 90 (Richter) annehmen (vgl. Kap. VIII-1).

SIOPS als Index für Berufsprestige　　Neben dem sozioökonomischen Status sind Berufsprestigemaße, die auf der Einschätzung der gesellschaftlichen Anerkennung von Berufen beruhen, ein weitverbreiteter Indikator für den sozialen Hintergrund. Die wohl bekanntesten Indizes für das Berufsprestige sind der von Treiman (1977) entwickelte ‚Standard Index of Occupational Prestige Scores' sowie der von Ganzeboom und Treiman (1996) weiterentwickelte ‚Standard Index of Occupational Prestige Scale' (SIOPS). Abbildung 1 stellt die Werte für das Berufsprestige (SIOPS) und den sozioökonomischen Status (ISEI) für ausgewählte Berufe dar. Es zeigt sich, dass Berufsprestige und sozioökonomischer Status nicht parallel verlaufen, wohl aber erheblich kovariieren.

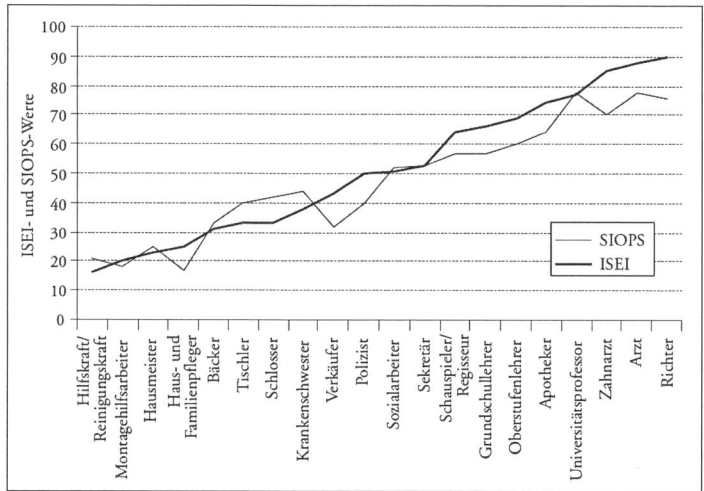

Abbildung 1: Sozioökonomischer Status (ISEI) und Berufsprestige (SIOPS) für ausgewählte Berufe (Quelle: Maaz et al., 2004, S. 167)

Beim EGP-Klassenschema (Erikson et al., 1979) handelt es sich um ein kategoriales System. Auch die EGP-Klassifikation geht von der beruflichen Tätigkeit aus und berücksichtigt den Beschäftigungsstatus sowie die Stellung im Beruf. Zugrunde liegt auch hier die Annahme, dass das Beschäftigungsverhältnis ein zentrales Element der Klassenlage in modernen Gesellschaften ist. Unterschieden wird zwischen Arbeitgebern, Selbständigen (ohne Mitarbeiter) und Arbeitnehmern. Eine Rolle spielt die Art der Tätigkeit (manuell, nicht-manuell, landwirtschaftlich), die Stellung im Beruf (selbständig, abhängig beschäftigt) und die Weisungsbefugnis (keine, geringe, große). Im Basismodell werden elf Klassen unterschieden, häufig werden aber weniger verwendet (in der Regel sechs Klassen).

EGP-Klassenschema

An den Schicht- und Klassenmodellen wird auch Kritik geübt. Zum einen wird darauf verwiesen, dass hiermit nicht alle relevanten Merkmale zur Kennzeichnung der Lebenssituation von Personen berücksichtigt sind. Zur Bestimmung der sozialen Lage können auch horizontale Ungleichheiten bedeutsam sein (Geschlecht, Alter, Familienstand, Wohnsituation, Migrationsstatus; vgl. Kap. VIII-2, VIII-3). Dahinter wiederum stehen Überlegungen, dass moderne Gesellschaften durch eine fortschreitende Pluralisierung und Individualisierung gekennzeichnet seien. Milieumodelle betonen daher

Kritik an Schicht- und Klassenmodellen

weitere Aspekte und definieren Gruppen von Personen auch nach Merkmalen der Lebensauffassung und des Lebensstils (Hradil, 1987). In der Sozialstrukturforschung in Deutschland gibt es seit den 1980er Jahren eine Kontroverse um die Angemessenheit resp. Aussagekraft der unterschiedlichen
Modelle. Dabei finden sich ausreichend Belege dafür, dass Kategorien wie
Schicht und Klasse keine überholten Konstrukte sind (Geißler, 2002).

▷ **Merksatz**

Grundlage zur Bestimmung des sozioökonomischen Status (SES) sind
Klassen- bzw. Schichtmodelle. Um den SES zu ermitteln, werden in
der Empirischen Bildungsforschung kontinuierliche (z.B. ISEI) und
kategoriale Klassifikationssysteme (z.B. EGP-Klassen) verwendet.
Zwischen den sozialen Schichten bzw. Klassen bestehen erhebliche
Unterschiede in der Bildungsteilhabe und im Bildungserfolg.

2 Sozioökonomischer Status und Bildungsteilhabe und -erfolg

Primäre und sekundäre Effekte

Moderne Gesellschaften sind einerseits durch Prozesse der sozialen Mobilität (Auf- und Abstiege in der sozialen Hierarchie) gekennzeichnet, zugleich
aber auch durch eine mehr oder weniger starke ,Vererbung' sozialer Positionen. Da der Zugang zu sozialen Positionen wesentlich vom Bildungserfolg und den erworbenen Bildungstiteln abhängt, ist es entscheidend, die
Reproduktion sozialer Ungleichheit über die Ungleichheit der Bildungsteilhabe und des -erfolgs zu erklären. Seit Boudon (1974) ist es üblich, hier
nach zwei Komponenten resp. Effekten zu unterscheiden. *Primäre Effekte*
beziehen sich auf unterschiedliche Einstellungen, Werthaltungen und kulturelle Unterschiede zwischen den sozialen Gruppen. Diese führen zu unterschiedlichen schulischen Leistungen und dadurch zur Wahl unterschiedlicher Bildungslaufbahnen. Wie empirische Untersuchungen zeigen, ist
die Ungleichheit des Bildungserfolgs und der Bildungsteilhabe zwischen
den sozialen Gruppen über Unterschiede in den Leistungen jedoch nicht
vollständig zu erklären. Es muss daher neben den primären Effekten der
sozialen Herkunft noch *sekundäre Effekte* geben, die zu sozialspezifischen
Entscheidungen bei der Wahl von Bildungslaufbahnen führen.

Reproduktion sozialer Ungleichheit

Parallelen dazu finden sich im Erklärungsansatz von Bourdieu (1987).
Seinem Ansatz folgend lässt sich die gesellschaftliche Stellung von Akteuren in zwei aufeinander bezogenen Räumen abbilden: Im Raum der
sozialen Positionen und im Raum der Lebensstile. Die soziale Position,
d.h. die Zugehörigkeit zu einer sozialen Klasse, kann nach Bourdieu über
das verfügbare ökonomische, kulturelle, soziale und symbolische Kapital
bestimmt werden (vgl. Kap. VIII-3). Mit der Klassenzugehörigkeit sind
vorherrschende *Deutungsmuster* (Doxa), ein spezifischer *Klassenhabitus*
(vorherrschende Wahrnehmungs-, Denk- und Handlungsschemata) sowie

ein je spezifisches *Klassenethos* (Vorstellungen richtiger Lebensführung) verbunden. Diese werden über die Erziehung in einem Prozess der sozialen Vererbung an die Kinder weitergegeben und bestimmen deren individuellen Habitus. Aus dem klassenspezifisch geprägten Habitus ergeben sich distinkte *Lebensstile*, d.h. kulturelle Praktiken, anhand derer sich die Inhaber der verschiedenen Positionen im sozialen Raum unterscheiden. Verbunden damit sind im Vergleich der Klassen nicht nur unterschiedliche Muster der Lebensführung, sondern auch spezifische Bedürfnisse, Wünsche und Präferenzen. Differenzen zwischen den Klassen bestehen von daher auch in der Entscheidungsneigung und der Entscheidungslogik (Risikofreude vs. Risikoaversion) bei der Wahl von Bildungslaufbahnen. Die Reproduktion sozialer Ungleichheit erfolgt somit über die ungleiche Ausstattung mit Kapital, die unterschiedlichen Möglichkeiten, Investitionen in die Zukunft (und Bildung) zu tätigen sowie mit der Wahl mehr oder weniger geeigneter Praktiken, die eigenen Ziele zu verfolgen. Wichtig ist zudem die Beherrschung der *Regeln des sozialen Feldes*, in dem man sich bewegt (z. B. des Bildungssystems), und deren Nutzung für die eigenen Zwecke.

Auch seitens des Bildungssystems kommen Mechanismen zum Tragen, die untere Schichten bzw. Klassen benachteiligen. Gemeint sind damit nicht hauptsächlich bewusste Voreingenommenheiten oder Vorurteile einzelner Personen (z.B. der Lehrkräfte), sondern institutionelle Erwartungen oder Regelungen, die zu unterschiedlichen Bildungschancen führen. Prozesse der Reproduktion sozialer Ungleichheit in der Familie und im Bildungssystem greifen insofern ineinander. Bourdieu und Passeron (1971) sehen dahinter ein System der Verschleierung von Macht- und Herrschaftsansprüchen und schreiben dem Bildungssystem die Funktion zu, Ungleichheit zu reproduzieren. Die *Ideologie der Chancengleichheit* dient ihrer Ansicht nach lediglich zur Verschleierung der systemimmanenten Reproduktionsmechanismen. Mit einer ähnlichen Argumentation sprechen Gomolla und Radtke von Prozessen einer institutionellen Diskriminierung bestimmter sozialer Gruppen im Bildungssystem (Gomolla & Radtke, 2002). **Ideologie der Chancengleichheit**

Nach Bourdieu beeinflusst die Stellung der Handelnden im Raum der sozialen Ungleichheit also, welche Handlungs- und Reproduktionsstrategien gewählt werden. Der Entscheidungsspielraum der Akteure ist in Abhängigkeit von der sozialen Position sehr unterschiedlich. Damit besteht eine enge Verbindung mit sogenannten Erwartungs-Wert-Modellen, in denen die Bereitschaft, ein bestimmtes Verhalten auszuführen (z.B. eine bestimmte Bildungslaufbahn zu wählen), mit der subjektiven Erwartung, durch das Verhalten eine bestimmte Konsequenz herbeiführen zu können, und mit der Wertschätzung der Verhaltenskonsequenz erklärt wird. Verhalten wird dann begünstigt, wenn sowohl eine hohe Erfolgsaussicht als auch eine hohe Wertschätzung der Verhaltenskonsequenz gegeben ist (Wigfield & Eccles, 2000). **Erwartungs-Wert-Modelle**

Damit wiederum vergleichbar gehen Rational-Choice-Modelle davon aus, dass Akteure versuchen, bei anstehenden Entscheidungen den erwarteten Nutzen ihrer Handlung zu maximieren. Der *Nutzen* ergibt sich aus ei- **Rational-Choice-Modelle** ner Abwägung der *erwarteten Erträge*, der *Erfolgswahrscheinlichkeit der Handlung* und der *erwarteten Kosten*. Zu diesem Modell finden sich unterschiedliche Varianten (Breen & Goldthorpe, 1997; Erikson & Jonsson, 1996). Formal kann das Grundmodell wie folgt dargestellt werden:

> ▷ **Grundmodell des Rational-Choice**
>
> $$U = (B - C)P - C(1 - P) \quad \text{bzw.} \quad U = PB - C$$
>
> U - Utility (Nutzen)
> B - Benefits (Erträge)
> P - Probability of success (Erfolgswahrscheinlichkeit)
> C - Costs (erwartete Kosten)

Die erwarteten Erträge können der Erwerb von Statusmerkmalen, das erzielbare Einkommen, das soziale Prestige oder der Erhalt der sozialen Position der Herkunftsfamilie sein. Zu den Kosten sind nicht nur monetäre Aufwendungen zu zählen, sondern auch entgangenes Einkommen und zu leistender Aufwand in jeglicher Form. Bezüglich der drei Komponenten des Modells sind Angehörige der höheren Statusgruppen im Vorteil. Die Kinder dieser Herkunftsgruppe zeigen die besseren schulischen Leistungen, weshalb die Wahrscheinlichkeit, einen angestrebten Abschluss auch tatsächlich zu erreichen, höher ist. Da die Akteure außerdem versuchen, soziale Abstiege zu vermeiden, ist mit einem höheren Status auch die Präferenz für höherwertige Bildung ausgeprägter. Schließlich verfügen die statushöheren Gruppen über die umfangreicheren Ressourcen, was größere Investitionen ermöglicht, und die Risiken, die mit der Wahl anspruchsvollerer Bildungsgänge entstehen, weniger bedrohlich erscheinen lässt.

Grenzen der Erwartungs-Wert- bzw. Rational-Choice-Modelle

Erwartungs-Wert- bzw. Rational-Choice-Modelle sind für die Analyse und Systematisierung von Bildungsentscheidungen hilfreich. Allerdings bestehen bezüglich der Erklärungskraft auch Grenzen (Ditton, 1992). Bei bildungsrelevanten Entscheidungen handelt es sich um ungewisse Entscheidungen, denen keine eindeutigen Konsequenzen und keine eindeutig bestimmbaren Eintretenswahrscheinlichkeiten zugeordnet werden können. Eine Kalkulation ist so nur als *subjektive Einschätzung* möglich. In Abhängigkeit von personellen und situativen Bedingungen kann es außerdem durchaus rational sein, nicht die optimale, sondern lediglich eine subjektiv als zufriedenstellend empfundene Entscheidung zu treffen (Simon, 1978). Selbst der Rückgriff auf habitualisierte und routinisierte Entscheidungen kann von daher rational sein (Esser, 1990). Teils wird auch angezweifelt, dass Menschen bei anstehenden Bildungsentscheidungen mit Kalkulationsmodellen operieren. Möglicherweise werden eher vereinfachende Heuristiken genutzt (Gigerenzer & Selten, 2001). Schließlich liegen in Entscheidungssituationen häufig auch einschränkende Bedingungen vor, die von den Akteuren nicht beeinflusst werden können. Insbesondere können bei der Wahl von Bildungslaufbahnen institutionelle Faktoren (Zulassungsbedingungen) nicht ausgeblendet werden (Erikson & Jonsson, 1996). Wichtig ist in jedem Fall das Zustandekommen von Entscheidungen mit zu berücksichtigen. So ist bei der Wahl von Bildungslaufbahn anzunehmen, dass oft schon erhebliche Zeit vor dem eigentlichen Entscheidungszeitpunkt Vorentscheidungen getroffen wurden (Erikson et al., 2005). Daher sollte der Entscheidungsprozess unter einer längeren zeitlichen Perspektive betrachtet werden, wobei die Sozialisationsbedingungen in ihrer Bedeutung für das Zustandekommen von Entscheidungen differenziert mit zu berücksichtigen sind (Baumert et al., 2006; Ditton, 2007; Maaz et al., 2006).

▷ **Merksatz**

Abhängig vom sozioökonomischen Status variiert das verfügbare ökonomische, soziale und kulturelle Kapital. Damit resultieren zum einen unterschiedliche *Fördermöglichkeiten* in den Familien hinsichtlich der im Bildungssystem gestellten Anforderungen und zum anderen unterschiedliche *Entscheidungslogiken* bei der Entscheidung über Bildungslaufbahnen. Eine Herausforderung für die Forschung besteht darin, das Zustandekommen dieser primären und sekundären Effekte genauer zu untersuchen. Dafür sind Längsschnittuntersuchungen über längere Zeiträume unverzichtbar.

3   Zentrale Forschungsbefunde

Die Analyse des Zusammenhangs zwischen der sozialen Herkunft von Kindern und deren Erfolg im Bildungssystem hat eine lange Tradition. Sie gibt Auskunft über das Ausmaß sozialer Ungleichheit im Bildungssystem. Soziale Ungleichheiten im Bildungssystem können zum einen den Kompetenzerwerb betreffen und zum anderen die Partizipation an unterschiedlichen institutionalisierten Bildungsprogrammen. Wenngleich *Ungleichheiten des Kompetenzerwerbs* und der *Bildungsbeteiligung* zum Teil eng miteinander verbunden sein können, ist diese Unterscheidung der Analyse von Ungleichheitsverhältnissen im Bildungssystem zu beachten.

3.1   Bildungsbeteiligung

Bereits in den 1960er-Jahren zeigten verschiedene Studien, dass der Besuch weiterführender Schulen sozialschichtabhängig ist (Dahrendorf, 1965). Anfang der 1990er Jahre schien sich die These einer unveränderten Ungleichheitsrelation nach Merkmalen der sozialen Herkunft zu bestätigen (Ditton, 1992). Untermauert wurden diese Ergebnisse durch international vergleichende Studien, die keine konsistente Abnahme des Zusammenhangs von sozialer Herkunft und Bildungsniveau feststellen konnten (Blossfeld & Shavit, 1993).

Trotzdem wurde die Frage, ob soziale Ungleichheiten der Bildungsbeteiligung über die Zeit und insbesondere infolge der Bildungsexpansion

Besuch
weiterführender
Schulen

abgenommen haben, kontrovers diskutiert. In verschiedenen Studien zeigte sich, dass von 1950 bis 1989 Einflüsse des sozialen Hintergrunds bei der Entscheidungsalternative zwischen Haupt- und Realschule zurückgegangen, soziale Disparitäten des Gymnasialbesuchs oder der universitären Ausbildung aber weitgehend stabil geblieben sind (Schimpl-Neimanns, 2000). Auch wenn neuere international vergleichende Studien auch für Deutschland im historischen Kontext insgesamt eine Abnahme sozialer Ungleichheitsmuster erkennen lassen (Breen et al., 2009), identifizieren nach wie vor verschiedene Studien für Deutschland große soziale Ungleichheiten beim Erwerb höherer Bildungszertifikate (Klein et al., 2009).

Studien, in denen der Zusammenhang zwischen der sozialen Herkunft und der Bildungsbeteiligung betrachtet wird, ist es nicht möglich, Aussagen über die Entstehungszusammenhänge der ungleichen Bildungsbeteiligung zu treffen. In der Bildungs- und Sozialstrukturforschung besteht dahingehend Einigkeit, dass Bildungsungleichheiten an den Gelenkstellen von Bildungsverläufen entstehen. Bezug nehmend auf die Theorie von Boudon (1974) werden primäre und sekundäre Herkunftseffekte analysiert.

Ungleichheiten beim Besuch des Gymnasiums

Erste Anhaltspunkte für die Existenz von primären und sekundären Herkunftseffekten haben die großen internationalen Schulleistungsstudien gegeben. Als Näherung wurden mit den Daten der PISA-Studie die relativen Chancen der Bildungsbeteiligung in Abhängigkeit von der Sozialschichtzugehörigkeit bei Berücksichtigung der kognitiven Grundfähigkeiten und schulisch erworbener Kompetenzen als Indikatoren primärer Schichtunterschiede geschätzt. Im Rahmen der PISA-2000-Studie konnten Baumert und Schümer (2001) gravierende sozial bedingte Ungleichheiten, insbesondere für den Gymnasialbesuch, und zwar primärer und sekundärer Art, nachweisen. Insbesondere bei den relativen Chancen des Gymnasialbesuchs schlägt die Sozialschichtzugehörigkeit durch. Jugendliche aus der oberen Dienstklasse haben ungefähr dreimal so hohe Chancen, ein Gymnasium anstelle einer Realschule zu besuchen, als Jugendliche aus Arbeiterfamilien – und zwar auch dann, wenn man nur Personen mit gleicher Begabung und gleichen Fachleistungen vergleicht. Ein Vergleich der PISA-Ergebnisse aus 2006 mit denen aus dem Jahr 2000 zeigt zunächst, dass sich die Bildungsbeteiligung in den Sozialschichten nicht wesentlich verändert hat (Ehmke & Baumert, 2007). Zwar haben sich die relativen Chancen des Gymnasialbesuchs zu Gunsten der weniger begünstigten sozialen Gruppen verbessert. Insgesamt konnten aber auch mit den Daten aus PISA 2006 hohe Disparitäten insbesondere des Gymnasialbesuchs nachgewiesen werden. Die leichte Abschwächung der Kennwerte weist jedoch in eine aus bildungspolitischer Sicht wünschenswerte Richtung.

Ungleichheiten bei Bildungsübergängen

PISA kann nur auf Ungleichheiten der Bildungsbeteiligung im Sekundarschulsystem hinweisen. Verschiedene Studien zeigen, dass es bereits im Vorfeld des Übergangs in das Sekundarschulsystem zu sozialen Disparitäten kommen kann. Die Vergabe der Grundschulempfehlungen erfolgt nicht ausschließlich nach leistungsbezogenen Kriterien (Arnold et al., 2007; Ditton et al., 2005). Bei gleicher Leistung sind die Chancen, eine Gymnasialempfehlung anstelle einer Realschulempfehlung zu bekommen, für Kinder aus den oberen Sozialschichten größer als für Kinder aus sozial weniger privilegierten Schichten. Schnabel und Schwippert (2000) konnten zeigen, dass auch beim Übergang in die Sekundarstufe II sekundäre Herkunftseffekte wirksam werden. Schließlich zeigen verschiedene Studien, dass primäre und sekundäre Disparitäten auch beim Übergang in ein Hochschulstudium, einem sehr späten Übergang in der Bildungsbiografie, zum Tragen kommen (Maaz, 2006; vgl. Kap. VII-6).

Die großen internationalen Schulleistungsstudien haben erstmals auf einer breiten Datenbasis primäre und sekundäre Herkunftseffekte nachweisen können. Im Anschluss richtete die Forschung den Fokus verstärkt auf die Entstehungsmechanismen der primären und sekundären Effekte. Für das Zustandekommen von sekundären Effekten werden vordergründig werterwartungstheoretische Erklärungsmechanismen herangezogen. Wenn sozialschichtabhängige Bildungsentscheidungen auf unterschiedliche Kosten- und Nutzenindikatoren zurückzuführen sind, müssten sich einerseits Effekte der Indikatoren der Werterwartungstheorie auf eine Übergangsentscheidung nachweisen lassen und andererseits eine Vermittlung des direkten Herkunftseffektes auf den Übergang. Sowohl für den Übergang in die Sekundarstufe I (Ditton, 2007; Becker, 2003) als auch die Aufnahme eines Hochschulstudiums (Becker & Hecken, 2009; Maaz, 2006) konnten in unterschiedlichen Studien diese Ergebnismuster gezeigt werden.

Entstehung primärer und sekundärer Effekte

3.2   Kompetenzerwerb

Um den Zusammenhang zwischen sozialer Herkunft und in standardisierten Tests gemessenen Leistungen (Kompetenzen) unter Ausnutzung aller verfügbaren Informationen zu quantifizieren, kann die Regression von der Leistung auf den Index für den sozioökonomischen Status der Familie geschätzt werden. Diese Regressionsfunktion erlaubt bei gegebenem Sozialstatus eine optimierte Vorhersage der erreichten Lesekompetenz. Die Regressionsgerade wird als *sozialer Gradient* der Leistung bzw. Kompetenz bezeichnet. Das Niveau des Gradienten – bestimmt durch den Ordinatenabschnitt – gibt Auskunft über das mittlere Leistungsniveau eines Landes, das erwartet werden kann, wenn die soziale Herkunft der Jugendlichen der mittleren Sozialschicht in Deutschland entspricht. Die Steigung des Gradienten bildet die Veränderungsrate ab, mit der die Leistung der Änderung der Sozialschicht um eine Standardabweichung folgt. Die Steigung ist ein Maß für die Ungleichheit in der Kompetenz, die auf die soziale Herkunft zurückgeführt werden kann.

Sozialer Gradient der Kompetenz

In der ersten Welle der PISA-Studien wurde der soziale Gradient sowohl für den internationalen als auch für den Vergleich der Länder der Bundesrepublik berichtet. Im Folgenden sollen die Befunde exemplarisch für die erste PISA-Studie aufgezeigt werden. Abbildung 2 gibt den sozialen Gradienten für ausgewählte PISA-Teilnehmerstaaten wieder, die in ihrer Sozialstruktur weitgehend vergleichbar sind. Die Unterschiede werden deutlich,

Stärkste Steigung des sozialen Gradienten in Deutschland

wenn man die beiden am Rande liegenden Gradienten für Finnland und Deutschland vergleicht. In Finnland liegt das mittlere Leistungsniveau von 15-Jährigen bei einer mit Deutschland vergleichbaren Sozialstruktur bei 545 Punkten (vgl. Kap. V-4). Gleichzeitig beträgt die Steigung des Gradienten knapp 20 Punkte, d.h. bei Veränderung der Sozialschicht um eine Standardabweichung steigt oder sinkt die Lesekompetenz um 20 Punkte. In Deutschland liegt das mittlere Leistungsniveau bei lediglich 484 Punkten. Gleichzeitig hat der soziale Gradient in Deutschland die stärkste Steigung. Verändert sich die Sozialschichtzugehörigkeit in Deutschland um eine Standardabweichung, folgt die Lesekompetenz mit knapp 45 Punkten – das ist mehr als der doppelte Wert, der für Finnland nachgewiesen wurde.

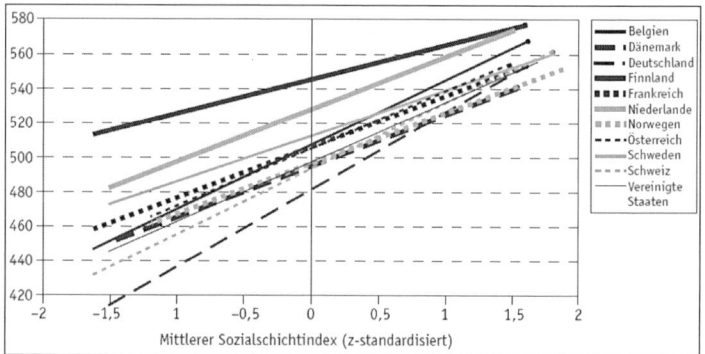

Abbildung 2: Sozialer Gradient der Lesekompetenz für ausgewählte Staaten (Quelle: Baumert & Schümer, 2001, S. 388)

Zieht man die übrigen Länder mit in die Betrachtung ein, ist zu erkennen, dass die Schweiz und Belgien ebenfalls steile soziale Gradienten aufweisen, allerdings auf insgesamt etwas höherem Niveau. Selbst für die Vereinigten Staaten ergibt sich ein Gradient, der auf höherem Niveau flacher verläuft als dies in Deutschland der Fall ist. Der Abbildung ist weiterhin zu entnehmen, dass die sozialen Gradienten im oberen Bereich der Sozialstruktur deutlich konvergieren. Die Unterschiede in der Lesekompetenz zwischen den Staaten verringern sich, wenn man Jugendliche mit privilegierter Herkunft vergleicht, während sich die Schere im unteren sozialen Bereich öffnet.

Auch in anderen Bildungsbereichen wurde ein Zusammenhang zwischen sozialer Herkunft und Kompetenzerwerb nachgewiesen, wenngleich dieser in der Primarstufe und in der Sekundarstufe II weniger deutlich ausgeprägt ist als in der Sekundarstufe I (Watermann et al., 2004).

Effekte sozialer Herkunft im Längsschnitt

Neben dem Nachweis des Zusammenhanges zwischen Merkmalen der sozialen Herkunft und der einmal gemessenen schulischen Performanz (Leistungstests) ist auch die Frage zu beantworten, ob sich differenzielle Effekte der sozialen Herkunft im Längsschnitt nachweisen lassen, und zwar einerseits bei Kontrolle der Ausgangsleistungen und andererseits bei

Kontrolle der besuchten Bildungsgänge. Lernen Kinder, die mit gleichen Lernvoraussetzungen starten und dieselbe Schulform besuchen, in Abhängigkeit der sozialen Herkunft über einen längeren Zeitraum unterschiedlich viel dazu? Für den Bereich der Primarstufe zeigen Arbeiten von Baumert et al. (2010), dass die Entwicklung der Lesekompetenz von Schülern unterschiedlicher sozialer Herkunft in Berliner Grundschulen über zwei Schuljahre hinweg parallel verläuft. Im Fach Mathematik öffnet sich im gleichen Zeitraum die soziale Leistungsschere geringfügig. Ditton und Krüsken (2009) zeigen anhand von bayerischen und sächsischen Daten ebenfalls für den Grundschulbereich, dass sich diese Spreizung zwischen den sozialen Schichten insbesondere im unteren und oberen Leistungsbereich beobachten lässt. Analysen in der Sekundarstufe I weisen keinen systematischen Zusammenhang zwischen Leistungsentwicklung und Indikatoren der sozialen Herkunft nach, wenn das Vorwissen und die kognitiven Grundfähigkeiten von Schülern kontrolliert wurden (Baumert et al., 2000; Ehmke et al., 2006). Für den Bereich der Sekundarstufe II zeigen Ergebnisse der Längsschnittstudie ,Transformation des Sekundarschulsystems und akademische Karrieren' (TOSCA) (Köller et al., 2004), dass bei Kontrolle der Bildungsgangzugehörigkeit und der individuellen Eingangsvoraussetzungen der soziale Hintergrund keinen bzw. nur einen marginalen Effekt auf den Kompetenzerwerb besitzt (Maaz et al., 2004). Schließlich deuten in der Sekundarstufe II erste Befunde darauf hin, dass nach Konstanthaltung der besuchten Schulform in der gymnasialen Oberstufe (allgemeinbildendes oder berufliches Gymnasium) nur noch geringe Effekte der sozialen Herkunft auf die Fachleistungen in Mathematik und Englisch auftreten (Maaz, 2006; Maaz et al., 2004).

▷ **Merksatz**

Soziale Ungleichheiten im Bildungssystem sind seit vielen Jahren gut dokumentiert. Doch erst seit den großen internationalen Schulleistungsstudien wie PISA, TIMSS und IGLU war es möglich, soziale Ungleichheiten der Bildungsbeteiligung von denen des Kompetenzerwerbs zu trennen. PISA hat das Thema soziale Ungleichheiten im Bildungssystem wieder in den Blick der Öffentlichkeit und Wissenschaft gerückt. In der Folge sind viele Forschungsprojekte entstanden, um die Entstehungsmechanismen näher zu untersuchen.

4   Ausblick

Die soziale Ungleichheit des Kompetenzerwerbs sowie der Bildungsbeteiligung erweist sich auch über längere Zeiträume betrachtet als ein äußerst persistentes Phänomen. Dabei ist die Koppelung des Bildungserfolgs an die soziale Herkunft in Deutschland im internationalen Vergleich überdurchschnittlich stark ausgeprägt. Den erheblichen Disparitäten, die schon bei der Einschulung bestehen, und dem Übergang auf die weiterführenden

Koppelung von Bildungserfolg und sozialer Herkunft

Schulen im Anschluss an die Primarstufe kommt hierbei eine besondere Bedeutung zu. Nicht von ungefähr stehen daher bei den in den letzten Jahren verstärkten Bemühungen um mehr Chancengleichheit Maßnahmen der Frühförderung, besonders im sprachlichen Bereich, und Überlegungen, eine größere Offenheit der Bildungswege bzw. verbesserte Durchlässigkeit zwischen den Bildungsgängen zu erreichen, im Mittelpunkt. Diskutiert werden in diesem Zusammenhang auch Veränderungen des Zeitpunkts und der Regelungen bzw. Verfahren für den Übertritt an die weiterführenden Schulen. Da sich gerade beim Hochschulzugang die ungleichen Bildungschancen deutlich zeigen, sind nicht zuletzt auch Überlegungen, die Möglichkeiten für den Zugang an die Hochschulen über berufliche Bildungswege zu erweitern, von großer Bedeutung (Hochschulzugang mit Gesellen- und/oder Meisterbrief; vgl. Kap. VII-5). Dass in dieser Hinsicht bereits einiges erreicht ist, wird daran deutlich, dass inzwischen schon ein erheblicher Teil der Studienanfänger an den Fachhochschulen den Weg über berufliche Bildungsgänge genommen hat.

,Gelenkstellen'
sozialer Ungleichheit

Soziale Ungleichheiten der Bildungsbeteiligung verstärken sich an den Gelenkstellen individueller Bildungsverläufe. Zwar liegen für das Zustandekommen sozialschichtabhängiger Bildungsentscheidungen verschiedene theoretische Annahmen vor, die empirische Überprüfung dieser Annahmen steht aber noch weitestgehend aus. Diese Situation wird sich in den nächsten Jahren ändern, da mehrere laufende Studien diese Thematik untersuchen. Einen zusammenfassenden Überblick zum aktuellen Stand bietet das 12. Sonderheft der Zeitschrift für Erziehungswissenschaft (Baumert et al., 2009). Vor dem Hintergrund dieser Ergebnisse wird auch eine Diskussion über die grundlegenden theoretischen Annahmen, die einer Bildungsentscheidung zugrunde liegen, zu führen sein. Dabei gilt es zu berücksichtigen, dass die Mechanismen an den unterschiedlichen Übergangsschwellen durchaus verschieden ausfallen können. So gibt es Hinweise darauf, dass frühen Bildungsentscheidungen andere Entscheidungsmechanismen zugrunde liegen als späteren Entscheidungen.

Betrachtung
des gesamten
Lebensverlaufs

Eine Herausforderung künftiger sozialwissenschaftlicher Bildungsforschung liegt in der expliziten Betrachtung des gesamten Lebensverlaufs. Dies betrifft unter anderem die Frage, wie vormals getroffene Bildungsentscheidungen im weiteren Lebensverlauf korrigiert werden können. Darüber hinaus gibt es bislang noch keine Studie, mit der untersucht werden kann, ob zum Beispiel für späteren beruflichen Erfolg eher die Zertifikate oder die objektive Leistung ausschlaggebend sind. Künftige Forschungsprojekte, allen voran das ,Nationale Bildungspanel' (,National Educational Panel Studie', NEPS), werden helfen, diese Forschungslücke zu schließen.

▷ **Weiterführende Literatur**

Baumert, J., Maaz, K. & Trautwein, U. (Hrsg.). (2009). Bildungsentscheidungen. Sonderheft 12. Zeitschrift für Erziehungswissenschaft. Wiesbaden: VS Verlag.

Baumert, J., Stanat, P., & Watermann, R. (2006). Herkunftsbedingte Disparitäten im Bildungswesen. Wiesbaden: VS Verlag.

Becker, R., & Lauterbach, W. (Hrsg.). (2008). Bildung als Privileg? Erklärungen und Befunde zu den Ursachen der Bildungsungleichheit. Wiesbaden: VS Verlag.

Literaturverzeichnis

Arnold, K.-H., Bos, W., Richert, P. & Stubbe, T. C. (2007). Schullaufbahnpräferenzen am Ende der vierten Klassenstufe. In W. Bos et al. (Hrsg.), IGLU 2006 – Lesekompetenzen von Grundschulkindern in Deutschland im internationalen Vergleich (S. 271-298). Münster: Waxmann Verlag.

Baumert, J., Köller, O. & Schnabel, K. U. (2000). Schulformen als differenzielle Entwicklungsmilieus – eine ungehörige Fragestellung? In Gewerkschaft Erziehung und Wissenschaft (Hrsg.), Messung sozialer Motivation: Eine Kontroverse (S. 28-68). Frankfurt am Main: GEW.

Baumert, J., Maaz, K. & Trautwein, U. (Hrsg.). (2009). Bildungsentscheidungen. Sonderheft 12. Zeitschrift für Erziehungswissenschaft. Wiesbaden: VS Verlag.

Baumert, J., Nagy, G. & Lehmann, R. (2010). Cumulative advantages and the emergence of social and ethnic inequality: Matthew effects in reading and mathematics development in elementary schools? Manuscript submitted for publication.

Baumert, J. & Schümer, G. (2001). Familiäre Lebensverhältnisse, Bildungsbeteiligung und Kompetenzerwerb. In Deutsches PISA-Konsortium (Hrsg.), PISA 2000: Basiskompetenzen von Schülerinnen und Schülern im internationalen Vergleich (S. 323-407). Opladen: Leske + Budrich.

Baumert, J., Stanat, P. & Watermann, R. (2006). Herkunftsbedingte Disparitäten im Bildungswesen. Wiesbaden: VS Verlag.

Becker, R. (2003). Educational expansion and persistent inequalities of education. Utilizing subjective expected utility theory to explain increasing participation rates in upper secondary school in the Federal Republic of Germany. European Sociological Review, 19, 1-24.

Becker, R. & Hecken, A. E. (2009). Higher Education or vocational training? An empirical test of the ‚rational action model‘ of educational choices suggested by Breen and Goldthorpe and Esser. Acta Sociologica, 52, 25-45.

Blossfeld, H.-P. & Shavit, Y. (1993). Persisting barriers. Changes in educational opportunities in thirteen countries. In Y. Shavit & H.-P. Blossfeld (Hrsg.), Persistent inequality. Changing educational attainment in thirteen countries (S. 1-23). Boulder: Westview Press.

Bolte, K. M. et al. (1966). Soziale Schichtung. Opladen: Leske.

Boudon, R. (1974). Education, opportunity, and social inequality: Changing prospects in western society. New York: Wiley.

Bourdieu, P. (1987). Die feinen Unterschiede. Kritik der gesellschaftlichen Urteils-
   kraft. Frankfurt am Main: Suhrkamp.
Bourdieu, P. & Passeron, J.-C. (1971). Die Illusion der Chancengleichheit. Stutt-
   gart: Klett.
Breen, R. & Goldthorpe, J. H. (1997). Explaining educational differentials. Ratio-
   nality and Society, 9, 275-305.
Breen, R., Luijkx, R., Müller, W. & Pollak, R. (2009). Nonpersistent inequality in
   educational attainment: Evidence from eight European countries. American
   Journal of Sociology, 114, 1475-1521.
Dahrendorf, R. (1965). Demokratie in Deutschland. München: Piper.
Ditton, H. (1992). Ungleichheit und Mobilität durch Bildung. Theorie und empiri-
   sche Untersuchung über sozialräumliche Aspekte von Bildungsentscheidun-
   gen. Weinheim: Juventa.
Ditton, H. (Hrsg.). (2007). Kompetenzaufbau und Laufbahnen im Schulsystem.
   Eine Längsschnittuntersuchung an Grundschulen. Münster: Waxmann.
Ditton, H. & Krüsken, J. (2009). Denn wer hat, dem wird gegeben werden? Eine
   Längsschnittstudie zur Entwicklung schulischer Leistungen und den Effek-
   ten der sozialen Herkunft in der Grundschulzeit. Journal für Bildungswissen-
   schaft, 1, 33–61.
Ditton, H., Krüsken, J. & Schauenberg, M. (2005). Bildungsungleichheit – der
   Beitrag von Familie und Schule. Zeitschrift für Erziehungswissenschaft, 8,
   285-304.
Ehmke, T. & Baumert, J. (2007). Soziale Herkunft und Kompetenzerwerb: Verglei-
   che zwischen PISA 2000, 2003 und 2006. In Deutsches PISA-Konsortium
   (Hrsg.), PISA 2006: Die Ergebnisse der dritten internationalen Vergleichsstudie (S. 309-335). Münster: Waxmann.
Ehmke, T., Hohensee, F., Siegle, T. & Prenzel, M. (2006). Soziale Herkunft, elterli-
   che Unterstützungsprozesse und Kompetenzentwicklung. In Deutsches PISA-
   Konsortium (Hrsg.), PISA 2003: Untersuchungen zur Kompetenzentwicklung
   im Verlauf eines Schuljahres (S. 225-248). Münster: Waxmann.
Erikson, R., Goldthorpe, J. H., Jackson, M., Yaish, M., & Cox, D. R. (2005). On
   class differentials in educational attainment. The National Academy of Scien-
   ces of the USA, 102, 9730-9733.
Erikson, R., Goldthorpe, J. H. & Portocarero, L. (1979). Intergenerational class
   mobility in three Western European societes: England, France and Sweden.
   British Journal of Sociology, 30, 341-415.
Erikson, R. & Jonsson, J. O. (1996). Explaining class inequality in education: The
   Swedish test case. In R. Erikson & J. O. Jonsson (Hrsg.), Can education be
   equalized? The Swedish case in comparative perspective (S. 1-63). Boulder:
   Westview Press.
Esser, H. (1990). ‚Habits‘, ‚Frames‘ und ‚Rational Choice‘. Die Reichweite von
   Theorien der rationalen Wahl. Zeitschrift für Soziologie, 19, 231-247.
Ganzeboom, H. B. G., de Graaf, P. M. & Treiman, D. J. (1992). A standard inter-
   national Socio-Economic Index of Occupational Status. Social Science Re-
   search, 21, 1-56.
Ganzeboom, H. B. G. & Treiman, D. J. (1996). Internationally comparable measu-
   res of occupational status for the 1988 International Standard Classification of
   Occupation. Social Science Research, 25, 201-239.
Geiger, T. (1932). Die soziale Schichtung des deutschen Volkes. Stuttgart: Enke.

Geißler, R. (2002). Die Sozialstruktur Deutschlands. Bonn: Bundeszentrale für politische Bildung.

Gigerenzer, G. & Selten, R. (2001). Bounded rationality – The adaptive toolbox. Massachusetts: The MIT Press.

Gomolla, M. & Radtke, F.-O. (2002). Institutionelle Diskriminierung. Die Herstellung ethnischer Differenz in der Schule. Opladen: Leske + Budrich.

Hradil, S. (1987). Sozialstrukturanalyse in einer fortgeschrittenen Gesellschaft. Opladen: Leske + Budrich.

Klein, M., Schindler, S., Pollak, R. & Müller, W. (2009). Soziale Disparitäten in der Sekundarstufe und ihre langfristige Entwicklung. In J. Baumert, K. Maaz & U. Trautwein (Hrsg.), Bildungsentscheidungen (S. 47-73). Wiesbaden: VS Verlag.

Köller, O., Watermann, R., Trautwein, U. & Lüdtke, O. (2004). Wege zur Hochschulreife in Baden-Württemberg. TOSCA – Eine Untersuchung an allgemein bildenden und beruflichen Gymnasien. Opladen: Leske + Budrich.

Maaz, K. (2006). Soziale Herkunft und Hochschulzugang: Effekte institutioneller Öffnung im Bildungssystem. Wiesbaden: VS Verlag.

Maaz, K., Chang, P. H. & Köller, O. (2004). Führt institutionelle Vielfalt zur Öffnung im Bildungssystem? Sozialer Hintergrund und kognitive Grundfähigkeit der Schülerschaft an allgemein bildenden und beruflichen Gymnasien. In O. Köller, R. Watermann, U. Trautwein & O. Lüdtke (Hrsg.), Wege zur Hochschulreife in Baden-Württemberg. TOSCA – Eine Untersuchung an allgemein bildenden und beruflichen Gymnasien (S. 153-203). Opladen: Leske + Budrich.

Maaz, K., Hausen, C., McElvany, N. & Baumert, J. (2006). Stichwort: Übergänge im Bildungssystem. Theoretische Konzepte und ihre Anwendung in der empirischen Forschung beim Übergang in die Sekundarstufe. Zeitschrift für Erziehungswissenschaft, 9, 299-328.

Maaz, K., Nagy, G., Trautwein, U., Watermann, R. & Köller, O. (2004). Institutionelle Öffnung trotz bestehender Dreigliedrigkeit. Auswirkungen auf Bildungsbeteiligung, schulische Kompetenzen und Berufsaspirationen. Zeitschrift für Soziologie der Erziehung und Sozialisation, 24, 146-165.

Schimpl-Neimanns, B. (2000). Soziale Herkunft und Bildungsbeteiligung: Empirische Analysen zu herkunftsspezifischen Bildungsungleichheiten zwischen 1950 und 1989. Kölner Zeitschrift für Soziologie und Sozialpsychologie, 52, 636-669.

Schnabel, K. U. & Schwippert, K. (2000). Einflüsse sozialer und ethnischer Herkunft beim Übergang in die Sekundarstufe II und den Beruf. In J. Baumert, W. Bos & R. Lehmann (Hrsg.), TIMSS/III. Dritte Internationale Mathematik- und Naturwissenschaftsstudie – Mathematische und naturwissenschaftliche Bildung am Ende der Schullaufbahn: Bd. 1. Mathematische und naturwissenschaftliche Grundbildung am Ende der Pflichtschulzeit (S. 261-281). Opladen: Leske + Budrich.

Simon, H. A. (1978). Rationality as process and as product of thought. American Economic Review, 68, 1-16.

Treiman, D. J. (1977). Occupational prestige in comparative perspective. New York: Academic Press.

Watermann, R., Nagy, G. & Köller, O. (2004). Mathematikleistungen in allgemein bildenden und beruflichen Gymnasien. In O. Köller, R. Watermann, U. Trautwein & O. Lüdtke (Hrsg.), Wege zur Hochschulreife in Baden-Württemberg. TOSCA – Eine Untersuchung an allgemein bildenden und beruflichen Gymnasien (S. 205-283). Opladen: Leske + Budrich.

Wigfield, A. & Eccles, J. S. (2000). Eypectancy-value theory of achievement motivation. Contemporary Educational Psychology, 25, 68-81.

Thomas Kemper & Horst Weishaupt

Region und soziale Ungleichheit

▷ **Zusammenfassung**

Der Beitrag beschäftigt sich mit der Frage, welche Rolle die Region als soziale Ungleichheitsdimension für Bildungsprozesse spielt. Nicht nur soziale Gruppen, sondern auch Bildungseinrichtungen sind im Raum ungleich verteilt. Dadurch ergeben sich sozial selektive Angebots-Nachfragestrukturen, deren Auswirkungen auf die Bildungsbeteiligung näher nachgegangen wird.

1   Allgemeines und Definition

Der Region als sozialer Ungleichheitsdimension wird in den letzten Jahren in der Forschung wieder verstärkt Aufmerksamkeit geschenkt. Dazu trägt sowohl eine zunehmende öffentliche Diskussion über soziale Unterschiede in der Schülerzusammensetzung zwischen Schulen als auch eine zunehmende Konkurrenz zwischen Gemeinden um die Attraktivität ihres Bildungsangebots bei.

Im Rahmen regionaler Analysen rücken räumliche Strukturen ins Interesse, die sich über das Handeln und über Handlungsergebnisse ergeben (Löw, 2003); zugleich üben sie einen Einfluss auf die Intentionen der Akteure aus (Ditton, 2007). Raum ist somit eine Mischung aus materiellen Bedingungen und sozialer Nutzung und entsteht dadurch, dass Menschen Objekte zu einem Raum verknüpfen (Löw, 2003). Auf den Bildungsbereich gewendet bedeutet dies eine Abhängigkeit der Bildungsbeteiligung von der regionalen Verteilung und Zugänglichkeit des gewünschten Bildungsangebots und den Prozessen der Entscheidung über Bildungsmöglichkeiten. Dadurch ergeben sich Einzugsbereiche von Bildungseinrichtungen und Aktionsräume der Bildungsteilnehmer.

Raum als Mischung von materiellen Bedingungen und sozialer Nutzung

Auch nach Bourdieu (1991) bestehen wechselseitige Beziehungen zwischen geographischem und sozialem Raum. Schnittpunkt zwischen den beiden Räumen sind soziale Strukturen, die zu sozial-regionalen Ungleichheiten führen können, die sich wiederum auf Chancen und auf erzielte Ergebnisse auswirken. Sozialräumliche Ungleichheiten lassen sich insbesondere in Ballungsräumen feststellen, d.h. zwischen Stadtteilen findet eine

Beziehungen zwischen geographischem und sozialem Raum

Entmischung (Segregation) der Bevölkerung in sozialer (arm-reich), ethnischer (deutsch-nichtdeutsch) oder demographischer (jung-alt) Hinsicht
statt (ILS & ZEFIR, 2003). Segregation wird u.a. verursacht durch Wohn-
standortentscheidungen, die sich aus den Wohnungsmarkt betreffenden
Präferenzen und Einschränkungen ergeben. Auf der Angebotsseite können
sich politische, ökonomische, symbolische oder soziale Einschränkungen
am Wohnungsmarkt ergeben – beispielweise durch regional variierende
Boden-, Mietwohnungs- und Eigentumswohnungspreise, die u.a. aus Unterschieden im Wohnraumangebot und der Wohnumfeldqualität resultieren.
Auf der Nachfrageseite entsteht Segregation durch Wohnraumpräferenzen
und Unterschiede im Lebensstil wie Bevorzugung von Miete oder Eigen-
tum, städtischem oder ländlichem Wohnen oder aus dem Wunsch nach einer sozial homogenen Nachbarschaft (Häussermann & Siebel, 2004; Radtke, 2004).

▷ **Merksatz**

Die Basis regionaler Studien bilden zumeist administrative Einheiten
wie Bundesländer, Planungs- bzw. Raumordnungsregionen, Bezirke,
Kreise bzw. kreisfreie Städte, Gemeinden oder Stadtbezirke, für die
statistische Daten verfügbar sind. Der Regionsbegriff ist folglich offen
für situativ sinnvolle und von der Datenlage her angemessene räumliche Abgrenzungen.

Wünschenswert wären Daten für Aktionsräume und Nachbarschaften, die
für das räumliche Handeln von sozialer Bedeutung sind, doch fehlen meist
entsprechende Daten. Im Bildungsbereich liegen allerdings zunehmend
Daten für die Besucher einzelner Einrichtungen (Kindergärten, Schulen,
Universitäten) vor.

Indikatoren   Bildungsungleichheiten werden meist anhand von einer (oder mehreren)
regionaler   statistischen Kennziffer(n) dargestellt, die Informationen zu bestimmten
Unterschiede   empirisch prüfbaren Sachverhalten anzeigen soll(en). Diese Indikatoren
(Autorengruppe Bildungsberichterstattung, 2008) werden zur Darstellung
von Entwicklungen und Ungleichheiten auf verschiedenen regionalen Ebenen eingesetzt:

1. Regionale Bildungsunterschiede lassen sich auf *höher angesiedelten
   Ebenen* (internationaler Vergleich, Bundesebene, Bundesland) über in-
   dikatorengestützte Berichte darstellen (European Commission, 2008;
   Statistische Ämter des Bundes und der Länder, 2008; OECD, 2009;
   Autorengruppe Bildungsberichterstattung, 2010). In nationalen und
   internationalen Vergleichen ergeben sich regionale Unterschiede, die
   vorwiegend auf strukturelle Unterschiede in den jeweiligen Bildungssystemen oder Gesellschaften zurückzuführen sind. Beobachtbare
   Zusammenhänge lassen sich kaum inhaltlich interpretieren, weil die
   Beziehungen zwischen Ursache und Wirkung angesichts einer Fülle
   von Einflussfaktoren nicht aufgeklärt werden können. Häufig sind Ent-

wicklungen auf dieser Ebene nicht durch die Bildungspolitik zu beeinflussen. Zu denken ist an demografische Entwicklungen durch sich
verändernde Geburtenraten, Abwanderungen oder Migrationsprozesse,
die zu einer Polarisierung von Lebenslagen und Wohnmilieus führen
können. Als weiteres Beispiel für regionale Unterschiede zwischen den
einzelnen Bundesländern können regionale Benotungstraditionen genannt werden (Baumert et al., 2003).

2. Auf einer *mittleren regionalen Ebene* – wie der Kreis- oder Gemein-
   deebene – lassen sich u.a. regional ungleiche Angebote an Bildungseinrichtungen ausmachen. Neben der ungleichen Verteilung des Bildungsangebots und den damit einher gehenden Unterschieden in der
   Erreichbarkeit bestehen Unterschiede in den sozialräumlichen Bedingungen der Angebote. Diese beziehen sich z.B. auf die Sozialstruktur
   und die spezifische Ressourcenausstattung der Bevölkerung.

3. Auf einer *kleinräumigen* bzw. *einrichtungsbezogenen Ebene* zeigt sich,
   dass soziale Ungleichheit nicht nur aus der räumlichen Verteilung des
   Bildungsangebots resultiert, sondern auch von sozialräumlichen Unterschieden des Wohnviertels und der räumlichen Verteilung sozialer
   Gruppen abhängt. Diese Zusammenhänge lassen sich sowohl über
   kleinräumige sozialstatistische Daten als auch durch Untersuchungen
   zur Zusammensetzung der Kindergartenkinder und Schüler unterschiedlicher Einrichtungen analysieren.

Für die Vermittlungsprozesse sozialer Ungleichheit sind die mittlere, die
kleinräumige und die einrichtungsbezogene regionale Ebene von besonderem Interesse. Deshalb werden im Folgenden auf diesen Ebenen regionale Ungleichheiten des Bildungsangebots und ihre sozialräumlichen Bedingungen für verschiedene Bildungsbereiche dargestellt. Dabei wird der
Fokus auf die regionale Verteilung des Bildungsangebots und die Sozialstruktur der Bevölkerung gerichtet. Zudem werden lokale Milieus und ihre
spezifische Wirkung auf die Bildungsbeteiligung näher betrachtet.

2 Regionale Verteilung des Bildungsangebots und der Sozialstruktur der Bevölkerung

Regionale Unterschiede des Bildungsangebots – mit den damit einherge-
henden Möglichkeiten einer Teilhabe an Bildung – lassen sich heute in
allen Bildungsbereichen feststellen (Autorengruppe Bildungsberichterstattung, 2010):

Regionale
Unterschiede in allen
Bildungsbereichen

∘ Im *Vorschulbereich* gibt es beim Ausbau von Kinderkrippen große
  Unterschiede zwischen den ostdeutschen Ländern, in denen für 45%
  der Kinder unter drei Jahren Plätze zur Verfügung stehen und Westdeutschland, wo mit großen regionalen Unterschieden inzwischen nur
  für 15% der unter 3-jährigen Kinder Plätze verfügbar sind (vgl. Kap.

VII-2). Beim Kindergartenangebot fehlt es in West- im Vergleich zu Ostdeutschland vor allem an Ganztagsplätzen.

○ Das Angebot *weiterführender allgemeinbildender Schulen* ist insbesondere hinsichtlich der zum Abitur führenden Einrichtungen regional sehr unterschiedlich (vgl. Kap. V-2). In den letzten Jahren lässt sich auch ein regional unterschiedlich ausgeprägter „Trend zur Abwendung von der Hauptschule" (Ditton, 2004, S. 615; Autorengruppe Bildungsbericht, 2010) feststellen. Hinzu kommen erhebliche regionale Variationen hinsichtlich der Zahl der Schulabgänger ohne Hauptschulabschluss und der Abiturientenquote (Autorengruppe Bildungsbericht, 2010).

○ Das *Ausbildungsplatzangebot* variiert ebenfalls regional erheblich hinsichtlich der Bedarfsdeckung und der Struktur der Ausbildungsberufe.

○ Trotz einer regional gestreuten *Hochschullandschaft* (insbesondere durch das in der Fläche zunehmende Angebot an Fachhochschulen) ist das fachrichtungsspezifische Angebot regional sehr unterschiedlich ausgeprägt (vgl. Kap. VII-6).

○ Im *Weiterbildungsbereich* gestattet die unzureichende Datenlage keine generellen Aussagen. Das verfügbare Material gibt aber ebenfalls Hinweise auf regionale Angebotsunterschiede (Kuwan et al., 2006; Weishaupt & Böhm-Kasper, 2010; vgl. Kap. VII-8).

Insgesamt sind die ‚Gelegenheitsstrukturen' für die Teilnahme an Bildung regional höchst unterschiedlich, zumal sich Benachteiligungen über mehrere Bildungsbereiche fortsetzen.

Disparitätenthese

Von besonderem Interesse ist in diesem Zusammenhang, wie sich die regionale Verteilung der Sozialstruktur zur regionalen Verteilung des Bildungsangebots verhält. Ende der 1960er Jahre wurde zum ersten Mal von Soziologen die *Disparitätenthese* vertreten, welche besagt, dass neben dem System der sozialen Schichtung eine Disparität von Lebensbereichen bestehe, d.h. von regional unterschiedlichen Zugängen zu Angeboten öffentlicher Daseinsvorsorge. Dadurch entstehen Gruppen, die in regional unterschiedlichem Maße in den Bereichen öffentlicher Vorsorge (Bildung, Kultur, soziale Angebote, Verkehr, Gesundheit und Wohnen) Benachteiligungen in den sozialstaatlichen Leistungen ausgesetzt sind, die sie individuell nicht beheben können. Die Verfechter der Disparitätenthese gingen von der Vermutung aus, dass

> „im unteren Bereich der Einkommensskala [...] sich gleichsam die Effekte distributiver Benachteiligung und horizontaler Disparität [kumulieren]" (Bergmann et al., 1969, S. 85).

Regionale Verteilung von Schulformen

Daraus ergibt sich für das regionale Bildungsangebot die Frage, in welcher Weise seine Verteilung von der regionalen Sozialstruktur abhängig ist. Studien zu dieser Frage wurden in den letzten Jahrzehnten kaum durchgeführt, weil sich beispielsweise durch die rückläufige Schülerzahlenentwicklung das Schulangebot in Westdeutschland kaum verändert hat. Insofern haben die älteren Forschungsbefunde auch heute noch Gültigkeit. Danach bestehen große Unterschiede in der Ausstattung mit Gymnasialplätzen zwischen bürgerlichen Gebieten und Arbeitergebieten (in der gegenwärtigen Terminologie wird eher zwischen Vierteln der Mittel- und Oberschicht sowie denen der Unterschicht unterschieden; aber auch der Arbeiteranteil ist immer noch ein sehr guter Indikator zur Messung des sozialen Rangs von Stadtteilen (Strohmeier, 2002). Schon in den 1960er Jahren konnte Peisert (1967) zeigen, dass Gymnasien überwiegend in zentral gelegenen Mittelschicht-Wohnvierteln gelegen und Arbeiterkinder allein schon durch die Standortverteilung von Gymnasien benachteiligt waren. Auch in einer um 1980 durchgeführten Untersuchung in zwölf westdeutschen Städten waren die zentral gelegenen bürgerlichen Gebiete deutlich besser ausgestattet als peripher gelegene, während Arbeitergebiete stets sehr schlecht ausgestattet waren. Die Unterschiede in der Verteilung der Gymnasien in den Städten sind eine Folge von Standortentscheidungen bei der Gründung der Gymnasien um 1900. Die wenigen Schulneugründungen in den letzten Jahrzehnten konnten an dem überkommenen Verteilungsmuster nur wenig ändern (Göschel et al., 1980a).

Auch die Realschulen sind nur ausnahmsweise in Neubauvierteln der 1960er und 1970er Jahre gelegen. Sie befinden sich überwiegend in bürgerlichen Wohngebieten aus der Zeit vor und nach dem 1. Weltkrieg und in Mischgebieten aus den 1920er Jahren. In Neubauvierteln der 1950er Jahre fehlt fast ausnahmslos das Angebot sowohl des Gymnasiums als auch der Realschule (Göschel et al., 1980a). Gesamtschulen wurden in Nordrhein-Westfalen primär in Arbeitervierteln errichtet. Auch für Realschulen existiert ein Ausstattungsgefälle zwischen zentralen und peripheren Wohngebieten, jedoch weniger gravierend gegenüber dem von Gymnasien (Göschel et al., 1980a; Kuthe et al., 1979; ILS & ZEFIR, 2003).

Bezogen auf den Bereich der allgemeinen Weiterbildung ergab sich für Volkshochschulen im Stadt-Land-Vergleich eine Bevorzugung finanzkräftiger Städte und Landkreise. Auch die Vielfalt und Qualität der Berufsbildungsangebote ist in Dienstleistungszentren mit einer gehobenen Sozialstruktur besser als in Industriestädten und peripheren ländlichen Regionen mit einem vergleichsweise hohen Arbeiteranteil.

Untersuchungen zu den Einzugsbereichen weiterführender Schulen zeigen stets, dass die Schulen ihre Schüler überwiegend aus dem näheren Umfeld rekrutieren. Fehlen in den Gemeinden bzw. Wohnstadtteilen Gymnasien, besteht die Tendenz, die am verkehrsgünstigsten gelegenen Schulen zu wählen. Nur bei ungünstiger Erreichbarkeit aller Schulstandorte gibt es keine klare Orientierung der Schüler zu bestimmten Schulen.

Zu beachten sind die sozialgruppenspezifischen Unterschiede in der Bereitschaft von Eltern, weite Schulwege für ihr Kind in Kauf zu nehmen: Ohne gut erreichbares Angebot sinkt in niedrigeren sozialen Schichten deutlich die Bildungsbereitschaft, während bildungsbewusste Familien selbst bei ungünstigen Schulwegen für ihr Kind die gewünschte Schulform und die Schule mit dem favorisierten fachlichen Profil wählen (Clausen, 2006). Untersuchungen zur Nutzung öffentlicher Einrichtungen zeigen bei Arbeitern generell eine besonders stark ausgeprägte „Quartiersorientiertheit der Infrastrukturnutzung" (Göschel et al., 1980b, S. 198). Sowohl im

Sozialgruppen und Nutzungsverhalten

vorschulischen Bereich als auch bei einer freien Grundschulwahl wählen sozial Benachteiligte und Migranten häufiger als andere soziale Gruppen die nächstgelegene Einrichtung (Becker, 2007; Riedel et al., 2010). Kristen (2005) konnte zeigen, dass ausländischen Eltern häufig die Wahloptionen bei Schulbeginn nicht bewusst sind. Andere soziale Gruppen sind in ihrem Nutzungsverhalten zwar vom Angebot beeinflusst, verzichten aber nicht in gleichem Maße wie untere Sozialgruppen auf die Nutzung öffentlicher Einrichtungen, wenn sie nicht im Nahbereich liegen (Friedrichs, 1990).

▷ **Merksatz**

Insgesamt kann festgehalten werden, dass soziale Benachteiligung und ungleiche Versorgung für die unteren Sozialgruppen weniger eng empirisch verknüpft sind als dies theoretisch postuliert wurde. Allerdings liegen gerade die prestigeträchtigen Gymnasien überwiegend in Wohngebieten der Mittel- oder Oberschicht.

Zu den Ausstattungsdisparitäten kommt erschwerend hinzu, dass untere Sozialgruppen in ihrem Nutzungsverhalten öffentlicher Einrichtungen besonders quartierbezogen sind und ein fehlendes Angebot für sie eher entscheidungsrelevant wird als für obere soziale Gruppen. Nicht zuletzt kommen neben den sozialen Barrieren, die mit dem Besuch einer Bildungseinrichtung in einem ‚gehobeneren‘ Wohnviertel verbunden sind, die relativ höheren finanziellen Belastungen hinzu, die bei der Nutzung entfernt gelegener Bildungseinrichtungen entstehen.

3   Lokale Milieus und Bildungsbeteiligung

Der Zusammenhang zwischen regionaler Sozialstruktur und Bildungsbeteiligung wurde seit den 1970er Jahren zunehmend hinsichtlich seiner sozialräumlichen Einbettung untersucht. Soziale Milieus resultieren aus sozio-ökonomischen, demografischen, kulturellen und sozialräumlichen Polarisierungen (Schroeder, 2002). Die hieraus resultierenden Effekte bieten den Menschen spezifische Opportunitäten, Identifikation und Orientierung und können sozialräumlich bedingt sein (Esser, 1999). Lokale Milieus werden beeinflusst durch kontextgebundene Bedingungen der sozialen Lage, durch innerfamiliale Bedingungen und die durch Nachbarschaftsbeziehungen gegebenen familialen Umgebungsbedingungen.

Wohnviertel und Bildungsaspirationen   Radtke (2004) verweist auf die Rolle von Defiziten in Wohngebieten mit Blick auf die Wohn- und Lernumgebung. Als Beispiel für mögliche wohnungsbedingte Effekte werden von Kampshoff (2005, S. 218) „anregungsarme Wohnviertel" angeführt, die durch materielle Armut geprägt seien und sich defizitär auf Sozialisation und Bildungsaspiration der Schulkinder auswirkten. Nach Boos-Nünning (2005) können sozialräumliche Defizite für eine soziale und damit einhergehende Bildungsbenachteiligung sorgen, die durch eine Kumulation umweltbedingter und sozialer Probleme verursacht sei.

Zusammenhänge zwischen sozialräumlichen Umgebungsbedingungen und dem Bildungsverhalten sind nur interpretierbar, wenn sinnvolle Annahmen über den Wirkungszusammenhang bestehen. Meist wird als sozialpsychologische Hypothese formuliert, dass mit den erfassten Merkmalen bestimmte Interaktionsformen verbunden sind, die die Bildungsentscheidung in der beobachtbaren Weise beeinflussen.

Empirisch konnten sozialräumliche Einflussfaktoren auf die Bildungsentscheidungen festgestellt werden. Empfehlungen der Grundschullehrer für das Gymnasium sind von der Sozialstruktur des Einzugsgebiets der Grundschule mit beeinflusst. Insgesamt sind Unterschiede in der Aufnahme-, Versetzungs- und Empfehlungspraxis einzelner Schulen zwischen Quartieren erkennbar (Schulz, 2000; Radtke, 2004; Ditton, 2007). Schließlich fanden sich in unterschiedlichen sozialen Kontexten Unterschiede in der Absicht von Gymnasiasten des 10. Schuljahres, das Gymnasium bis zum Abitur zu besuchen und ein Studium aufzunehmen – unabhängig von der Sozialgruppe, aus der die Schüler kamen. Bei der Befragung der Eltern von Kindergartenkindern nach ihren Bildungsaspirationen ergaben sich ebenfalls Abweichungen in den Ergebnissen für gleiche soziale Gruppen zwischen unterschiedlichen sozialräumlichen Kontexten.

Sozialraum und Bildungsentscheidungen

Lange Zeit war unklar, ob sich ein eigenständiger (zusätzlicher) Effekt durch lokale Milieus auf die Bildungsbeteiligung zeigt, oder ob die Bildungsbeteiligung ausschließlich durch die individuellen sozialen Lagen bedingt ist. Eine Studie von Baumert et al. (2005) konnte erstmals erfassen, dass etwa 3% der Leistungsvariation in Mathematik zwischen Schulen auf Kontexteffekte zurückgeführt werden können, die deshalb praktisch und politisch nicht unbedeutend sind. Als erklärungswirksame Effekte erwiesen sich die Variablen regionale Arbeitslosenquote, Quote der Sozialhilfeempfänger und der Anteil an Schulabgängern mit Hochschulreife. Die Autoren stellen jedoch fest:

> „Über welche Vermittlungsprozesse sich diese Regionalstrukturmerkmale auf den individuellen Kompetenzerwerb in Schulen auswirken ist offen und ungeklärt" (Baumert et al., 2005, S. 360).

Milieubeschreibungen führen auch zur Analyse von schulischen Sozialisations- und Selektionsprozessen und damit zu einem vertieften Verständnis von innerschulischen Vermittlungsmechanismen sozialer Ungleichheit. Beschrieben werden kann die Beeinflussung des gesamten schulischen Lernprozesses – und nicht nur der Übergangsentscheidung zur weiterführenden Schule – durch die Auswirkungen unterschiedlicher sozialer Milieus der Einzugsbereiche auf innerschulische Entscheidungen. Für den Übergang auf weiterführende Schulen gibt es Hinweise, dass das „gemeinsame Schicksal" (Esser, 1988, S. 47) der Schüler über den Lehrer der Klasse bzw. bestimmte Zuweisungsstrategien der Lehrer einer Schule von Bedeutung sind und diese Zuweisungsstrategien eine langfristige Stabilität aufweisen (Hauf, 2007).

Schule und soziales Milieu

Drei schulische
Lernmilieus

Erst die Ergebnisse der Schulleistungsstudien und Lernstandserhebungen der letzten Jahre erlauben es, Zusammenhänge zwischen regionalen sozialstrukturellen Bedingungen, innerschulischen Lernbedingungen und schulischen Leistungen zu analysieren. Baumert et al. (2006) unterschieden bei Haupt- und Realschulen drei Standorttypen: Modalform, schwieriges Milieu und günstiges Milieu. Für Schulen des Standorttyps ‚schwieriges Milieu‘, lässt sich eine „Kumulation von Risiko- und Belastungsfaktoren" (Baumert et al., 2006, S. 160) konstatieren, wie z.b. häufige Klassenwiederholungen, eine nichtdeutsche Familiensprache oder ein hoher Anteil von Schülern mit Eltern ohne abgeschlossene Berufsausbildung. Schüler dieser Schulen haben eine sehr geringe Lesekompetenz. In Schulen mit schwierigem Milieu herrschen folglich soziale Zusammensetzungen „die außerordentlich schädliche Auswirkungen auf die Leistungsentwicklung von Jugendlichen haben" (Baumert et al., 2006, S. 171). Die Risiko- und Belastungsfaktoren fallen demgegenüber für Schulen der Modalform durchschnittlich und für Schulen im günstigen Milieu unterdurchschnittlich aus.

Die drei unterschiedenen schulischen Lernmilieus sind zwischen den Bundesländern ungleich verteilt und weisen charakteristische Unterschiede in den lokalen Kontextbedingungen auf. Meist sind es Schulen in Regionen mit niedrigen Besuchsquoten der Hauptschule (neben einem gut ausgebauten Gesamtschulangebot) und einem hohen Anteil Nicht-Deutscher. Insofern gelingt es zunehmend, die Vermittlungsmechanismen zwischen sozialer Segregation und institutioneller Diskriminierung zu analysieren. Bezogen auf die Vermittlungsprozesse ist insbesondere zu klären, in welchem Maße bereits negative Erfolgserwartungen der Lehrkräfte und damit verbundene geringere Leistungsansprüche zu diesen Befunden beitragen.

4   Fazit

Regional
unterschiedliche
Gelegenheits-
strukturen

Trotz des gesellschaftlichen Anspruchs, über ein gut ausgebautes Bildungsangebot allen Bürgern gleichwertige Bildungsmöglichkeiten zu bieten, lassen sich regional unterschiedliche ‚Gelegenheitsstrukturen‘ für die Nutzung von Bildungsangeboten nicht vermeiden. In diesem Beitrag interessierte die Frage, ob diese Disparitäten die verschiedenen sozialen Gruppen unterschiedlich stark betreffen. Bezogen auf die Verteilung der Bildungsangebote zeigte sich insbesondere für Gymnasien die Tendenz, dass diese überwiegend in (ehemaligen) Wohngebieten der Mittel- und Oberschicht angeboten werden, während bspw. Gesamtschulen vorwiegend in Wohnvierteln der Unterschicht errichtet wurden. Neben der sozialen Distanz erschwert auch häufig die räumliche Distanz unteren Sozialgruppen, ihre Kinder Gymnasien besuchen zu lassen, zumal diese in ihrem räumlichen Verhalten stark lokal orientiert sind. Wenn untere Sozialgruppen stark in sozialräumliche Milieus eingebunden sind, dann verfestigen sich Bildungsbenachteiligungen durch die in den Wohngebieten aufgefundenen schulischen Milieus über Mechanismen institutioneller Diskriminierung. Die Schulforschung sollte mögliche kumulativen Benachteiligungen durch eine individuell benachteiligte soziale Lage, die soziale Benachteiligung des Wohnviertels und eine sozial und leistungsmäßig ausgelesene Schülerschaft der besuchten Schule noch mehr Aufmerksamkeit schenken.

▷ **Weiterführende Literatur**

Ditton, H. (2004). Schule und sozial-regionale Ungleichheit. In W. Helsper & J. Böhme (Hrsg.), Handbuch der Schulforschung (S. 605-624). Wiesbaden: VS Verlag.

Konsortium Bildungsberichterstattung (Hrsg.). (2006). Bildung in Deutschland. Ein indikatorengestützter Bericht mit einer Analyse zu Bildung und Migration. Bielefeld: Bertelsmann.

Weishaupt, H. (2009). Bildung und Region. In R. Tippelt & B. Schmidt (Hrsg.), Handbuch Bildungsforschung (S. 217-231). Wiesbaden: VS Verlag.

Literaturverzeichnis

Autorengruppe Bildungsberichterstattung (Hrsg.). (2008). Bildung in Deutschland 2008. Ein indikatorengestützter Bericht mit einer Analyse zu Übergängen im Anschluss an den Sekundarbereich I. Bielefeld: Bertelsmann.

Autorengruppe Bildungsberichterstattung (Hrsg.). (2010). Bildung in Deutschland 2010. Ein indikatorengestützter Bericht mit einer Analyse zu Perspektiven des Bildungswesens im demografischen Wandel. Bielefeld: Bertelsmann.

Baumert, J., Carstensen, C.H. & Siegle, T. (2005). Wirtschaftliche, soziale und kulturelle Lebensverhältnisse und regionale Disparitäten des Kompetenzerwerbs. In M. Prenzel (Hrsg.), PISA 2003. Der zweite Vergleich der Länder in Deutschland – Was wissen und können Jugendliche? (S. 323-365). Münster: Waxmann.

Baumert, J., Stanat, P. & Watermann, R. (2006). Schulstruktur und die Entstehung differenzieller Lern- und Entwicklungsmilieus. In J. Baumert, P. Stanat & R. Watermann (Hrsg.), Herkunftsbedingte Disparitäten im Bildungswesen (S. 95-188). Wiesbaden: VS Verlag.

Baumert, J., Trautwein, U. & Artelt, C. (2003). Schulumwelten – institutionelle Bedingungen des Lehrens und Lernens. In J. Baumert (Hrsg.), PISA 2000. Ein differenzierter Blick auf die Länder der Bundesrepublik Deutschland (S. 261-331). Opladen: Leske + Budrich.

Becker, B. (2007). Bedingungen der Wahl vorschulischer Einrichtungen unter besonderer Berücksichtigung ethnischer Unterschiede (Arbeitspapiere Nr. 101), Mannheim: Mannheimer Zentrum für Europäische Sozialforschung.

Bergmann, J., Brandt, G., Körber, K., Mohl, E.T. & Offe, C. (1969). Herrschaft, Klassenverhältnis und Schichtung. In T. W. Adorno (Hrsg.), Spätkapitalismus oder Industriegesellschaft? Verhandlungen des 16. Deutschen Soziologentages (S. 67-87). Stuttgart: Enke.

Boos-Nünning, U. (2005). Kinder und Jugendliche mit Migrationshintergrund: Armut und soziale Deprivation. In M. Zander (Hrsg.), Kinderarmut. Einführendes Handbuch für Forschung und soziale Praxis (S. 161-180). Wiesbaden: VS Verlag.

Bourdieu, P. (1991). Physischer, sozialer und angeeigneter physischer Raum. In M. Wentz (Hrsg.), Stadt-Räume. Die Zukunft des Städtischen (S. 25-34). Frankfurter Beiträge, Band 2. Frankfurt am Main: Campus.

Clausen, M. (2006). Warum wählen Sie genau diese Schule? Eine inhaltsanalytische Untersuchung der Begründung der Wahl der Einzelschule innerhalb eines Bildungsgangs. Zeitschrift für Pädagogik, 52, 69-90.

Ditton, H. (2007). Schulwahlentscheidungen unter sozial-regionalen Bedingungen. In O. Böhm-Kasper, C. Schuchart & U. Schulzeck (Hrsg.), Kontexte von Bildung. Erweiterte Perspektiven in der Bildungsforschung (S. 21-38). Münster: Waxmann.

Esser, H. (1988). Sozialökologische Stadtforschung und Mehr-Ebenen-Analyse. In J. Friedrichs (Hrsg.), Soziologische Stadtforschung. Kölner Zeitschrift für Soziologie und Sozialpsychologie, Sonderheft 29 (S. 35-55). Opladen: Westdeutscher Verlag.

Esser, H. (1999). Soziologie. Spezielle Grundlagen. Band 1: Situationslogik und Handeln. Frankfurt am Main: Campus.

European Commission (2008). Commission Staff Working Document. Progress towards the Lisbon objectives in education and training. Indicators and benchmarks 2008. Luxembourg: Office for Official Publications of the European Communities.

Friedrichs, J. (1990). Aktionsräume von Stadtbewohnern verschiedener Lebensphasen. In L. Bertels & U. Herlyn (Hrsg.), Lebenslauf und Raumerfahrung (S. 161-178). Opladen: Leske + Budrich.

Göschel, A., Herlyn, U., Krämer, J., Schardt, Th. & Wendt, G. (1980a). Verteilung sozialer Infrastruktureinrichtungen und Segregation der Stadtbevölkerung. In U. Herlyn (Hrsg.), Großstadtstrukturen und ungleiche Lebensbedingungen in der Bundesrepublik (S. 24-92). Frankfurt am Main: Campus.

Göschel, A., Herlyn, U., Krämer, J., Schardt, T. & Wendt, G. (1980b). Zum Gebrauch von sozialer Infrastruktur im städtebaulichen und sozialen Kontext. In U. Herlyn (Hrsg.), Großstadtstrukturen und ungleiche Lebensbedingungen in der Bundesrepublik (S. 129-201). Frankfurt am Main: Campus.

Häussermann, H. & Siebel, W. (2004). Stadtsoziologie. Eine Einführung. Frankfurt am Main: Campus.

Hauf, T. (2007). Innerstädtische Bildungsdisparitäten an der Übergangsschwelle von den Grundschulen zum Sekundarschulsystem. Zeitschrift für Pädagogik, 53, 299-313.

ILS NRW & ZEFIR (Hrsg.) (2003). Sozialraumanalyse. Soziale, ethnische und demografische Segregation in den nordrhein-westfälischen Städten. Gutachten für die Enquetekommission ‚Zukunft der Städte in NRW' des Landtags Nordrhein-Westfalen. Dortmund.

Kampshoff, M. (2005). Armutsprävention im Bildungsbereich. Ansatzpunkte für Chancengleichheit. In M. Zander (Hrsg.), Kinderarmut. Einführendes Handbuch für Forschung und soziale Praxis (S. 216-234). Wiesbaden: VS Verlag.

Kristen, C. (2005). School choice and ethnic school segregation. Primary school selection in Germany. Münster: Waxmann.

Kuthe, M., Bargel, T., Nagl, W. & Reinhardt, K. (1979). Siedlungsstruktur und Schulstandort. Sozialräumliche Gliederung der Städte mit Gesamtschulen in Nordrhein-Westfalen. Paderborn: Schoeningh.

Kuwan, H., Bilger, F., Gnahs, D. & Seidel, S. (2006). Berichtssystem Weiterbildung IX. Integrierter Gesamtbericht zur Weiterbildungssituation in Deutschland. Bonn: BMBF.

Löw, M. (2003). Einführung in die Soziologie der Bildung und Erziehung. Opladen: Leske + Budrich.

OECD (2009). Bildung auf einen Blick – OECD-Indikatoren 2009. Paris: OECD.

Peisert, H. (1967). Soziale Lage und Bildungschancen in Deutschland. Studien zur Soziologie, Bd. 7. München: Piper.

Radtke, F.-O. (2004). Die Illusion der meritokratischen Schule. Lokale Konstellationen der Produktion von Ungleichheit im Erziehungssystem. In K. J. Bade & M. Bommes (Hrsg.), Migration – Integration – Bildung. Grundfragen und Problembereiche (S. 143-178). Osnabrück: IMIS.

Riedel, A., Schneider, K., Schuchart, C. & Weishaupt. H. (2010). School choice in German Primary Schools: How binding are school districts? Journal for Educational Research Online, 2, 94-120.

Schroeder, J. (2002). Bildung im geteilten Raum. Schulentwicklung unter Bedingungen von Einwanderung und Verarmung. Münster: Waxmann.

Schulz, A. (2000). Grundschule und soziale Ungleichheiten. Bildungsperspektiven in großstädtischen Regionen. Die Deutsche Schule, 92, 464-479.

Statistische Ämter des Bundes und der Länder (2008). Internationale Bildungsindikatoren im Ländervergleich. Wiesbaden: Statistisches Bundesamt.

Strohmeier, K. P. (2002). Bevölkerungsentwicklung und Sozialraumstruktur im Ruhrgebiet. Reihe Demografischer Wandel der Projekt Ruhr GmbH, Essen.

Weishaupt, H. & Böhm-Kasper, O. (2010). Weiterbildung in regionaler Differenzierung. In R. Tippelt & A. v. Hippel, (Hrsg.), Handbuch Erwachsenenbildung/Weiterbildung (S. 789-799). Wiesbaden: VS Verlag.

Heinz Reinders, Cornelia Gräsel & Hartmut Ditton

Praxisbezug Empirischer Bildungsforschung

▷ **Zusammenfassung**

Empirische Bildungsforschung weist in variierendem Maße einen Bezug zur Bildungspraxis auf. Der Beitrag führt in wesentliche Bereiche des Praxisbezugs ein und diskutiert die Möglichkeiten und Grenzen Empirischer Bildungsforschung hinsichtlich der Umsetzbarkeit von Erkenntnissen in die pädagogische Praxis.

1 Einleitung

Empirische Bildungsforschung wird mit dem Anspruch verbunden, Bildungs- und Lernprozesse in ihren Grundlagen und Anwendungen zu erforschen (vgl. Kap. I). Klassischerweise wird in der Wissenschaftstheorie zwischen Grundlagenstudien und jener Forschung unterschieden, die auf eine Anwendung der erzielten Erkenntnisse in der Praxis ausgerichtet ist. Diese beiden Dimensionen werden von Stokes (1997) miteinander zu einer Typologie von Forschungskonzeptionen verknüpft.

		Praxisnutzen	
		Nein	Ja
Erkenntnis	Ja	**Typ I** Reine Grundlagenforschung	**Typ III** Nutzenorientierte Grundlagenforschung
	Nein	**Typ IV** ---	**Typ II** Reine Anwendungsforschung

Abbildung 1: Typologie verschiedener Forschungskonzeptionen
(Stokes, 1997)

Die *reine Grundlagenforschung* (Typ I) berücksichtigt keine Umsetzung der Erkenntnis in der Praxis, sie entspricht dem Ideal ‚reiner' Erkenntnis. Studien, die sich mit dem Zusammenhang von Wertvorstellungen Jugendlicher und deren Lernerfolg befassen (Dietz et al., 2007), haben beispielsweise nicht den Anspruch, aus ihren Erkenntnissen Praxiskonzepte zu entwickeln. Es geht vielmehr darum, eine allgemeine Theorie auf ihre Gültigkeit hin zu prüfen.

Forschung vom Typ II stellt die *reine Anwendungsforschung* dar. Die Entwicklung eines Tests zur Ermittlung des Leseverständnisses hat beispielsweise zum Ziel, ein direkt in der Praxis einsetzbares Diagnoseinstrument bereit zu stellen (Lenhard & Schneider, 2009). Auch Studien, bei denen eine konkrete pädagogische Maßnahme evaluiert und Empfehlungen zur Verbesserung dieser konkreten Praxis gegeben wird, gehören in den Bereich der Anwendungsforschung (Klie et al., 2007).

▷ **Definition**

Reine Anwendungsforschung hat einen konkreten Nutzen für die pädagogische Praxis im Blickfeld und konzentriert sich bei der Durchführung von Studien auf den Praxiswert.

Typ III bezeichnet Stokes (1997) als *nutzenbasierte Grundlagenforschung*, die gleichzeitig den theoretischen Erkenntnisstand wie die Umsetzung dieses Wissens in der Praxis anstrebt. In der Bildungsforschung ist diese nutzenbasierte Grundlagenforschung weit verbreitet, beispielsweise bei der Entwicklung von Lernumgebungen oder Trainings (Fischer, Waibel & Wecker, 2005).

Inhaltliche Schwerpunkte Die beiden Formen von Forschung, die die Praxisanwendung im Blick haben, also reine Anwendungsforschung und nutzenorientierte Grundlagenforschung, werden im Folgenden vier inhaltlichen Schwerpunkten zugeordnet. Diese vier Bereiche sind die Schulevaluations- und Institutionenforschung, die Interventions- sowie die Transferforschung und schließlich die Beratung von Politik und Bildungsadministration.

2   Schulevaluation und Institutionenforschung

Evaluationen von Schulen oder anderen pädagogischen Institutionen wurden bereits vor PISA und anderen internationalen Leistungsvergleichen durchgeführt. Sie widmeten sich beispielsweise dem Vergleich von Gesamtschulen mit dem dreigliedrigen Schulsystem (Fend, 1982). Ähnlich dem ‚Sputnik-Schock' der 1950er Jahre in den USA haben die Ergebnisse der ersten TIMS- und PISA-Studie dazu geführt, diese Form der Anwendungsforschung in Deutschland deutlich zu intensivieren. Innerhalb der Schulevaluations- und Institutionenforschung lassen sich in der letzten Dekade drei Varianten entdecken. Dies sind (1) Schulevaluationen von Seiten der Bildungsadministration in Form von Schulinspektionen, (2) Schulevaluationen von wissenschaftlicher Seite und (3) schließlich die Evaluation außerschulischer Bildungsmaßnahmen.

2.1   Schulinspektionen

Schulinspektionen sind in den diversen Bundesländern zentral koordinier- Ziele schulbezogener
te und dezentral angesiedelte Aufsichtsbehörden. Ihnen obliegt neben der Evaluationen
Funktion der Überwachung der Einhaltung von Rechts- und Umsetzungs-
vorschriften auch die Betrachtung der Qualität von Bildungsprozessen in
den Schulen. Diese letztgenannte Funktion ist in den vergangenen Jahren
zunehmend in den Mittelpunkt gerückt. Dies äußert sich u.a. darin, dass in
den meisten Bundesländern mittlerweile externe Evaluationen jeder einzelnen Schule festgelegt sind, die in schulbezogenen Evaluationsberichten
ihren Ausdruck finden. Als Ziel solcher schulbezogenen Evaluationen formuliert zum Beispiel das Landesinstitut für Schulentwicklung in Baden-
Württemberg:

> „Die erweiterte Eigenständigkeit der allgemein bildenden Schulen in Baden-Württemberg
> führt zu einer größeren Qualitätsverantwortung der Einzelschule. In diesem Zusammenhang
> ist eine Rückmeldung über Stärken und Verbesserungsbereiche sinnvoll, damit die Schu-
> le spezifische Maßnahmen zur weiteren Qualitätsentwicklung ergreifen kann. (...) Auftrag
> und Aufgabe der Fremdevaluation ist es, die schulische Qualitätssicherung und Qualitäts-
> entwicklung zu fördern und den Schulen durch den professionellen Blick von außen eine
> differenzierte Rückmeldung zu geben sowie Empfehlungen für die weitere Arbeit vor Ort
> zu formulieren." (Landesinstitut für Schulentwicklung Baden-Württemberg, 2009)

▷ **Merksatz**

Zielsetzung von Schulevaluationen seitens der Bildungsadministration ist es, der Umsetzung von Maßnahmen der Qualitätsentwicklung
(Schulprofil, Lehr-Lern-Qualität) in jeder einzelnen Schule großes Gewicht beizumessen und die Fremdevaluation explizit praxisrelevant zu
konzipieren.

Die Konzeption solcher Schulevaluationen ist in der Regel sehr ähnlich. Konzeptionen von
Ein ausgebildetes Team von Evaluatoren betrachtet vor Ort nach vorgege- Schulevaluationen
benen Kriterien den Schulalltag in seinen verschiedenen Facetten. Wenn-
gleich zwischen den verschiedenen Bundesländern Unterschiede in diesen
Kriterien bestehen, lassen sie sich im Kern auf die folgenden fünf Bereiche
(Beispiele in Klammern) zurückführen:

○ Unterrichtsqualität (Lehrangebote, Lernklima)

○ Professionalität der Lehrkräfte (didaktische und Fachkompetenz, Kooperation)

○ Schulführung und Schulmanagement (Kommunikation, Verwaltungs-
   abläufe)

○ Innerschulische und außerschulische Partnerschaften (Kooperation mit
   Vereinen)

○ Qualitätssicherung und -entwicklung (Schulprofil, Selbstevaluation)

Vorteile dieser Form der Anwendungsforschung sind u.a. die flächendeckende Betrachtung von Umsetzungen in einzelnen Schulen und die Ver-

wendung von wissenschaftlich zumeist abgesicherten Bewertungskriterien (bspw. das ‚MACRO'-Modell; Stringfield, 1994). Auch ermöglichen diese Evaluationen im Gegensatz zu flächendeckenden Leistungstests (vgl. Kap. V-4), die Kontextmerkmale einzelner Schulen (etwa soziale Komposition der Schülerschaft) zu berücksichtigen (vgl. Kap. VII-4).

Für die Akzeptanz dieser Evaluationen kann abträglich sein, wenn eine Verknüpfung der Funktionen von Schulinspektionen mit der Rechts- und Qualitätsaufsicht besteht. Auch ist es nicht einfach, bei diesen Evaluationen die Qualifikation der Evaluatoren auf hohem Niveau sicher zu stellen.

2.2   Wissenschaftliche Begleitstudien

Voraussetzungen, Prozesse oder Ergebnisse von Maßnahmen

Evaluations- oder Begleitstudien von wissenschaftlicher Seite besitzen nicht die Funktion einer Kontrolle, sondern zielen in der Regel darauf ab, die Voraussetzungen, Prozesse oder Ergebnisse einer Bildungsmaßnahme zu betrachten (vgl. Kap. IV). Es handelt sich meist um Auftragsstudien, bei denen eine einzelne Bildungseinrichtung oder eine Organisation eine externe Evaluation vergibt, um die Umsetzungsqualität einer Maßnahme zu betrachten. Durchgeführt werden die Begleitstudien von Forschenden an Universitäten, Hochschulen oder außeruniversitären Forschungsinstituten.

▷ **Merksatz**

Die Befunde wissenschaftlicher Begleitstudien sollen dazu dienen, Stärken einer Maßnahme zu identifizieren, auszubauen und Optimierungsmöglichkeiten für einen besseren Bildungserfolg aufzuzeigen.

Ein Beispiel für eine schulbezogene Begleitstudie ist die Evaluation von Hochbegabtenklassen an einem bayerischen Gymnasium (Stumpf & Schneider, 2008). Hier wird betrachtet, welche Möglichkeiten der Begabungsentfaltung spezielle Klassen für hochbegabte Schüler im Vergleich zu Klassen ermöglichen, in denen hoch- und nicht-hochbegabte Schüler gemeinsam lernen. Hierbei wird eine einzelne Schule in den Blick genommen und anhand der Ergebnisse der Studie beraten. Begleitstudien können sich auch über verschiedene Einzelschulen erstrecken, wenn eine neue Maßnahme eine Mehrzahl von Schulen einschließt. Beispiele dafür sind die Evaluationen im Rahmen des Modellprojekts zur Steigerung der Effizienz des mathematisch-naturwissenschaftlichen Unterrichts (SINUS) oder die Studie zur Entwicklung von Ganztagsschulen in Deutschland (STEG).

Ein Beispiel: Evaluation des Mannheimer Unterstützungssystems Schule (MAUSeval)

Die Stadt Mannheim hat im Jahr 2008 ein Programm aufgelegt, bei dem eine Auswahl an Schulen zusätzliche pädagogische Unterstützung erhält. Diese sieht vor, dass jeder Schule eine bestimmte Zahl an Förderstunden durch Förderkräfte anderer Bildungsinstitutionen (z.B. Musikschule, Aben-

dakademie) bewilligt wird. Die Schulen können selbst das thematische Angebot bestimmen und entsprechend Förderkräfte von den Bildungspartnern
anfordern. Mit dieser Maßnahme wird bezweckt, die Förderung bildungs-
schwacher Schüler zu intensivieren, Klassenwiederholungsraten sowie
Schulabbrüche zu minimieren und Empfehlungen in die Sekundarstufe I
im mittleren Niveau zu erhöhen.

Die Aufgabe der Begleitstudie ist, die Voraussetzungen zu prüfen, die   Ziele der
die Schulen selbst und die Bildungspartner für das Projekt einbringen, die   Begleitstudie
Erwartungen der beteiligten Akteure (Schulleitung, Lehrer, Schüler) zu bestimmen, die Qualität der Umsetzung der Förderstunden zu erfassen und
das Erreichen der mit dem Projekt verbundenen Ziele zu bewerten. Das
Design der Evaluation sieht also vor, den Input, den Prozess und den Output zu betrachten und dabei durch entsprechende Methoden die Sichtweise
der verschiedenen Akteure zu erfassen.

Die Stärken einer solchen formativen Evaluation liegen darin, recht zeit-   Stärken und
nah Rückmeldungen über den Umsetzungsstand der Maßnahme geben zu   Schwächen
können. Auch ermöglicht die Methodenkombination und die Befragung
verschiedener Akteursgruppen ein differenziertes Bild. Große Herausforderungen ergeben sich bei der Bewertung, inwieweit die anvisierten Ziele
erreicht werden. Effekte bei den Schülern (höhere Lernmotivation, bessere
Schulleistungen etc.) lassen sich kaum kausal auf die Maßnahme selbst zurückführen. Schüler können unabhängig von Förderstunden ihre Lernfreu-
de wieder entdeckt haben oder durch Fachlehrerwechsel neue Motivation
schöpfen. Hinzu kommen verschiedene Voraussetzungen der Schule wie
Komposition der Schülerschaft, personelle und materielle Ausstattung etc.

> **Merksatz**
>
> Das Beispiel ‚MAUSeval' zeigt auf, dass schulbezogene Begleitstudi-
> en mehrere Schulen umfassen können und verdeutlicht gleichzeitig die
> Grenzen von Evaluationen, Wirkungen einer Maßnahme ursächlich
> auf die Maßnahme selbst zurückzuführen. Effekte der Eingangsvor-
> aussetzungen von Schülern lassen sich häufig nur schwer von Effek-
> ten, die durch die Maßnahme erzielt werden, unterscheiden.

Selbst wissenschaftliche Studien mit dem Anspruch eines Kausalnach-
weises, insbesondere Feldexperimente (vgl. Kap. III-4) stehen vor großen
Herausforderungen und ermöglichen nicht immer eindeutige Aussagen zur
Wirksamkeit einer Bildungsmaßnahme. Gleichzeitig können schulische
Maßnahmen, wenn die Betrachtung ihrer Umsetzungsqualität ausbleibt,
nicht in ihrem entwicklungsförderlichen Gehalt bestimmt werden.

2.3   Evaluationen außerschulischer Maßnahmen

Evaluationen durch Bildungsbehörden und wissenschaftliche Begleitstudi-
en an Schulen beziehen sich konkret auf diese Bildungsinstitution. Davon

zu unterscheiden sind Begleitstudien von Maßnahmen, die außerhalb von Bildungseinrichtungen durchgeführt werden. Dies können Sommerakademien (Heller & Neber, 1993) oder regelmäßige Projekt-AGs für Hochbegabte (Reinders & Sieler, 2008) ebenso sein wie die Begleitung von Ehrenamts-Projekten (Klie et al., 2007) oder die Evaluation eines Programms gegen Rechtsextremismus bei Jugendlichen (www.dji.de/vielfalt). Ebenso gehören Evaluationen an Hochschulen und in der Weiterbildung in den Bereich der außerschulischen Evaluationen (vgl. Kap. VII-6 bis VII-8).

▷ **Merksatz**

Evaluationen im außerschulischen Bereich betrachten in der Regel Projekte oder Programme von Einrichtungen der Kinder- und Jugendhilfe, der Weiterbildung, Begleitforschung an Hochschulen und Lernen im Alter von öffentlichen sowie privat finanzierten Maßnahmen, die nicht in den schulischen Pflichtbereich fallen.

Untersuchungs-
gegenstände

Auch hier kann unterschieden werden zwischen Evaluationen einzelner Institutionen und einer Programmevaluation, an der mehrere Einrichtungen beteiligt sind. Die betrachteten Untersuchungsgegenstände variieren in diesem Bereich deutlich stärker als im Schulkontext. Im schulischen Bereich werden häufig der Lernerfolg oder lernerfolgsrelevante Kriterien für die Wirkung einer Maßnahme erfasst. Im außerschulischen Bereich kann Lernförderung (etwa in Sommerakademien) Gegenstand der Evaluation sein, aber darüber hinaus gibt es noch andere zu untersuchende Variablen: Veränderung demokratischer Werte bei Jugendlichen, Erreichbarkeit bildungsferner Schichten für ehrenamtliches Engagement oder Akzeptanz eines lokalen Angebots für Jugendliche gehören zu den häufigen Untersuchungsgegenständen der außerschulischen Jugendbildung. In der Weiterbildung und an den Hochschulen beziehen sich Evaluationen häufig auf die (von den Adressaten wahrgenommene) Qualität der Bildungsangebote.

Mit der Zahl möglicher Bildungseinrichtungen (Jugendzentren, karitative Organisationen, politische Bildungseinrichtungen, Träger der Weiterbildung etc.) steigt die Komplexität dieses Praxisfeldes der Bildungsforschung. Gleichzeitig verfügt dieser Zweig über noch weniger belastbare bzw. ‚harte' Erfolgsindikatoren (bspw. Wissens- und Kompetenztests) für Maßnahmen als die schulbezogenen Studien. Unter anderem aus diesem Grund sind solche Begleitstudien häufig eher auf die Prozessqualität in engem Austausch mit der pädagogischen Praxis ausgerichtet.

3   Interventionsforschung

Der Begriff der Interventionsforschung kennzeichnet nicht deutlich genug die Abgrenzung zu den in Abschnitt 2 genannten Praxisfeldern. Im Kern meint der Terminus die Erforschung von Wirkungen einer wissenschaftlich geplanten Intervention; diese Forschung ist häufig der nutzenorientierten Grundlagenforschung zuzuordnen. In diesem Sinne würde das Mannheimer Unterstützungssystem oder ein Ausstiegsprogramm ‚Rechtsextremismus' ebenfalls eine Intervention darstellen.

Am ehesten lässt sich daher Interventions- von Evaluationsforschung durch drei Merkmale unterscheiden, die in der Praxis jedoch nur schwer abzugrenzen sind (Bortz & Döring, 2006, S. 102):

Merkmale der Interventionsforschung

- ∘ Interventionsforschung setzt die Entwicklung einer Maßnahme *auf Basis einer entwickelten Theorie* voraus. Diese Bedingung gilt nicht für jede pädagogische Maßnahme. Primär erkennt man eine theoretische Fundierung daran, ob eine Maßnahme von wissenschaftlicher oder von der in der Regel weniger theoretisch orientierten Praxisseite entworfen wird.

- ∘ Interventionsforschung konzentriert sich zwar gemäß der Intervention (z.B. Training zur Förderung von Lesekompetenz) auf eine spezifische Gruppe (z.B. Primarschüler) und einen spezifischen Kompetenzbereich (Lesefähigkeit), ist aber *nicht an einen spezifischen pädagogischen Kontext* (z.B. Schulen eines Bundeslandes) gebunden.

- ∘ Interventionsforschung findet zumeist in einem *experimentellen oder quasi-experimentelle Design* (vgl. Kap. III-4) und nicht als Feldforschung statt.

▷ **Definition**

Interventionsforschung ist eine spezifische Form der Evaluation von Bildungsmaßnahmen, bei der die Wirkung theoriegeleitet entwickelter und relativ kontextunabhängiger Interventionen in einem (quasi-) experimentellen Design geprüft wird.

Die Wirkung einer Intervention wird vorab theoretisch postuliert und empirisch geprüft. Häufige Variante der Interventionsforschung im Bildungsbereich sind Trainings zur Förderung von Kompetenzen wie Lesen, Rechnen, gesundheitsbewusstes Verhalten etc.

Ein Vorteil von Interventions- gegenüber Evaluationsstudien im Feld ist u.a. die bessere Rückführbarkeit von Wirkungen auf die Intervention, weil durch den experimentellen Zugang mögliche Störeinflüsse besser kontrolliert oder eliminiert werden können (hohe interne Validität, vgl. Kap. III-8). Hinzu kommt, dass die erwartete Wirkung genauer bestimmt werden kann, weil eine vorab formulierte Theorie den Untersuchungsradius auf spezifische Variablen eingrenzt. Einschränkungen ergeben sich aus der Übertragbarkeit auf andere Personengruppe oder nicht-experimentelle (natürliche) Situationen (potenziell geringe externe Validität).

> ▷ **Training selbstregulativer Kompetenzen bei Schülern**

Im Projekt von Otto et al. (2006) wurden Trainings für Schüler, deren Eltern und in einer späteren Phase deren Lehrer entwickelt, die das selbstregulierte Lernen und das mathematische Problemlösen fördern (vgl. Kap. VI-3). Die Intervention beinhaltete die Durchführung des Trainings bei diesen Gruppen. Bei den betreffenden Schülern und einer Kontrollgruppe ohne Intervention wurden die mathematischen Problemlösekompetenzen sowie deren selbstregulatorischen Fähigkeiten beim Lernen gemessen. Die Trainings wurden von Mitarbeitern der Arbeitsgruppe durchgeführt und Maße der Selbstregulation u.a. durch Fragebögen und Lerntagebücher erhoben. Die Befunde des Prä-Post-Designs zeigten deutliche Kompetenzsteigerungen bei denjenigen Schülern, die an den Trainings teilnahmen (Perels, Gürtler & Schmitz, 2005).

4   Transferforschung

Viele Forschungsprojekte werden mit dem Ziel durchgeführt, Innovationen für eine möglichst weite Verbreitung in der pädagogischen Praxis zu finden. Transfer hat dabei verschiedene Begriffsbedeutungen. Im Kontext der Verbreitung wissenschaftlicher Erkenntnisse bezeichnet Transfer die Verbreitung von Neuerungen in einem gesellschaftlichen System. Bereits Studien aus dem ersten Drittel des 20. Jahrhunderts wiesen darauf hin, dass sich Innovationen im Bildungsbereich langsam verbreiten und die Beharrungskräfte hier besonders groß sind (Rogers & Shoemaker, 1971).

> ▷ **Definition**

Transferforschung im Rahmen der Bildungsforschung untersucht, inwieweit sich Neuerungen im Bildungssystem verbreiten und welche Faktoren diese Verbreitung positiv bzw. negativ beeinflussen.

Faktoren für Transfererfolg

Zur Frage, welche Faktoren den Transfererfolg von Innovationen im Bildungswesen, beeinflussen, liegen mittlerweile viele Studien vor, deren zentrale Ergebnisse im Folgenden zusammengefasst werden:

○ *Merkmale der Innovation selbst.* Es hängt von der Art der Innovation ab, inwieweit sie im Bildungssystem verbreitet wird (Rogers, 2003). Leicht transferierbare Innovationen weisen gegenüber bestehenden Praktiken einen wahrnehmbaren Vorteil auf (z.B. höhere Effizienz, größerer Lernerfolg), stehen in Einklang mit den bestehenden Werten und Überzeugungen der Lehrpersonen, sind einfach umsetzbar und können schrittweise eingeführt werden bzw. sind wieder umkehrbar.

○ *Merkmale der Lehrenden.* Ob Innovationen tatsächlich übernommen werden, wird zu einem Großteil vor Ort entschieden, also von der Motivation und der Einstellung der Personen in den Bildungseinrichtungen, insbesondere von den Lehrenden (Hall & Hord, 2006).

○ *Merkmale der einzelnen Bildungseinrichtung.* Vor allem in der Schuleffektivitäts- und der Schulentwicklungsforschung kommt der Einzelschule bei der Übernahme von Innovationen eine hohe Bedeutung zu. Insbesondere eine unterstützende Leitung und eine gute Kooperation im Kollegium sind wichtige Voraussetzungen für die Verbreitung von Neuerungen an Schulen.

○ *Merkmale des Umfeldes und der Transferunterstützung.* Je häufiger Innovationen gestartet werden, desto ungünstiger wirkt sich das auf die Verbreitung von Neuerungen aus. Das Vorhandensein von Netzwerken von mehreren Bildungsinstitutionen ist dagegen ein Merkmal des Umfeldes, das die Verbreitung von Neuerungen fördert. Durch die in der Zusammenarbeit angestoßenen Prozesse können Überzeugungen, Routinen und Handlungsmuster explizit und zum Gegenstand der Reflexion werden.

In den letzten zehn bis 15 Jahren wurden in Deutschland verschiedene Innovationsprogramme mit dem Ziel aufgelegt, die Qualität des Unterrichts und des Lernens zu verbessern und dabei möglichst viele Bildungseinrichtungen einzubeziehen. Vergleicht man die Reformbemühungen der deutschen Modellversuche mit den Reformbemühungen im anglo-amerikanischen Raum, dann fällt ein grundsätzlicher Unterschied auf: Im anglo-amerikanischen Sprachraum werden Innovationen an Schulen deutlich stärker daran ausgerichtet, dass sie die Ziele erreichen, die angestrebt werden – und dies wird durch empirische Studien auch überprüft. In Deutschland wird dagegen ein Ansatz verwendet, der stärker auf die Mitwirkung und Mitgestaltung der einzelnen Bildungseinrichtung Wert legt. Eine Evaluation, inwieweit die Neuerungen die gewünschten Ziele überhaupt erreichen, findet demgegenüber seltener statt.

Reformbemühungen

5   Kritische Reflexion über die Politikberatung und die Transferierbarkeit der Ergebnisse der Empirischen Bildungsforschung

Wie in den vorigen Abschnitten deutlich wurde, bestehen Erwartungen an die Empirische Bildungsforschung nicht nur bezüglich des wissenschaftlichen Erkenntnisgewinns. Vielmehr wird in ihr auch häufig eine wichtige Grundlage für eine rationale, evidenzbasierte Bildungspolitik und bildungspolitische Steuerung gesehen (OECD, 2007). Auf den ersten Blick scheint eine enge Beziehung zwischen Bildungsforschung und Bildungspolitik plausibel zu sein:

Beziehung von Bildungsforschung und Bildungspolitik

1. Die Forschung sorgt für gesicherte Befunde zum Funktionieren des Bildungswesens.

2. Aus den Befunden ergeben sich Hinweise, was beizubehalten und zu verändern ist.

3. Die Politik greift diese Feststellungen auf und setzt sie in bildungspolitische Entscheidungen und Handlungen um.

Häufig wird im Auftrag von Ministerien geforscht und Wissenschaftler sind als Berater in politischen Gremien vertreten. Ebenso kommt vor, dass Forschende ihre Untersuchungsberichte mit Handlungsanweisungen oder Ratschlägen für die Bildungspolitik und Praxis abschließen.

Grenzen der Umsetzbarkeit So einfach, wie es zunächst erscheint, ist die Beziehung von Forschung zu Politik und Verwaltung oder Bildungspraxis aber nicht (Ditton, 2009). Es gibt mehrere Herausforderungen, die mit drei Stichpunkten gekennzeichnet werden können:

○ *Praktische Umsetzbarkeit.* Für wünschenswert gehaltene Maßnahmen umzusetzen bedeutet verändern und eingreifen bzw. steuern zu können. Mit dem Begriff Steuerung werden im Allgemeinen Prozesse und Wirkungen von (staatlichen) Interventionen in das Gesellschaftssystem bzw. seine Teilsysteme (Bildungssystem) bezeichnet (Mayntz, 1987). Mit Steuerung sind Kontrollmöglichkeiten seitens der dafür autorisierten Organe (der Bildungspolitik) verbunden sowie die Verfügbarkeit von funktionierenden Kontrollmedien seitens der Bildungsverwaltung. Das Bildungswesen zeichnet sich allerdings durch eine stark verschachtelte Struktur aus (Ministerien, Aufsichtsbehörden, Träger der Bildungseinrichtungen, die einzelnen Bildungseinrichtungen selbst, individuelle Akteure). Damit ist es nicht einfach zu durchschauen, auf welcher Ebene was genau gesteuert wird und welche Wirksamkeit zentrale Steuerungsmechanismen überhaupt entfalten. Außerdem muss Steuerung gar nicht per se wissensbasiert erfolgen, sondern kann ebenso machtorientiert sein oder sich an den für machbar gehaltenen Möglichkeiten ausrichten. Im Bereich der Sozialwissenschaften weist der Begriff des sog. ,Technologiedefizits' (Luhmann & Schorr, 1982) darauf hin, dass das soziale Leben keine Maschine ist, die nach deterministischen Mustern funktioniert, sondern ein Eigenleben hat. Soziale Systeme können sich Veränderungen, die sie gemäß einem vorgegebenen Willen eigentlich vollziehen sollen, widersetzen und die Reformen so ,ins Leere laufen lassen' (vgl. Abschnitt 4).

○ *Politische Wünschbarkeit.* Bildungspolitische Entscheidungen und die Durchsetzung bildungspolitischer Maßnahmen beruhen auf Wertsetzungen und Wertentscheidungen. Solche Werturteile lassen sich nicht einfach aus Wissen und Erkenntnissen ableiten. Seit David Hume ist bekannt, dass es ein naturalistischer Fehlschluss ist, wenn versucht wird, aus Tatsachenfeststellungen (Aussagen über das ,Sein') Aussagen über das Sollen abzuleiten. Das was ist, erlaubt keine zwingend begründete Entscheidung darüber, was sein soll. Auch wenn die Wissenschaft nachweist, dass viele Schulabgänger über unzureichende Lesefähigkeiten verfügen, bedeutet das nicht schon automatisch, dass dies in jedem

Fall geändert werden muss. Dies setzt vielmehr Wertsetzungen und politische Entscheidungen voraus. Dahinter steht ein alter Disput im Kontext der Wissenschaft, der sog. Werturteilsstreit in der (modernen) Wissenschaft. Diese Kontroverse hat eine lange Tradition und wurde besonders in den 1960er Jahren als Positivismusstreit lebhaft geführt (Adorno, 1979). Dabei haben die Vertreter des Kritischen Rationalismus das Postulat der Werturteilsfreiheit der Wissenschaft verteidigt, die Vertreter der Kritischen Theorie haben es als herrschaftskonform gegeißelt, da eine werturteilsfreie Wissenschaft nur der Tradierung und Stabilisierung der bestehenden Herrschafts- und Machtverhältnisse diene. Wissenschaft habe aber einen emanzipatorischen Auftrag und müsse zum Abbau von (ungerechten) Macht- und Herrschaftsverhältnissen beitragen. Entschieden ist diese Kontroverse zwar bis heute nicht. Klar ist aber dennoch, dass die Wissenschaft und z.B. auch die Bildungsforschung keine Legitimation hat, um die Gesellschaft oder das Bildungssystem in eine von ihr gewünschte Richtung zu verändern. Diese Aufgabe fällt der Politik zu, die dafür durch Wahlen legitimiert und damit beauftragt ist. Was Wissenschaft kann, ist die Politik zu beraten, Hinweise und aus ihrer Sicht nahe liegende Empfehlungen für Veränderungen zu geben. Letztlich werden die Entscheidungen jedoch seitens der Politik getroffen.

○ *Gesichertes Wissen.* Eine Herausforderung besteht bereits darin, dass in vielen Bereichen der Bildungsforschung kein ausreichend gesichertes Wissen dazu vorliegt, was die am besten geeigneten Maßnahmen wären, um die Qualität des Bildungssystems zu verbessern. Das liegt nicht an einer Unfähigkeit der Forschenden, sondern an der Komplexität des Gegenstandsbereichs und dem oben bereits genannten Technologiedefizit, das die Unsicherheit bezüglich der realen Wirksamkeit von Maßnahmen beinhaltet. Zudem ist es häufig so, dass aus divergierenden wissenschaftlichen Positionen unterschiedliche Programme bzw. Handlungsanweisungen abgeleitet werden können. Ein einheitliches wissenschaftliches Wissen kann also nicht immer vorausgesetzt werden, auch deshalb nicht, weil das Forschungsprogramm der Wissenschaft nicht selten recht uneinheitlich ist. Das gilt für die Bildungsforschung wie für alle anderen Bereiche wissenschaftlicher Forschung.

Wissenschaft und Politik sind gesellschaftliche Teilsysteme, die verschiedenartige Funktionen zu erfüllen haben. Von daher haben beide Systeme auch unterschiedliche Logiken und verschiedenartige Strukturen ausgebildet. Beide Systeme sind auch nur begrenzt miteinander kompatibel, da die Grundfunktionen Forschung auf der einen und Steuerung auf der anderen Seite, unterschiedliche Auffassungen des Zugangs zu Wissen beinhalten. Die moderne Wissenschaft versteht die Welt als komplex und differenziert und geht von einer prinzipiellen Unsicherheit und Vorläufigkeit vorhandener Erkenntnis aus. Für die Politik sind dagegen eher ein gut überschaubares, klares und eindeutiges Wissen, der Nachweis auch schon kurzfristig

Unterschiedliche Systemlogiken

erzielbarer Erfolge und das Vertrauen auf die Wirksamkeit von Steuerungs-
maßnahmen zweckdienlicher. Die Empirische Bildungsforschung bzw. ihre
Befunde können für die Politik und Administration somit durchaus wichtig,
hilfreich und sogar nützlich sein. Allerdings bewegen sich Wissenschaft
und Politik sowohl bezüglich des Verständnisses und der Generierung als
auch der Verwendung von Wissen in unterschiedlichen Bezugssystemen.
Mit dem Wechsel des Bezugssystems ändert sich auch das, was als Wissen
angesehen und akzeptiert wird. Auch wenn dies für manche unbefriedigend
erscheinen mag, wird über bildungspoltische Maßnahmen in der Politik
und letztlich durch die Wähler entschieden. Natürlich darf man trotzdem
darauf hoffen, dass sich in einer aufgeklärten Welt sowohl die Politik als
auch die Bürger (auch) an den Erkenntnissen der Wissenschaft – im Bildungsbereich: an den Ergebnissen der Empirischen Bildungsforschung –
orientieren.

▷ **Weiterführende Literatur**

Fischer, F., Waibel, M. & Wecker, C. (2005). Nutzenorientierte Grund-
    lagenforschung im Bildungsbereich. Argumente einer internati-
    onalen Diskussion. Zeitschrift für Erziehungswissenschaft, 8,
    427-442.
Gräsel, C. (2010). Transfer und Transferforschung im Bildungsbereich.
    Zeitschrift für Erziehungswissenschaft, 10, 7-20.
Hall, G. E. & Hord, S. M. (2006). Implementing change: Patterns,
    principles, and potholes. Boston: Pearson.

Literaturverzeichnis

Adorno, Th.W. (Hrsg.). (1979). Der Positivismusstreit in der deutschen Soziologie.
    Darmstadt: Luchterhand.
Bortz, J. & Döring, N. (2006). Forschungsmethoden und Evaluation. Heidelberg:
    Springer.
Dietz, F., Hofer, M. & Fries, S. (2007). Individual values, learning routines, and
    academic procrastination. British Journal of Educational Psychology, 77, 893-
    906.
Ditton, H. (2009). Möglichkeiten eines Bildungspanels zur Steuerung im Bildungs-
    wesen. In R. Tippelt (Hrsg.), Steuerung durch Indikatoren. Methodologische
    und theoretische Reflexionen zur deutschen und internationalen Bildungsbe-
    richterstattung (S. 127-139). Wiesbaden: Barbara Budrich.
Fend, H. (1982). Gesamtschule im Vergleich. Weinheim: Beltz.
Fischer, F., Waibel, M. & Wecker, C. (2005). Nutzenorientierte Grundlagenfor-
    schung im Bildungsbereich. Argumente einer internationalen Diskussion.
    Zeitschrift für Erziehungswissenschaft, 8, 427-442.

Gräsel, C. (2010). Transfer und Transferforschung im Bildungsbereich. Zeitschrift für Erziehungswissenschaft, 10, 7-20.

Hall, G. E. & Hord, S. M. (2006). Implementing change: Patterns, principles, and potholes. Boston: Pearson.

Heid, H. (1989). Über die praktische Belanglosigkeit pädagogisch bedeutsamer Forschungsergebnisse. In E. König & P. Zedler (Hrsg.), Rezeption und Verwendung erziehungswissenschaftlichen Wissens in pädagogischen Handlungs- und Entscheidungsfeldern (S. 111-124). Weinheim: Deutscher Studienverlag.

Heller, K. & Neber, H. (1993). Evaluationsstudie zu den Schülerakademien 1993. München: Ludwigs-Maximilians-Universität München.

Klie, T., Stemmer, P., Strauch, M. & Wegner, M. (2007). jes - Jugend engagiert sich und jes-connection. Bericht der wissenschaftlichen Begleitung 2002-2005. Stuttgart: Landesstiftung Baden-Württemberg.

Lenhart, W. & Schneider, W. (2009). Diagnostik und Förderung des Leseverständnisses. Göttingen: Hogrefe.

Landesinstitut für Schulentwicklung Baden-Württemberg (2009). Endbericht zur Fremdevaluation der Ilse-Musterfrau-Schule. Stuttgart: LiS.

Luhmann, N. & Schorr, K. E. (Hrsg.). (1982). Zwischen Technologie und Selbstreferenz. Frankfurt am Main: Suhrkamp.

Mayntz, R. (1987). Politische Steuerung und gesellschaftliche Steuerungsprobleme. Anmerkungen zu einem theoretischen Paradigma. Jahrbuch zur Staats- und Verwaltungswissenschaft, 1, 89-110.

OECD (2007). Evidence in education: Linking research and policy. Paris: OECD.

Otto, B., Perels, F., Schmitz, B. & Bruder, R. (2006). Längsschnittliche und prozessuale Evaluation eines Trainingsprogramms zur Förderung sachspezifischer und fächerübergreifender (selbstregulativer) Kompetenzen. In M. Prenzel & L. Allolio-Näcle (Hrsg.), Untersuchungen zur Bildungsqualität von Schule (S. 211-239). Münster: Waxmann.

Pant, H. A., Vock, M., Pöhlmann, C. & Köller, O. (2008). Offenheit für Innovationen: Befunde aus einer Studie zur Rezeption der Bildungsstandards bei Lehrkräften und Zusammenhänge mit Schülerleistungen. Zeitschrift für Pädagogik, 56, 827-845.

Perels, F., Gürtler, T. & Schmitz, B. (2005). Training of self-regulatory and problem-solving competence. Learning and Instruction, 15, 123-139.

Reinders, H. & Sieler, V. (2008). Soziale und emotionale Entwicklung hochbegabter Grundschulkinder. Ergebnisse einer Begleituntersuchung. Diskurs Kindheits- und Jugendforschung, 03, 25-40.

Rogers, E. M. (2003). Diffusion of innovations. New York: The Free Press.

Rogers, E. M. & Shoemaker, F. (1971). Communication of innovations. A cross-cultural approach. New York: The Free Press.

Stokes, D. E. (1997). Pasteur's quadrant: Basic science and technological innovation. Washington: Brookings Institution Press.

Stringfield, S. (1994). A model of elementary school effects. In D. Reynolds et al. (Hrsg.), Advances in school effectiveness research and practice (S. 153-187). Oxford: Pergamon.

Stumpf, E. & Schneider, W. (2008). Schulleistungen in homogenen Begabtenklassen und gymnasialen Regelklassen der Sekundarstufe I. Diskurs Kindheits- und Jugendforschung, 3, 67-82.

234

Verzeichnis der Autorinnen und Autoren

Prof. Dr. Hartmut Ditton, Ludwig-Maximilians-Universität München, Institut für Pädagogik.

Arbeitsschwerpunkte: Schulische und familiale Sozialisation, Bildung, Ungleichheit und gesellschaftlicher Wandel, Evaluation und Qualitätssicherung im Bildungswesen, Methoden empirisch-pädagogischer Forschung.

Anschrift: Institut für Pädagogik, Ludwig-Maximilians-Universität München, Leopoldstr. 13, 80802 München.

Aileen Edele, Dipl. Psych., Freie Universität Berlin, Fachbereich Erziehungswissenschaft und Psychologie, Arbeitsbereich Empirische Bildungsforschung.

Arbeitsschwerpunkte: Die Rolle von Kompetenzen in der Herkunftssprache und von Identität und Akkulturation für den Bildungserfolg von Kindern und Jugendlichen mit Migrationshintergrund.

Anschrift: Freie Universität Berlin, Fachbereich Erziehungswissenschaft und Psychologie, Arbeitsbereich Empirische Bildungsforschung, Habelschwerdter Allee 45, 14195 Berlin.

Dr. Burkhard Gniewosz, Dipl.-Psych., Universität Würzburg, Lehrstuhl Empirische Bildungsforschung.

Arbeitsschwerpunkte: Schulische und politische Entwicklung von Kindern und Jugendlichen, Sozialisationsprozesse in Familie und Schule.

Anschrift: Lehrstuhl Empirische Bildungsforschung, Julius-Maximilians-Universität Würzburg, Am Hubland, 97074 Würzburg.

Dr. Kerstin Göbel, Bergische Universität Wuppertal, Institut für Bildungsforschung in der School of Education, Lehrstuhl für Lehr-, Lern- und Unterrichtsforschung.

Arbeitsschwerpunkte: Unterrichtsqualität im interkulturellen Englischunterricht, Migration und Akkulturation im Kontext Schule, Interkulturelle Sensibilität.

Anschrift: Bergische Universität Wuppertal, Institut für Bildungsforschung, Lehrstuhl für Lehr-, Lern- und Unterrichtsforschung , Gaußstr. 20, 42097 Wuppertal.

Prof. Dr. Cornelia Gräsel, Bergische Universität Wuppertal, Institut für Bildungsforschung in der School of Education, Lehrstuhl für Lehr-, Lern- und Unterrichtsforschung.

Arbeitsschwerpunkte: Lehrerkooperation, Implementationsforschung, diagnostische Kompetenz von Lehrkräften.

Anschrift: Bergische Universität Wuppertal, Institut für Bildungsforschung, Lehrstuhl für Lehr-, Lern- und Unterrichtsforschung , Gaußstr. 20, 42097 Wuppertal.

Christiane Große, Dipl.-Päd., Otto-Friedrich-Universität Bamberg, DFG-Forschergruppe „Bildungsprozesse, Kompetenzentwicklung und Selektionsentscheidungen im Vor- und Grundschulalter".

Arbeitsschwerpunkte: Analysen zur globalen und bereichsspezifischen Anregungsqualität in Familie, Kindergarten und Grundschule sowie deren Auswirkungen auf die kindliche Kompetenzentwicklung.

Anschrift: Otto-Friedrich-Universität Bamberg, DFG-Forschergruppe BIKS, Jäckstraße 3, 96052 Bamberg.

Dr. Cathleen Grunert, Martin-Luther-Universität Halle/Wittenberg, Institut für Pädagogik. Arbeitsbereich Qualitative und quantitative erziehungswissenschaftliche Forschungsmethoden.

Arbeitsschwerpunkte: Kindheits- und Jugendforschung, Hochschul- und Arbeitsmarktforschung, Forschungsmethoden.

Anschrift: Martin-Luther-Universität Halle/Wittenberg, Institut für Pädagogik, Franckeplatz 1, Haus 3, 06099 Halle/Saale.

Prof. Dr. Bettina Hannover, Freie Universität Berlin, Fachbereich Erziehungswissenschaft und Psychologie, Arbeitsbereich Schul- und Unterrichtsforschung.

Arbeitsschwerpunkte: Selbst und Identität, schulische Entwicklung von Mädchen und Jungen.

Anschrift: Freie Universität Berlin, FB Erziehungswissenschaft und Psychologie, Habelschwerdter Allee 145, 14195 Berlin.

Prof. Dr. Heinz Günter Holtappels, Technische Universität Dortmund, Institut für Schulentwicklungsforschung.

Arbeitsschwerpunkte: Sozialisations- und Schultheorie, Bildungs- und Schulentwicklungsforschung, Bildungsmanagement und Evaluation.

Anschrift: Technische Universität Dortmund, Institut für Schulentwicklungsforschung, Vogelpothsweg 78, 44227 Dortmund.

236

Prof. Dr. Holger Horz, Dipl.-Psych., Goethe-Universität Frankfurt, Institut für Psychologie, Arbeitsbereich Pädagogische Psychologie.

Arbeitsschwerpunkte: Lernen und Lehren im Erwachsenenalter, Instruktionsdesign und -medien, Text-Bild-Verstehen.

Anschrift: Goethe-Universität Frankfurt, Institut für Psychologie, Arbeitsbereich Pädagogische Psychologie, Senckenberganlage 15, 60325 Frankfurt am Main.

Thomas Kemper, Dipl.-Soz.Wiss., Deutsches Institut für Internationale Pädagogische Forschung (DIPF), Arbeitseinheit ‚Steuerung und Finanzierung des Bildungswesens‘.

Arbeitsschwerpunkte: Bildungssegregation, regionale Bildungsdisparitäten, migrationsspezifische Aspekte in der Schulstatistik.

Anschrift: Deutsches Institut für Internationale Pädagogische Forschung (DIPF), AE ‚Steuerung und Finanzierung des Bildungswesens‘, Schloßstr. 29, 60486 Frankfurt am Main.

Dr. Kai Maaz, Max-Planck-Institut für Bildungsforschung Berlin.

Arbeitsschwerpunkte: Soziale Ungleichheit und Bildungsentscheidungen, Übergänge im Bildungssystem, soziale Herkunft und Bildungs- und Berufschancen, Erfassung und Validierung von Angaben zum soziokulturellen Hintergrund.

Anschrift: Max-Planck-Institut für Bildungsforschung, Lentzeallee 94, 14195 Berlin.

Dr. Andreas Müller, Ludwig-Maximilians-Universität München, Institut für Pädagogik.

Arbeitsschwerpunkte: Qualitätssicherung an Schulen, Rückmeldungen nach Leistungsvergleichsstudien, Wirkungsweise und Einsatz von Feedback.

Anschrift: Institut für Pädagogik, Ludwig-Maximilians-Universität München, Leopoldstr. 13, 80802 München.

Dr. Barbara Otto, Goethe-Universität Frankfurt, Institut für Psychologie, Arbeitsbereich Pädagogische Psychologie.

Arbeitsschwerpunkte: Selbstreguliertes Lernen, Lernmotivation, Interventionen, kontextuelle Determinanten der Schulleistung, Nachhilfe.

Anschrift: Goethe-Universität Frankfurt, Institut für Psychologie, Arbeitsbereich Pädagogische Psychologie, Senckenberganlage 15, 60325 Frankfurt am Main.

Prof. Dr. Franziska Perels, Universität des Saarlandes, Fachrichtung Erziehungswissenschaft, Empirische Schul- und Unterrichtsforschung.

Arbeitsschwerpunkte: Selbstreguliertes Lernen im Unterricht, Interventionen, Schulevaluation, Evaluationsmethoden.

Anschrift: Universität des Saarlandes, Fachrichtung Erziehungswissenschaft, Empirische Schul- und Unterrichtsforschung, Campus A5 4, 66123 Saarbrücken.

Prof. Dr. Heinz Reinders, Universität Würzburg, Lehrstuhl Empirische Bildungsforschung.

Arbeitsschwerpunkte: Sozialisation in Kindheit und Jugend, Migrationsforschung, Evaluationsforschung.

Anschrift: Lehrstuhl Empirische Bildungsforschung, Julius-Maximilians-Universität Würzburg, Am Hubland, 97074 Würzburg.

Prof. Dr. Hans-Günther Roßbach, Otto-Friedrich-Universität Bamberg, Institut für Erziehungswissenschaft, Lehrstuhl für Elementar- und Familienpädagogik.

Arbeitsschwerpunkte: Qualität in frühpädagogischen Einrichtungen, Anregungsqualität in der Familie, bildungswissenschaftliche Längsschnittforschung zu Auswirkungen frühpädagogischer Betreuungsformen, Evaluation von frühpädagogischen Modellversuchen.

Anschrift: Lehrstuhl für Elementar- und Familienpädagogik, Institut für Erziehungswissenschaft, Otto-Friedrich-Universität Bamberg, Markusstraße 12b, 96045 Bamberg.

PD Dr. Bernhard Schmidt, Ludwig-Maximilians-Universität München, Institut für Pädagogik, Bildungs- und Sozialisationsforschung.

Arbeitsschwerpunkte: Bildung älterer Erwachsener, Lebenslanges Lernen, Informelles Lernen, Hochschuldidaktik.

Anschrift: Ludwig-Maximilians-Universität München, Institut für Pädagogik, Bildungs- und Sozialisationsforschung, Leopoldstr. 13, 80802 München.

Prof. Dr. Bernhard Schmitz, Technische Universität Darmstadt, Institut für Psychologie, Arbeitsgruppe Pädagogische Psychologie.

Arbeitsschwerpunkte: Selbstreguliertes Lernen, Lerntagebücher, Zeitreihenanalyse.

Anschrift: Technische Universität Darmstadt, Institut für Psychologie, Arbeitsgruppe Pädagogische Psychologie, Alexanderstraße 10, 64283 Darmstadt.

Prof. Dr. Birgit Spinath, Universität Heidelberg, Psychologisches Institut, Lehrstuhl Pädagogische Psychologie.

Arbeitsschwerpunkte: Lehr-Lernforschung im Kontext von Schule und Hochschule, Motivationale Voraussetzungen für Lern- und Leistungsverhalten, Quellen interindividueller Differenzen.

Anschrift: Universität Heidelberg, Psychologisches Institut, Pädagogische Psychologie, Hauptstraße 47-51, 69117 Heidelberg.

Prof. Dr. Petra Stanat, Humboldt-Universität Berlin, Institut zur Qualitätsentwicklung im Bildungswesen.

Arbeitsschwerpunkte: Bedingungen und Förderung des schulischen Erfolgs von Kindern und Jugendlichen mit Migrationshintergrund, Zweitsprachförderung, Entwicklungsdeterminanten und Förderung von Lesekompetenz.

Anschrift: Humboldt-Universität Berlin, Institut zur Qualitätsentwicklung im Bildungswesen, Unter den Linden 6, 10099 Berlin.

Prof. Dr. Rudolf Tippelt, Ludwig-Maximilians-Universität München, Institut für Pädagogik, Bildungs- und Sozialisationsforschung.

Arbeitsschwerpunkte: Erwachsenen-/Weiterbildungsforschung, Fortbildung pädagogischen Personals, Bildungsprozesse über die Lebensspanne, internationale Bildungsentwicklung.

Anschrift: Ludwig-Maximilians-Universität München, Institut für Pädagogik, Bildungs- und Sozialisationsforschung, Leopoldstr. 13, 80802 München.

Prof. Dr. Horst Weishaupt, Deutsches Institut für Internationale Pädagogische Forschung (DIPF), AE ‚Steuerung und Finanzierung des Bildungswesens'.

Arbeitsschwerpunkte: Regionale Bildungsforschung, Schulentwicklungs- und Planungsforschung.

Anschrift: Deutsches Institut für Internationale Pädagogische Forschung (DIPF), AE ‚Steuerung und Finanzierung des Bildungswesens', Schloßstr. 29, 60486 Frankfurt am Main.

Prof. Dr. Andrä Wolter, Humboldt-Universität Berlin, Philosophische Fakultät IV, Institut für Erziehungswissenschaften.

Arbeitsschwerpunkte: Hochschulforschung, lebenslanges Lernen, Bildungsmonitoring.

Anschrift: Humboldt-Universität Berlin, Philosophische Fakultät IV, Institut für Erziehungswissenschaften, Unter den Linden 6, 10099 Berlin.

Grundlagen Erziehungswissenschaft

Soziale Passagen –
Journal für Empirie und Theorie Sozialer Arbeit

Soziale Passagen

_ sind ein interaktives Projekt, das sich den durch gesellschaftliche Veränderungen provozierten Herausforderungen stellt und sich dezidiert als wissenschaftliche Publikationsplattform zu Fragen der Sozialen Arbeit versteht.

_ stehen für eine deutlich konturierte empirische Fundierung und die ‚Entdeckung' der Hochschulen, Forschungsprojekte und Forschungsinstitute als Praxisorte. Sie bieten einen diskursiven Raum für interdisziplinäre Debatten und sind ein Forum für empirisch fundierte und theoretisch elaborierte Reflexionen.

_ enthalten in jeder Ausgabe einen Thementeil und ein Forum für einzelne Beiträge. Einen weiteren Schwerpunkt bilden Kurzberichte aus laufenden Forschungsprojekten. Die inhaltliche Qualität ist über ein peer-review-Verfahren gesichert.

_ richten sich an Mitarbeiterinnen, Mitarbeiter und Studierende an Universitäten, Fachhochschulen und Instituten sowie an wissenschaftlich orientierte Leitungs- und Fachkräfte in der sozialpädagogischen Praxis.

2. Jahrgang 2010 – 2 Hefte jährlich

www.sozialepassagen.de

Erhältlich im Buchhandel oder beim Verlag.
Änderungen vorbehalten. Stand: Juli 2010.

VS-JOURNALS.DE

Abraham-Lincoln-Straße 46
65189 Wiesbaden
Tel. 0611.7878-722
Fax 0611.7878-400